ouvindo DEUS
a cada manhã

365 DEVOCIONAIS DIÁRIOS

JOYCE MEYER

ouvindo DEUS
a cada manhã

365 DEVOCIONAIS DIÁRIOS

Belo Horizonte

Edição publicada mediante acordo com Faith Words, New York, New York. Todos os direitos reservados.

Diretor
Lester Bello

Autora
Joyce Meyer

Título Original
Hearing from God each morning:
365 daily devotions

Tradução
Maria Lucia Godde / Idiomas & Cia

Revisão
Idiomas & Cia / Elizabeth Jany / Ana Lacerda /Mércia Padovani

Diagramação
ArtSam

Design capa (adaptação)
ArtSam Soluções Gráficas

Impressão e Acabamento
Promove Artes Gráficas

Rua Major Delfino de Paula, 1212
Bairro São Francisco, CEP 31.255-170
Belo Horizonte/MG - Brasil
contato@belloeditora.com
www.belloeditora.com

© 2010 por Joyce Meyer
Copyright desta edição
FaithWords
Hachette Book Group
New York, NY

Publicado pela
Bello Com. e Repres. Ltda.
com a devida autorização de
Hachette Book Group e todos
os direitos reservados.

Primeira edição — Novembro de 2011
4ª. Reimpressão — Agosto de 2021

Todos os direitos reservados. Nenhuma parte desta publicação poderá ser reproduzida, distribuída, ou transmitida por qualquer forma ou meio, ou armazenada em base de dados ou sistema de recuperação, sem a autorização prévia por escrito da editora.

Exceto em caso de indicação em contrário, todas as citações bíblicas foram extraídas da Bíblia Sagrada Nova Versão Internacional (NVI), 2000, Editora Vida. Outras versões utilizadas: ARA (Almeida Revista e Atualizada, SBB), ARC (Almeida Revista e Corrigida, SBB) e NTLH (Nova Tradução na Linguagem de Hoje, SBB). As seguintes versões foram traduzidas livremente do idioma inglês em função da inexistência de tradução no idioma português: AMP (Amplified Bible) e NKJV (New King James Version).

CIP-BRASIL. CATALOGAÇÃO NA FONTE

M612 Meyer, Joyce
Ouvindo Deus a cada manhã: 365 devocionais diários / Joyce Meyer; tradução de Maria Lúcia Godde / Idiomas e Cia.
– Belo Horizonte: Bello Publicações. 2021.
300p.
Título original: Hearing from God each morning: 365 daily devotions.

ISBN: 978-85-61721-76-3

1. Palavra de Deus. 2. Devocionais. I. Título.

CDD: 234.2
CDU: 230.112

ouvindo DEUS
a cada manhã

365 DEVOCIONAIS DIÁRIOS

1 DE JANEIRO

Deus lhe Dirá Tudo o Que Você Precisa Saber

Disse a mulher: "Eu sei que o Messias (chamado Cristo) está para vir. Quando ele vier, explicará tudo para nós." (JOÃO 4:25)

Aprender a ouvir a voz de Deus e a ser guiado pelo Espírito Santo é uma aventura empolgante. Deus quer falar com você e lhe dizer o que você precisa saber para desfrutar sua vida, ser abençoado, ser sábio e para cumprir os bons planos que Ele tem para você. Ele tem sempre algo bom e útil a dizer, mas às vezes as pessoas deixam de saber estas coisas porque não reconhecem que Deus está falando com elas. Elas precisam aprender a ouvir e a obedecer à Sua voz.

Os pais terrenos falam com seus filhos o tempo todo, então por que o nosso Pai celestial não falaria conosco? Os pais humanos não esperam que seus filhos saibam o que fazer se eles não lhes disserem, e Deus sente o mesmo a respeito de Seus filhos. Ele quer nos dizer tudo o que precisamos saber na vida.

Em geral queremos seguir o nosso próprio caminho para poder fazer o que queremos, e quando queremos. Mas quando vivemos deste modo, acabamos nos perdendo pelo caminho e desperdiçando nossa vida. Precisamos do Espírito Santo para nos guiar ao longo de cada dia do nosso tempo na Terra, e Ele está comprometido em fazer isso falando conosco e nos dizendo tudo o que precisamos saber.

A PALAVRA DE DEUS PARA VOCÊ HOJE: você tem um guia e um Consolador no Espírito Santo, que está com você 24 horas por dia, durante os 7 dias da semana.

2 DE JANEIRO

Uma Necessidade Vital

Uma coisa pedi ao Senhor; é o que procuro: que eu possa viver na casa do Senhor todos os dias da minha vida, para contemplar a bondade do Senhor e buscar sua orientação no seu templo. (SALMOS 27:4)

Se desejamos ouvir a Deus, então buscá-lo deve ser uma prioridade em nossa vida. Davi resumiu o que deveria ser o requisito número 1 em nossa vida no versículo de hoje: ele exigia a presença de Deus como uma necessidade vital.

Davi havia desfrutado muitas oportunidades de ter sucesso e adquirir confiança. Tendo sido capacitado pela presença de Deus, ele havia matado um gigante imponente com nada mais que um estilingue e cinco pedras pequenas. Deus escolheu este simples menino pastor para se tornar rei de Israel, embora ele fosse o irmão mais novo de uma família de homens. Sua eventual fama e riqueza lhe proporcionavam tudo o que a maioria das pessoas poderia pensar que lhe traria satisfação.

A busca de Davi de mais de Deus, mesmo após ter experimentado a presença do Senhor de muitas formas, deveria nos dar o entendimento de que precisamos continuar buscando a Deus independentemente de quantas vitórias desfrutamos. Afinal, até Davi precisava conhecer Deus mais intimamente.

Muitas pessoas querem ter a direção de Deus, mas não querem deixar de lado outras coisas para ouvir a Sua voz. Davi porém limitou tudo que desejava a apenas uma coisa — mais de Deus todos os dias de sua vida. Creio que a única coisa que realmente satisfaz o anseio que existe dentro de nós é conhecer Deus mais intimamente hoje do que conhecemos ontem.

A PALAVRA DE DEUS PARA VOCÊ HOJE: busque "mais de Deus" em sua vida hoje e todos os dias.

3 DE JANEIRO

Aproxime-se

Aproximem-se de Deus, e ele se aproximará de vocês! (TIAGO 4:8)

Nem todos estão dispostos a pagar o preço necessário para estar próximos de Deus. Nem todos estão dispostos a simplesmente dedicar o tempo necessário ou fazer os investimentos necessários para o crescimento espiritual. Deus não pede todo o nosso tempo. Ele certamente quer que façamos coisas que não consideramos "espirituais". Ele nos criou com um corpo, uma alma (mente, vontade e emoção) e um espírito, e espera que cuidemos de todas essas áreas.

Exercitar o nosso corpo e cuidar da nossa alma exige tempo e esforço. Nossas emoções precisam ser ministradas; precisamos nos divertir e ter um tempo de entretenimento, e ainda precisamos desfrutar do convívio com outras pessoas. Nossas mentes precisam crescer e ser renovadas diariamente. Além disso, temos uma natureza espiritual que precisa de atenção. Para nos mantermos equilibrados e saudáveis, precisamos dedicar tempo para cuidar de todo o nosso ser.

Creio que a questão da intimidade com Deus se resume a uma questão de tempo. Dizemos que não temos tempo para buscar a Deus, mas a verdade é que dedicamos tempo para fazer as coisas que são mais importantes para nós. Ainda que todos nós tenhamos de combater as distrações todos os dias, se conhecer

Deus e ouvi-lo for importante para nós, encontraremos tempo para fazer isso. Não tente encaixar Deus no seu roteiro, mas em vez disso, encaixe o seu roteiro em torno do seu tempo com Ele.

Conhecer Deus é um investimento de longo prazo, portanto não desanime se você não tiver resultados instantâneos. Esteja determinado a honrá-lo com o seu tempo e você colherá os benefícios.

A PALAVRA DE DEUS PARA VOCÊ HOJE: assim como o exercício físico, o exercício espiritual precisa ser feito regularmente. Com certeza você verá os resultados.

---

4 DE JANEIRO

Que a Paz Seja o Seu Juiz

Que a paz de Cristo seja o juiz em seu coração. (COLOSSENSES 3:15)

Tento dirigir minha vida por intermédio da paz. Se estou fazendo compras, não compro uma coisa se não sentir paz a respeito disso. Se estou envolvida em uma conversa e sinto que estou perdendo minha paz, fico quieta. Quando tomo decisões, olho as opções que estão diante de mim e analiso onde a paz está. Quando estou tentando discernir entre a voz de Deus e as outras vozes que competem por minha atenção, ouço para perceber qual voz ou mensagem traz a paz de Deus ao meu coração.

Aprendi que manter a paz é importante para manter o poder em nossa vida. Quando não temos paz, podemos muito bem-estar cometendo um grave erro. Eu chegaria ao ponto de dizer que nunca devemos agir sem sentir paz. Podemos dizer que a paz é uma "confirmação interna" de que Deus aprova a decisão que tomamos.

Deus nos dirige por meio da paz. O versículo de hoje diz que a paz é como um árbitro que decide se o jogador está ou não impedido. Se não houver paz, então é "impedimento"! Devemos deixar a harmonia interior em nossa mente e em nossa alma governar e agir continuamente como um árbitro no nosso coração, decidindo e estabelecendo com determinação todas as questões que surgirem em nossa mente e as decisões que precisarmos tomar na vida.

Precisamos aprender a obedecer ao nosso próprio senso de certo e errado e resistir a fazer as coisas que a nossa consciência interna se sente desconfortável em fazer. Deus dá a paz ou a tira da nossa consciência a fim de que saibamos se estamos no caminho certo ou não.

A PALAVRA DE DEUS PARA VOCÊ HOJE: que a paz seja o seu juiz. Saiba que sua decisão foi aceita quando você sente paz, e que está "impedida" quando você não a sente.

5 DE JANEIRO

Deus Não Está Escondido

Os céus declaram a glória de Deus;
o firmamento proclama a obra das suas mãos. (SALMOS 19:1)

Deus não se esconde de ninguém. Ele se revela a toda a humanidade (ver Romanos 1:19-20). Ele fala a todos através das obras de Suas mãos, e a própria natureza testifica do Seu poder e dos Seus planos.

Olhe em volta e preste atenção ao mundo que Deus criou. A principal coisa que Deus nos diz por intermédio da natureza é que Ele realmente existe. Ele tenta nos alcançar todos os dias e deixa pistas sobre si mesmo em toda parte, pistas que dizem: "Estou aqui! Você não precisa se preocupar nem ter medo. Estou aqui".

Todas as manhãs o sol se levanta e todas as tardes ele se põe. As estrelas saem para brilhar no céu da noite e o universo continua em ordem como um lembrete de que Deus está cuidando de nós.

Quando consideramos como algumas árvores parecem totalmente mortas durante o inverno e voltam à vida a cada primavera, somos lembrados de que Deus fará nossa vida florescer totalmente outra vez, mesmo que nos sintamos sem vida ou sem esperança por causa das circunstâncias que nos cercam.

Gosto de simplesmente olhar para uma árvore e vê-la balançar ao vento. Observei que as folhas mortas às vezes se agarram aos galhos por algum tempo, mas depois uma forte rajada de vento vem e as arranca, abrindo espaço para que novos brotos cresçam e floresçam. Isso me faz lembrar que o vento do Espírito de Deus é fiel para soprar para longe tudo que não é mais necessário em nossa vida e para proteger tudo o que precisa permanecer. Ele trará nova vida e crescimento em tempos de refrigério.

Lembre-se destes exemplos de como Deus fala por intermédio da natureza e procure as pistas Dele em todos os lugares aonde você for hoje!

A PALAVRA DE DEUS PARA VOCÊ HOJE: procure uma das muitas pistas que Deus deixou para você hoje.

6 de Janeiro

Deus Quer Levá-lo a Um Novo Nível

*Instrua o homem sábio, e ele será ainda mais sábio;
ensine o homem justo, e ele aumentará o seu saber.* (Provérbios 9:9)

Embora Deus queira que vivamos vidas alegres e contentes, às vezes Ele gera em nós o descontentamento ou um sentimento de que algo não está bem porque não quer que continuemos fazendo as mesmas velhas coisas. Ele quer nos impulsionar a buscá-lo para nos levar a novos níveis. Deus sempre quer que nos tornemos mais fortes, que mergulhemos mais fundo e que cresçamos em intimidade com Ele. Na maior parte do tempo, Ele nos leva àquele processo de maturidade, nos tirando dos lugares onde nos sentíamos confortáveis no passado. Conforto demais por muito tempo pode significar que não estamos crescendo. Se você sente alguma coisa que absolutamente não entende fervilhando em seu coração, simplesmente pergunte a Deus o que está acontecendo e dedique tempo para esperar Sua resposta.

O tempo que passamos com Deus é de vital importância para o nosso crescimento e a nossa maturidade, mas não podemos fazer as mesmas coisas o tempo todo e experimentar tudo o que Deus tem para nós. Houve momentos em minha vida em que ler a Bíblia se tornou algo trabalhoso e Deus simplesmente me levou a ler uma versão diferente por alguns meses. Essa pequena mudança trouxe um novo crescimento porque eu via as coisas de uma maneira diferente. Satanás tentou me condenar porque eu não queria ler a Bíblia, mas Deus estava simplesmente tentando me levar a fazer uma alteração na versão que eu estava lendo. Um dia, senti-me um pouco entediada enquanto tentava ler e orar, então me sentei em outra cadeira em meu escritório e de repente vi coisas que estavam no meu escritório havia anos, mas que eu não havia percebido. Um pequeno ajuste fez com que eu visse as coisas de uma perspectiva inteiramente nova, e Deus me ensinou uma lição espiritual apenas porque me sentei em uma cadeira diferente.

A PALAVRA DE DEUS PARA VOCÊ HOJE: não tenha medo de mudar de cadeira.

7 de Janeiro

Confie em Deus Completamente

Em ti, SENHOR, confio. (Salmos 31:1, ARC)

Lembro-me de quando Deus me disse para deixar meu emprego em tempo integral no qual eu estava ganhando muito bem. Ele começou a tratar comigo, dizendo: "Você vai ter de sacrificar isto, ficar em casa e se preparar para o ministério".

Não obedeci rapidamente porque tinha medo de deixar meu emprego. Afinal, como eu poderia saber com certeza que estava ouvindo a Deus? Ele continuou tratando comigo até que finalmente tentei fazer um acordo com Ele, dizendo: "Não vou trabalhar em tempo integral, mas vou trabalhar em meio expediente".

Então comecei a trabalhar apenas meio expediente, porque tinha medo de confiar em Deus completamente. Dave e eu não tínhamos uma renda tão grande quanto tínhamos antes, mas descobri que podíamos sobreviver com menos dinheiro do que tínhamos anteriormente. Tivemos de cortar algumas despesas, mas conseguimos pagar nossas contas. Eu também tinha mais tempo para me preparar para o ministério. Aquele parecia um bom plano, mas não era o plano de Deus.

Aprendi que Deus não quer fazer "acordos" e terminei sendo demitida do meu emprego de meio expediente. Eu era uma boa funcionária e nunca havia sido demitida de um emprego antes. Ainda que eu não gostasse daquela situação, finalmente estava onde Deus queria que eu estivesse desde o começo — totalmente dependente Dele.

Sem emprego, tive de aprender a confiar em Deus para cada pequena coisa que precisava. Durante seis anos, precisamos da intervenção divina todos os meses apenas para conseguir pagar as nossas contas, mas durante esse tempo aprendi muito sobre a fidelidade de Deus. Ele sempre nos supriu e o que aprendemos com a nossa experiência nos capacitou a confiar nele para termos os recursos que agora necessitamos para dirigir um ministério internacional. Encorajo você a obedecer a Deus completamente e não tente fazer acordos com Ele, porque eles nunca funcionam.

A PALAVRA DE DEUS PARA VOCÊ HOJE: quando negociamos com Deus, nós nunca ganhamos.

8 DE JANEIRO

Como Uma Criança

Digo-lhes a verdade: quem não receber o Reino de Deus como uma criança, nunca entrará nele. (LUCAS 18:17)

Deus ouve o clamor mais simples e mais fraco e recebe os pedidos mais infantis. Criei quatro filhos e agora tenho nove netos, por isso posso lhe dizer que uma coisa que as crianças não são é complicadas. As crianças não têm problemas em lhe dizer o que querem, em correr para os seus braços quando sentem medo ou lhe dar um grande e generoso beijo, às vezes sem nenhum motivo aparente. Quando fazem uma pergunta a seus pais, esperam realmente ter uma resposta — e nós deveríamos ter a mesma expectativa quando falamos com Deus. As crianças não são sofisticadas o bastante para esconder muito bem seus sentimentos e consequentemente comunicar-se com elas pode ser algo fácil e revigorante. É assim que Deus quer que sejamos quando falamos com Ele. Precisamos nos aproximar de Deus com uma simplicidade infantil e esperar, ávidos por ouvir o que Ele tem a nos dizer. Assim como as crianças são naturalmente inclinadas a confiar totalmente em seus pais, também precisamos ser inocentes, puros e livres de dúvidas ao confiarmos na voz de Deus. Quando oramos com uma fé simples e infantil, podemos experimentar o poder de Deus de operar milagres e ver as coisas mudarem ao nosso redor.

A PALAVRA DE DEUS PARA VOCÊ HOJE: quando você orar hoje, chame Deus de "Papai" e confie nele completamente.

9 DE JANEIRO

Crie a Atmosfera Correta

Façam todo o possível para viver em paz com todos. (ROMANOS 12:18)

Se quisermos ouvir Deus, precisamos criar uma atmosfera que conduza à Sua presença. Por atmosfera entendemos o ambiente ou o "clima" predominante que nos cerca. A atmosfera é criada por atitudes, e certas atitudes promovem ou impedem o nosso relacionamento com Deus. Para ouvir Deus precisamos de uma atmosfera de paz e podemos manter a paz pelas nossas atitudes de fé em Deus e pela nossa disposição de perdoar aqueles com quem poderíamos estar irritados.

Podemos sentir o conflito na atmosfera quando ele está presente. Do mesmo modo, podemos sentir paz nos lugares onde as pessoas e as situações estão em paz, e deveríamos nos esforçar para criar e manter uma atmosfera pacífica onde quer que estejamos porque não podemos ouvir Deus em meio ao tumulto. Uma atitude de contenda e divergência não cria uma atmosfera na qual Deus irá falar, mas Ele falará em uma atmosfera pacífica onde os corações — e as mentes — estão em paz e cheios de amor.

Para desfrutar a plenitude da presença de Deus precisamos manter constantemente ao nosso redor e no nosso coração uma atmosfera que nos permita honrá-lo. Se quisermos ouvir a voz de Deus, precisamos render todas as atitudes negativas ao senhorio de Jesus Cristo para que possamos ajudar a criar atmosferas em que possamos sentir Sua presença e ouvir Sua voz.

A PALAVRA DE DEUS PARA VOCÊ HOJE: que o seu papel seja o de um "pacificador".

10 DE JANEIRO

A Amizade nos Torna Ousados

Assim, aproximemo-nos do trono da graça com toda a confiança, a fim de recebermos misericórdia e encontrarmos graça que nos ajude no momento da necessidade. (HEBREUS 4:16)

Quando começamos a entender nossa amizade com Deus e a nos ver como Seus amigos, nossas orações passam a ser mais dirigidas pelo Espírito, mais cheias de fé e muito mais ousadas. Jesus contou uma história em Lucas 11, imediatamente depois de ter ensinado Seus discípulos a orar usando o que chamamos de a oração do "Pai Nosso". Podemos supor que Ele estivesse usando a história para ilustrar Sua lição sobre a oração. Ele disse: "Suponham que um de vocês tenha um amigo e que recorra a ele à meia-noite e diga: 'Amigo, empreste-me três pães, porque um amigo meu chegou de viagem, e não tenho nada para lhe oferecer'. E o que estiver dentro responda: 'Não me incomode. A porta já está fechada, e meus filhos estão deitados comigo. Não posso me levantar e lhe dar o que me pede'. Eu lhes digo: embora ele não se levante para dar-lhe o pão por ser seu amigo, por causa da importunação se levantará e lhe dará tudo o que precisar" (Lucas 11:5-8).

Observe que o homem que precisa de pão só o consegue "por causa da importunação". Só vamos insistir com nossos amigos e importuná-los porque a amizade nos torna ousados, e quanto mais crescemos e progredimos na nossa amizade com Deus, mais ousados e mais confiantes podemos ser quando nos aproximamos Dele.

A PALAVRA DE DEUS PARA VOCÊ HOJE: lembre-se de orar com a mesma paixão e intimidade que você dedica aos seus amigos mais próximos.

11 DE JANEIRO

Mantenha o Seu Compromisso

*Vocês me procurarão e me acharão quando
me procurarem de todo o coração.* (JEREMIAS 29:13)

Talvez tenhamos de tratar a nossa carne com rigor para resistir ao espírito de passividade que tenta nos impedir de crescer no conhecimento de Deus. O compromisso de passar tempo com Deus é um compromisso tão sério quanto qualquer outro que possamos ter.

Se eu precisasse de diálise por causa de uma enfermidade nos rins e tivesse de ir ao hospital duas vezes por semana às 8 horas da manhã para fazê-la, certamente não aceitaria um convite para fazer qualquer outra coisa durante esse horário, não importa o quanto convidativo fosse ou o quanto eu desejasse ir. Saberia que a minha vida dependia do fato de eu manter o meu compromisso com a diálise. Devemos ter esta mesma seriedade com o nosso tempo com Deus. A qualidade da nossa vida é grandemente afetada pelo tempo que passamos com Ele, de modo que esse tempo deve ter prioridade no nosso horário.

Às vezes nos tornamos relapsos em manter os nossos compromissos com Deus porque sabemos que Ele está sempre disponível. Sabemos que poderemos sempre contar com Deus, então podemos faltar ao nosso tempo com Ele ou reprogramá-lo para podermos fazer alguma coisa que nos parece mais urgente. Se passássemos mais "tempo prioritário" com Deus, talvez não tivéssemos tantas situações "urgentes" que tendem a roubar o nosso tempo. Quando passamos tempo com Deus, ainda que não sintamos a Sua presença ou achemos que não estamos aprendendo nada, mesmo assim estamos plantando boas sementes que produzirão boas colheitas em nossa vida. Com persistência, você chegará ao ponto de entender mais a Palavra de Deus, desfrutar da comunhão com Ele e falar com Deus e ouvir a Sua voz.

A PALAVRA DE DEUS PARA VOCÊ HOJE: mantenha os seus compromissos com Deus.

12 DE JANEIRO

Ore e Obedeça

Tu me deste a capacidade de ouvir e obedecer. (SALMOS 40:6, AMP)

Durante muitos anos eu desejei que Deus falasse comigo, mas queria selecionar e escolher as coisas às quais queria obedecer. Queria fazer o que Ele dizia se fosse fácil e eu achasse que era uma boa ideia, mas se eu não gostasse do que ouvia, agia como se aquilo não procedesse de Deus! Parte do que Deus lhe disser será muito empolgante. Outras coisas talvez não sejam tão eletrizantes, mas isso não significa que elas não irão cooperar para o seu bem se você simplesmente obedecer. Por exemplo, se Deus lhe disser que você precisa pedir perdão porque foi rude com alguém, não irá funcionar responder: "Bem, essa pessoa foi rude comigo também!" Se responder a Ele com desculpas, você pode ter orado e até ouvido a voz de Deus, mas você não obedeceu.

Olhando para trás, após mais de três décadas andando com Deus e estando envolvida com o ministério, tenho de dizer que a explicação mais simples para o sucesso que Dave e eu temos desfrutado é: nós aprendemos a orar, ouvir Deus e depois fazer o que Ele nos manda. Ao longo dos anos, à medida que eu buscava a Deus e prosseguia na direção daquilo que sentia que Ele estava me dizendo, posso dizer que o que fiz, mais do que qualquer outra coisa, foi simplesmente orar e obedecer. Fazer isso nem sempre foi popular, mas funcionou.

Se você quer o plano de Deus para sua vida, posso lhe dar a receita na sua forma mais básica: ore e obedeça. Deus lhe deu a capacidade de fazer as duas coisas, e se você fizer isso continuamente, estará avançando diretamente para a vontade Dele para a sua vida.

A PALAVRA DE DEUS PARA VOCÊ HOJE: ore. Ouça com o seu coração. Obedeça ao que ouvir.

13 DE JANEIRO

Deus diz: "Você Pode Confiar em Mim"

Aleluia! Como é feliz o homem que teme o Senhor... Não temerá más notícias; seu coração está firme, confiante no Senhor. (SALMOS 112:1,7)

Deus às vezes nos fala dando paz no fundo do nosso coração. Talvez você enfrente situações em que todos ao seu redor estejam lhe dizendo para confiar em Deus e ficar em paz, mas o "como fazer" invade você. O medo está gritando dentro de você, inquietando-o e ameaçando-o. Os amigos estão dizendo: "Tudo vai ficar bem", mas você acha isso difícil de acreditar até que o próprio Deus fala no fundo do seu coração e diz: "Você pode confiar em mim; Eu vou cuidar disso. Tudo realmente vai ficar bem."

Em 1989, fui ao médico para fazer um check-up de rotina. Ele descobriu um tipo de câncer que crescia rapidamente e recomendou cirurgia imediata. Em consequência dessa notícia, enfrentei um medo avassalador. Tinha dificuldade para dormir, e havia momentos em que o medo me atingia com tanta força que eu achava que ia desabar. Não importava quantos dos membros de minha família me tranquilizassem, ainda assim eu lutava contra um grande medo até que, de manhã bem cedo, por volta das 3 horas, Deus falou dentro do meu coração e disse: "Joyce, você pode confiar em mim".

Depois disso, nunca mais senti qualquer medo paralisante. Estava apreensiva enquanto aguardava os resultados dos exames, mas não estava aterrorizada. Eu sabia que estava nas mãos de Deus e independentemente do que acontecesse, Ele cuidaria de mim.

Como se constatou mais tarde, não precisei de nenhum outro tratamento. No fim, estava agradecida em vez de temerosa — e é isso que pode acontecer em qualquer situação quando aprendemos a ouvir a voz de Deus.

A PALAVRA DE DEUS PARA VOCÊ HOJE: confie em Deus. Ele não vai decepcionar você.

14 DE JANEIRO

Simplesmente Dê Tempo ao Tempo

Mostra-me agora o teu caminho, para que eu te conheça [me torne cada vez mais profundamente e intimamente ligado a Ti]. (ÊXODO 33:13, AMP)

Quando você passa tempo com Deus, isso se torna evidente. Você fica mais calmo, a convivência passa a ser fácil, você fica mais alegre e permanece estável em todas as situações. Passar tempo de qualidade com Deus é um investimento que rende grandes benefícios. Você começa a entender o que Ele gosta e o que o ofende. Como acontece com qualquer amigo, quanto mais tempo você passa com Deus, mais se torna semelhante a Ele. Passar tempo com Deus faz com que você se torne mais sensível ao amor que Ele quer demonstrar a você e aos outros. Sua consciência o alerta quando você está falando com alguém de uma maneira que não lhe agrada. Seu coração sofre quando Ele sofre, e você ora rapidamente: "Oh, Deus, sinto muito". Logo você quer pedir perdão à pessoa a quem ofendeu e descobre que dizer "sinto muito, eu não queria magoar você" não é tão difícil afinal.

Quando Deus disse a Moisés que ele havia achado graça aos Seus olhos (ver Êxodo 33:12), Moisés entendeu que Deus estava lhe dizendo que ele podia pedir qualquer coisa que seu coração desejasse.

Moisés respondeu dizendo que simplesmente queria estar mais intimamente ligado a Deus. Moisés havia visto Deus realizar os milagres mais magníficos da história, mas o que ele queria acima de tudo era conhecer Deus intimamente.

Oro para que conhecer Deus seja o desejo do seu coração. Você pode conhecê-lo e ouvir a Sua voz tão claramente e tão intimamente quanto quiser. Tudo que é necessário é passar tempo com Ele.

A PALAVRA DE DEUS PARA VOCÊ HOJE: Deus não tem favoritos, mas Ele tem confidentes.

15 DE JANEIRO

Deus Fala Quando Adoramos

Venham! Adoremos prostrados e ajoelhemos diante do Senhor, o nosso Criador. (SALMOS 95:6)

Creio que a adoração cria uma atmosfera na qual Deus pode falar conosco. A adoração é difícil de definir. Ela tem mais a ver com quem Deus é do que com o que Ele faz por nós. A verdadeira adoração vem do nosso interior; ela é preciosa e tremenda, e é a nossa tentativa de verbalizar como nos sentimos a respeito de Deus. É um derramamento poderoso do nosso coração para o Senhor e representa uma profundidade de amor, gratidão e devoção que achamos difícil traduzir em palavras. A linguagem humana não é rica o bastante para descrever tudo que a verdadeira adoração é. Na verdade, a adoração é tão pessoal e íntima que talvez não devêssemos sequer tentar limitá-la ou defini-la com nossas palavras.

Adoração é muito mais que apenas cantar canções. Na verdade, a verdadeira adoração é antes de tudo uma condição do coração e um estado mental. Podemos estar adorando apaixonadamente sem cantar uma única nota. A adoração nasce no nosso coração, enche o nosso pensamento e depois é expressa através de nossos lábios e através do nosso corpo. Se o nosso coração estiver cheio de êxtase por Deus, podemos querer cantar, dançar, bater palmas ou erguer nossas mãos em adoração. Também podemos ficar em silêncio e imóveis com reverência diante de Deus. Podemos querer dar ofertas ou oferecer outras formas de expressão externa de amor a Deus. Mas qualquer desses atos feito sem um coração correto constitui apenas formalismo e não tem nenhum significado para Deus.

Eu o encorajo a adorar sinceramente a Deus hoje. Faça isso porque você o ama, e não se surpreenda se Ele falar com você enquanto você está adorando-o.

A PALAVRA DE DEUS PARA VOCÊ HOJE: adore a Deus com o coração grato por quem Ele é.

16 de Janeiro

Um Simples Privilégio

A lei do Senhor é perfeita, e refrigera a alma; o testemunho do Senhor é fiel, e dá sabedoria aos simples. (Salmos 19:7, ARA)

Creio que a oração é o maior privilégio que podemos ter em nossa vida. Não é algo que temos de fazer; é algo que nos é dado fazer. A oração é a maneira de sermos parceiros de Deus para ver Seus planos e propósitos se realizarem em nossa vida e na vida daqueles a quem amamos. É o meio através do qual os seres humanos na Terra podem realmente entrar na tremenda presença de Deus. Ela permite que abramos o nosso coração para Ele, ouçamos a Sua voz e saibamos como descobrir e desfrutar todas as grandes coisas que Ele tem para nós. Comunicar-se com Deus é realmente o maior privilégio que posso imaginar, mas esta obra elevada e santa é também o privilégio mais simples que conheço.

Não creio que falar com Deus e ouvir Sua voz seja algo destinado a ser complicado. Ao contrário, acredito que desde o começo Deus pretendeu que a oração fosse um estilo de vida natural e fácil por meio do qual podemos permanecer ligados a Ele o dia todo, todos os dias.

A PALAVRA DE DEUS PARA VOCÊ HOJE: deixe que a oração seja como o respirar; algo feito de forma natural e simples durante o dia todo.

17 de Janeiro

A Prática Traz a Perfeição

Sigam somente o Senhor, o seu Deus, e temam a ele somente. Cumpram os seus mandamentos e obedeçam-lhe; sirvam-no e apeguem-se a ele. (Deuteronômio 13:4)

Quando começamos a prestar atenção em Deus e a ouvi-lo, é importante obedecer ao que nós o ouvimos dizer. A obediência aumenta a qualidade da nossa comunhão com Ele e fortalece a nossa fé. Podemos dizer: "A prática traz a perfeição", no que se refere a ouvir e a obedecer a Deus. Em outras palavras, nos tornamos cada vez mais confiantes à medida que adquirimos experiência. É preciso muita prática para chegar ao ponto de sermos completamente submissos à direção de Deus. Mesmo sabendo que os caminhos de Deus são perfeitos e que os planos Dele sempre funcionam, ainda agimos de forma ignorante algumas vezes quando Ele nos pede para fazermos algo que requer sacrifício pessoal. Poderíamos até ter medo de não estar ouvindo claramente, sendo, portanto, demasiadamente cautelosos para tomar uma atitude.

Não tenha medo de se sacrificar ou de cometer um erro. Há muitas coisas na vida que são piores do que estar errado. Jesus disse: "Siga-me". Acredito firmemente que uma vez que fizemos o nosso melhor para ouvir a Deus, devemos "nos levantar e descobrir" se realmente estamos ouvindo a Sua voz ou não. Recuar com medo a vida inteira nunca nos permitirá avançar na nossa capacidade de ouvir a Deus.

Ele não disse: "Você irá à frente e eu o seguirei". Aprendi que podemos fazer rapidamente qualquer coisa que Deus disser porque, se não o fizermos, posso lhe garantir que ficaremos infelizes.

Quando nossos filhos estão aprendendo a andar, não ficamos zangados quando eles caem. Entendemos que estão aprendendo e os ajudamos. Deus é assim também e Ele lhe ensinará a ouvi-lo se você andar por fé e não com medo.

A PALAVRA DE DEUS PARA VOCÊ HOJE: ouça, discirna e obedeça com ousadia.

18 DE JANEIRO

Deus Fala de Muitas Maneiras

Sou eu, que falo com retidão...(ISAÍAS 63:1)

No versículo de hoje, Deus declara que fala, e que quando fala, o faz com retidão. Podemos sempre depender do que Deus diz, sabendo que é o certo. O Senhor fala conosco de muitas maneiras que incluem, mas não se limitam a estas: por meio da Sua Palavra, da natureza, das pessoas, das circunstâncias, da paz, da sabedoria, da intervenção sobrenatural, de sonhos, visões, e do que alguns chamam de "testemunho interior", que é mais bem descrito como uma "certeza" dentro do nosso coração. Ele também fala por meio do que a Bíblia chama de "uma voz mansa e suave", que acredito que também se refira ao testemunho interior.

Deus também fala através da consciência, através dos nossos desejos e com uma voz audível, mas lembre-se sempre de que quando Ele fala, o que Ele diz está sempre certo e nunca discorda da Sua Palavra escrita. Raramente ouvimos a voz audível de Deus, embora isso aconteça. Ouvi a Sua voz audível três ou quatro vezes ao longo de minha vida. Em duas dessas ocasiões, eu estava dormindo e a voz de Deus me despertou simplesmente chamando meu nome. Tudo que ouvi foi "Joyce", mas eu sabia que Deus estava falando. Ele não disse o que queria, mas eu soube instintivamente que Ele estava me chamando para fazer algo especial para Ele, embora eu não tivesse uma definição clara nessa área por vários dias.

Quero encorajar você a pedir a Deus para ajudá-lo a ouvir a Sua voz de qualquer maneira que Ele escolher lhe falar. Ele o ama e tem bons planos para a sua vida; e Ele quer lhe falar sobre essas coisas.

A PALAVRA DE DEUS PARA VOCÊ HOJE: Deus fala de muitas maneiras; lembre-se apenas disto — Ele nunca contradiz a Bíblia.

19 de Janeiro

Desejos Dados por Deus

Deleite-se no Senhor, e ele atenderá aos desejos do seu coração. (Salmos 37:4)

Uma das maneiras de Deus falar conosco é através dos desejos santificados em nosso coração. Deus coloca desejos corretos em nossos corações e depois nos concede esses desejos. Lembro-me de uma vez que senti o desejo de comer pão de abobrinha feito em casa, mas não tinha talento nem tempo para fazê-lo. Eu simplesmente disse: "Senhor, eu gostaria muito de comer um pouco de pão de abobrinha fresco", e não pensei mais naquilo. Cerca de uma semana depois uma senhora que não sabia nada a respeito do meu desejo me entregou uma caixa; quando a abri, havia um pão de abobrinha feito em casa dentro dela. Deus tem prazer em fazer coisas pequenas e grandes por nós e nunca devemos deixar de valorizar todas elas.

Precisamos pedir a Deus para nos dar desejos santificados e santos. Geralmente temos desejo por coisas naturais como sucesso, finanças, belas casas e bons relacionamentos, mas também devemos desejar coisas espirituais. Devemos desejar conhecer Deus de uma maneira mais profunda e mais íntima, desejar exibir o fruto do Espírito, principalmente o amor, servir a Deus de uma maneira que o glorifique, ser sempre obediente a Deus etc. Vamos pedir a Deus para retirar os nossos desejos carnais e nos dar desejos santificados.

Deus coloca em nós desejos que trarão a Sua justiça, a Sua paz e a Sua alegria à nossa vida (ver Romanos 14:17), e eles nunca estão em desacordo com a Sua Palavra.

Os desejos errados nos atormentam e ficamos impacientes para recebê-los, mas os desejos santificados vêm com uma disposição de esperar o tempo e o modo de Deus.

A PALAVRA DE DEUS PARA VOCÊ HOJE: coloque os seus desejos diante de Deus, ore por eles e confie em Deus para concedê-los se e quando eles forem certos para você.

20 DE JANEIRO

Espere Pela Paz

Escutarei o que Deus, o Senhor, disser;
porque falará de paz ao seu povo... (SALMOS 85:8, ARA).

Quando Deus fala, Ele nos dá uma profunda sensação de paz interior para confirmar que a mensagem que estamos ouvindo realmente procede Dele. Mesmo que Ele fale para nos castigar, o Seu Espírito da Verdade deixa uma sensação tranquilizante de consolo em nossa alma.

Quando o nosso inimigo, o enganador, fala conosco, ele não pode dar paz. Quando tentamos resolver as coisas com o nosso próprio raciocínio, não podemos ter paz porque "A mentalidade da carne é morte, mas a mentalidade do Espírito é vida e paz" (Romanos 8:6).

Sempre que você acreditar que ouviu Deus falar ou tomar uma decisão baseada em alguma coisa que acredita ter sido dita por Ele, use a balança da paz. Se a paz não puder sustentar o seu peso contra a direção que você ouviu, então não siga em frente. Você não tem de explicar aos outros por que não sente paz a respeito de alguma coisa; talvez nem você mesmo saiba o porquê. Você pode simplesmente dizer: "Não sinto paz a respeito disso neste instante; então, não é sábio seguir em frente com isto".

Espere sempre até que a paz para fazer o que você acha que Deus o instruiu a fazer encha a sua alma. A paz é a confirmação de que você está realmente ouvindo a Deus e de que o seu tempo para agir é o tempo certo. A paz nos dá confiança e fé, o que nos capacita a sermos obedientes às instruções de Deus.

A PALAVRA DE DEUS PARA VOCÊ HOJE: espere pela paz antes de agir.

21 DE JANEIRO

Seja Cheio do Espírito em Todo o Tempo

Não se embriaguem com vinho, que leva à libertinagem,
mas deixem-se encher pelo Espírito. (EFÉSIOS 5:18)

É importante saber que você é instruído pela Palavra de Deus a se "deixar encher" pelo Espírito — isto é, ser cheio do Espírito em todo o tempo. Para fazer isso, é necessário dar a Ele o primeiro lugar em nossa vida. Em geral isso requer disciplina, porque muitas outras coisas exigem o nosso tempo e atenção. Há muitas coisas que queremos e precisamos, mas nada é mais importante do que Deus. Buscar a Deus diariamente através da Sua Palavra e passar tempo com Ele é a chave para permanecer cheio com a Sua presença. Uma atitude de gratidão também é muito útil, assim como proteger os nossos pensamentos com cuidado.

O Espírito Santo nunca vai embora; quando fixa residência, Ele se instala e se recusa a sair. Mas é importante nos mantermos inflamados pelas coisas espirituais. Qualquer coisa que esteja quente pode esfriar se o fogo se apagar.

Certa vez, durante um período de seis meses, Deus me proibiu de pedir qualquer coisa a não ser mais Dele. Foi uma ótima disciplina para me aproximar mais de Deus em um nível profundo de intimidade que eu jamais havia conhecido. Eu começava dizendo: "Deus, preciso de", então parava ao me lembrar das Suas instruções. Eu terminava a frase com "mais do Senhor".

Deus nos dá tudo que precisamos; e Ele sabe o que precisamos antes de pedirmos. Se tivermos prazer nele e tivermos um ardente anseio por Ele, Deus também nos dará o que o nosso coração deseja. Eu o encorajo, hoje e todos os dias, a se manter cheio do Espírito Santo e a querer mais de Deus do que qualquer outra coisa. Ele cuidará do resto.

A PALAVRA DE DEUS PARA VOCÊ HOJE: asegure-se de estar sempre "cheio" do Espírito Santo.

22 DE JANEIRO

A Ajuda Está Aqui

E eu pedirei ao Pai, e ele lhes dará outro Conselheiro
para estar com vocês para sempre. (JOÃO 14:16)

Muitas pessoas receberam Jesus como Salvador e Senhor. Elas irão para o céu, mas nunca se apropriarão da plena capacitação do Espírito Santo que está disponível a elas nem experimentarão o verdadeiro sucesso que Deus quer que desfrutem na Terra. Em outras palavras, muitos estarão a caminho do céu, mas não irão apreciar a viagem.

Costumamos olhar para aqueles que têm riqueza, posição e poder e considerá-los "vitoriosos". Mas muitas pessoas que são consideradas de sucesso ainda têm falta de paz, alegria, contentamento e outras verdadeiras bênçãos. Essas pessoas nunca aprenderam a depender completamente do poder do Espírito Santo.

As pessoas que são autossuficientes geralmente acham que depender de Deus é sinal de fraqueza. Mas a verdade é que se apropriando da capacidade do Espírito Santo, elas podem realizar mais em suas vidas do que jamais conseguiriam trabalhando com suas próprias forças.

Deus nos criou de tal maneira que embora tenhamos pontos fortes, também temos fraquezas e precisamos da Sua ajuda. Sabemos que Ele quer nos ajudar porque enviou um Auxiliador Divino, o Espírito Santo, para viver dentro de nós.

Geralmente lutamos desnecessariamente porque não recebemos a ajuda que está disponível a nós. Eu o encorajo a depender Dele, e não da sua própria força. Seja o que for que esteja enfrentando, você não precisa passar por isso sozinho.

A PALAVRA DE DEUS PARA VOCÊ HOJE: o seu pior dia com Deus será melhor que o seu melhor dia sem Ele. O Espírito Santo está aqui para falar com você e para ajudá-lo de todas as maneiras que você precisar hoje.

23 DE JANEIRO

Da Sua Própria Boca

Ao homem pertencem os planos do coração, mas do Senhor vem a resposta da língua. (PROVÉRBIOS 16:1)

Deus às vezes fala conosco pela nossa própria boca. Aprendi isso quando estava enfrentando uma decisão importante e precisava de uma resposta vinda de Deus, mas parecia que não encontrava Sua direção. Os meus próprios pensamentos me deixavam confusa, e eu não estava fazendo nenhum progresso até que fui dar uma volta com uma amiga.

Minha amiga e eu discutimos o assunto por cerca de uma hora enquanto caminhávamos, desfrutando o ar fresco e a companhia uma da outra. Discutimos várias soluções possíveis e os seus prováveis resultados. Falamos sobre como seria bom lidar com a situação de uma maneira, e como seria mal lidar com ela de outra forma. Enquanto continuávamos falando, de repente uma solução sábia para a minha situação estabeleceu-se em meu coração, saiu de minha boca e eu soube que ela vinha do Senhor. Ela não saiu da minha mente; surgiu do meu espírito, do meu ser interior.

O que decidi que precisava fazer não era algo que eu quisesse fazer naturalmente. Uma parte dos meus esforços se concentrava em querer convencer Deus de que aquela situação devia ser tratada de modo diferente. A voz Dele foi difícil de discernir porque minha mente já estava determinada contra o Seu plano. Uma mentalidade obstinada é uma grande inimiga da paz e pode impedir a nossa capacidade de ouvir a Deus. Precisamos estar dispostos a deixar de lado os nossos próprios desejos ou podemos perder uma palavra clara da parte Dele. Ele sempre sabe o que é melhor e temos de submeter o que pensamos ao que Ele pensa em todas as circunstâncias.

Deus promete que se o buscarmos, Ele encherá a nossa boca com as palavras que precisamos dizer (ver Salmos 81:10). Foi exatamente isso que Ele fez por mim e o que Ele fará por você à medida que você continuar a buscá-lo e a se render aos Seus planos.

A PALAVRA DE DEUS PARA VOCÊ HOJE: peça a Deus para encher sua boca com as palavras que você precisa dizer hoje.

24 DE JANEIRO

Mantenha uma Consciência Sensível

O Espírito diz claramente que nos últimos tempos alguns abandonarão a fé... Tais ensinamentos vêm de homens hipócritas e mentirosos, que têm a consciência cauterizada. (1 TIMÓTEO 4:1-2)

Os versículos de hoje falam acerca da consciência de uma pessoa se tornar "cauterizada" ou "insensibilizada". Se uma ferida é cauterizada, ela se torna um tecido cicatrizado que é incapaz de sentir qualquer coisa. Do mesmo modo, quando a consciência das pessoas se torna cauterizada, ela se torna dura e dormente, incapaz de sentir o que deveria sentir. Anos de desobediência e dor podem nos tornar duros em vez de sensíveis, mas podemos mudar por meio da graça de Deus. Queremos ser sensíveis a Deus para podermos sentir imediatamente quando estamos ferindo os outros ou desobedecendo a Ele de alguma maneira.

Peça a Deus um coração e uma consciência sensíveis para poder ser sensível a Ele e ao Seu modo de tratar com você. Se você conhece pessoas que têm o coração duro devido a anos de dor ou de desobediência a Deus, ore por elas também. É lindo poder discernir imediatamente quando o nosso comportamento não agrada a Deus. Agradeça a Deus cada vez que você sentir que Ele está tratando com você e continue trabalhando com o Espírito Santo para manter sua consciência sensível a Ele. Podemos pedir perdão a Deus e mudar imediatamente o nosso comportamento: "Pai, oro por mim mesmo e pelos meus entes queridos que possuem consciências cauterizadas e insensíveis. Peço-lhe que faça uma obra para quebrar a nossa dureza. Por favor, amacie nossos corações para com o Senhor. Dá-nos um coração sensível que responda à Sua direção, para podermos sentir imediatamente o que o Senhor está nos dizendo e o que deseja que façamos. Em nome de Jesus, amém".

A PALAVRA DE DEUS PARA VOCÊ HOJE: seja firme na sua determinação, mas sensível em seu coração.

25 DE JANEIRO

Uma Combinação Vencedora

*Como é feliz o homem que acha a sabedoria,
o homem que obtém entendimento.* (PROVÉRBIOS 3:13)

Uma das minhas formas favoritas de ouvir a Deus é por meio da sabedoria convencional e do bom senso. A sabedoria discerne a verdade em uma situação, enquanto o bom senso oferece um bom julgamento com relação ao que fazer com a verdade. Considero a sabedoria algo sobrenatural porque ela não é ensinada pelos homens; é um dom de Deus.

Muitas pessoas sofisticadas e inteligentes têm falta de sabedoria e de bom senso. A Palavra de Deus diz: "Se algum de vocês tem falta de sabedoria, peça-a a Deus, que a todos dá livremente, de boa vontade; e lhe será concedida" (Tiago 1:5).

Fico impressionada ao ver quantas pessoas acham que precisam parar de usar o bom senso para serem "espirituais". Pessoas espirituais não ficam flutuando o dia inteiro por aí sobre nuvens de glória; elas vivem no mundo real e lidam com problemas reais de uma forma real. Assim como todo o mundo, elas precisam de respostas reais — e essas respostas estão na Palavra de Deus e nos são reveladas pelo Seu Espírito.

Cabe a nós buscar e cabe a Deus falar, mas Ele é o Espírito de Sabedoria e não nos dirá para fazer nada que não seja sábio. Muitas vezes pedimos a Deus para falar conosco e nos dirigir, mas se Ele não nos der uma palavra específica das Escrituras ou disser uma palavra ao nosso coração, ainda temos de viver a nossa vida diária e tomar decisões. Deus não vai ditar a resposta para cada pequena escolha que fizermos, mas nos dará sabedoria e bom senso — e esses dois fazem uma combinação vencedora.

A PALAVRA DE DEUS PARA VOCÊ HOJE: se você se propõe a buscar, Deus se propõe a falar.

26 DE JANEIRO

Primeira Reação

Ó Deus, tu és o meu Deus, bem cedo eu te buscarei. (SALMOS 63:1, NKJV)

Às vezes fico admirada ao ver por quanto tempo podemos nos debater em uma situação antes de pensarmos em falar com Deus a respeito dela e procurar ouvir a Sua voz. Reclamamos dos nossos problemas; murmuramos; nos queixamos; contamos aos nossos amigos e falamos sobre como gostaríamos que Deus fizesse algo a respeito. Nós nos debatemos com situações em nossas mentes e nossas emoções, enquanto geralmente deixamos de tirar vantagem da solução mais simples que existe: a oração. Mas o que é ainda pior, depois fazemos a declaração mais ridícula que conheço: "Bem, acho que agora só me resta orar". Tenho certeza de que você já ouviu isso antes e talvez até já tenha dito. Todos nós já dissemos. Todos nós somos culpados por tratarmos a oração como um último recurso e por dizermos coisas do tipo: "Bem, nada mais está funcionando, então talvez devêssemos orar". Sabe o que isso me diz? Que realmente não acreditamos no poder da oração como deveríamos. Carregamos fardos que não precisamos levar — e a vida se torna muito mais difícil do que deveria ser — porque não entendemos o quanto a oração é poderosa. Se entendêssemos isso, falaríamos com Deus e ouviríamos o que Ele diz sobre tudo, não como um último recurso, mas como a primeira reação.

A PALAVRA DE DEUS PARA VOCÊ HOJE: que a oração seja a sua primeira reação, e não o seu último recurso.

27 DE JANEIRO

Aquiete-se

Aquietai-vos e sabei que Eu sou Deus. (SALMOS 46:10)

Falar sempre foi fácil para mim, mas tive de aprender a ouvir. Certa vez, senti que meu marido não queria separar um tempo para se sentar e conversar comigo, então eu disse a ele que precisávamos conversar mais. Ele respondeu: "Joyce, nós não conversamos. Você fala e eu escuto". Ele estava certo, e eu precisava mudar se esperava que ele quisesse passar mais tempo comigo.

Logo descobri que eu tratava Deus da mesma forma como tratava Dave. Eu falava e esperava que Ele ouvisse. Reclamava que nunca ouvia a voz de Deus, mas a verdade é que eu nunca reservava tempo para ouvi-lo. O versículo de hoje nos ensina a nos aquietarmos e sabermos que Deus é Deus. Muitos de nós achamos difícil nos aquietarmos porque a nossa carne gosta de estar ocupada fazendo coisas, mas precisamos aprender a passar tempo a sós com Deus e a nos aquietarmos se quisermos ouvir a Sua voz.

Para muitas pessoas, ouvir é uma capacidade que precisa ser desenvolvida e praticada. Às vezes, isso significa sentar-se em silêncio na presença de Deus sem dizer nada. Devemos praticar o ato de ouvir! Uma maneira de fazer isso é perguntar a Deus se existe alguém que Ele quer que você encoraje ou abençoe — e depois ficar quieto e ouvir. Você ficará surpreso ao ver o quanto Ele responde rapidamente colocando alguém no seu coração. Ele pode lhe dar coisas específicas que você pode fazer para encorajar essa pessoa. À medida que ouvimos a direção de Deus, Ele nos dá ideias criativas que talvez nunca tivéssemos considerado. Separe um tempo para se aquietar e ouvi-lo com atenção, e depois seja obediente e faça o que Ele lhe mostrar.

A PALAVRA DE DEUS PARA VOCÊ HOJE: faça um intervalo hoje. Fique quieto e ouça.

28 de Janeiro

Continue Prosseguindo

Irmãos, não penso que eu mesmo já o tenha alcançado, mas uma coisa faço: esquecendo-me das coisas que ficaram para trás e avançando para as que estão adiante, prossigo para o alvo, a fim de ganhar o prêmio do chamado celestial de Deus em Cristo Jesus. (Filipenses 3:13-14)

Nosso relacionamento com Deus é progressivo e todos nós passamos de um nível para o outro. Ninguém nunca "domina" a comunicação com Deus porque não há limite para a profundidade do relacionamento que podemos ter com Ele; nosso relacionamento simplesmente continua crescendo, continua se aprofundando, continua se fortalecendo. Nossa capacidade de ouvir a Sua voz se desenvolve e se aperfeiçoa com o tempo. Com o tempo e com a prática, nós nos aperfeiçoamos na arte de abrir o nosso coração para Deus e nos tornamos mais experientes e habilitados para ouvir a Sua voz e entender o que Ele está nos dizendo. Nunca nos tornaremos peritos graduados em oração e nunca deixamos de aprender a nos comunicar com Deus; nossas experiências apenas continuam se tornando mais ricas e melhores.

Deus tem muito para você, e embora você talvez não tenha chegado ao seu destino final, pode agradecer a Ele por estar no caminho que o levará até lá. Desde que esteja progredindo, realmente não importa se você está engatinhando, andando ou correndo. Apenas continue prosseguindo!

A PALAVRA DE DEUS PARA VOCÊ HOJE: você está bem e está no caminho.

29 DE JANEIRO

Deus Fala de Repente

Mudaste o meu pranto em dança, a minha veste de lamento em veste de alegria. (SALMOS 30:11)

Certa manhã de sexta-feira em fevereiro de 1976, eu estava frustrada e desesperada. Estava tentando fazer tudo o que a igreja me dizia para fazer e tudo o que eu achava que Deus exigia de mim, mas nada parecia estar funcionando e eu estava muito desanimada. Sabia que precisava de mudança em minha vida, mas não estava certa exatamente de quais mudanças precisava. Eu sabia que estava buscando, mas não tinha certeza do quê estava buscando.

Naquela manhã, clamei a Deus e disse a Ele que eu não podia mais continuar assim. Lembro-me de ter dito: "Deus, alguma coisa está faltando. Não sei o que é, mas alguma coisa está faltando".

Para minha surpresa, Ele falou comigo de uma maneira que pareceu alto o bastante para ser a Sua voz audível, chamando o meu nome e falando comigo sobre paciência. Daquele momento em diante, eu soube que Ele ia fazer alguma coisa a respeito da minha situação. Mais tarde, naquele dia, em meu carro, Jesus me encheu com a presença do Espírito Santo de uma maneira que eu nunca havia experimentado antes. A melhor maneira de descrever o sentimento é dizendo que senti que alguém havia derramado amor líquido dentro de mim. Imediatamente percebi que uma nova paz, alegria e amor repousavam em meu interior e fluíam para fora de mim, e todos ao meu redor perceberam mudanças positivas em meu comportamento à medida que comecei a amar as pessoas como nunca antes havia amado.

Levantei-me naquela manhã me sentindo como se tudo houvesse chegado a um fim desanimador, mas fui me deitar naquela noite sabendo que estava em um lugar de novos começos. Deus costuma trabalhar assim; Ele fala e se move de repente em nossa vida. Não se canse de esperar em Deus porque hoje pode ser o dia do seu "de repente".

A PALAVRA DE DEUS PARA VOCÊ HOJE: hoje pode ser o dia do seu "de repente".

30 DE JANEIRO

Encontre Amigos Que Ouçam a Deus

Assim como o ferro afia o ferro, o homem afia o seu companheiro.
(PROVÉRBIOS 27:17)

Se ouvirmos, Deus falará conosco sobre os nossos relacionamentos — nosso casamento, nossas amizades, nossas associações profissionais e até sobre os nossos relacionamentos casuais. Ele pode nos pedir para cortarmos amizades ou relacionamentos com pessoas que podem nos tentar a nos desviarmos dos planos Dele para nossa vida. Podemos nos tornar facilmente como aqueles com quem passamos tempo. Se passarmos tempo com pessoas que são egoístas e egocêntricas, logo podemos descobrir que estamos focados frequentemente em nós mesmos, pensando no que podemos fazer ou conseguir para nós. Não obstante, Deus pode nos encorajar a fazer amizade com alguém generoso. Se passarmos tempo com essa pessoa, não demorará muito e também teremos prazer em dar.

É agradável e benéfico passar tempo com alguém que realmente ouve a Deus, alguém que verdadeiramente sente o que o Espírito Santo está dizendo e fazendo. Não é divertido passar tempo com pessoas cujos ouvidos espirituais estão entorpecidos, e sabemos quando estamos com pessoas assim. O versículo de hoje diz que "o ferro afia o ferro", e podemos afiar a nossa capacidade de ouvir as coisas certas estando com pessoas que praticam ouvir a voz de Deus e obedecer a Ele.

A PALAVRA DE DEUS PARA VOCÊ HOJE: nós nos tornamos como aqueles a quem temos por companhia; escolha pessoas "de ferro".

31 DE JANEIRO

As Palavras de Deus Concordam com a Sua Palavra

Guardei no coração a tua palavra para não pecar contra ti. (SALMOS 119:11)

Certa vez, sentei-me para escrever parte de um livro e senti o Senhor dizendo: "Separe alguns minutos e apenas espere em mim". Esperei por pouco tempo e depois comecei a fazer uma ligação telefônica. O Senhor disse suavemente: "Eu não lhe disse para dar telefonemas; eu lhe disse para esperar em mim". Meu desejo de fazer alguma coisa não era incomum; a maioria das pessoas tem dificuldade de ficar quieta e esperar por alguém, por alguma coisa ou até por Deus.

Depois que me aquietei e esperei por algum tempo, o Senhor começou a falar comigo sobre os anjos — algo que eu certamente não estava esperando. Ele me levou a buscar várias passagens bíblicas e terminei tendo um "miniestudo bíblico" sobre o poder e a presença dos anjos. Deus tem motivos para tudo que faz, e creio que Ele queria que eu estivesse mais ciente dos anjos que trabalham em meu favor — algo em que eu não havia pensado por muito, muito tempo.

Você pode se perguntar como eu sabia com certeza que Deus estava falando comigo e que todo aquele assunto sobre anjos não era algo que surgiu da minha própria mente. A resposta é que senti paz com relação ao que ouvi. Aquilo me deu uma sensação interior de algo que está "certo". Meu espírito confirmou que aquelas palavras eram uma mensagem da parte do Senhor, e o que ouvi estava de acordo com a Palavra de Deus. Houve outras vezes em que esperei em Deus e ouvi uma voz semelhante, mas soube intuitivamente que não era a voz de Deus. Precisamos conhecer Deus através da Sua Palavra a fim de sabermos com segurança quando Ele está falando conosco e quando não está.

A PALAVRA DE DEUS PARA VOCÊ HOJE: estude a Palavra de Deus para ser capaz de reconhecer a Sua voz.

1 DE FEVEREIRO

Ele lhe Dirá o Que Está à Frente

Mas quando o Espírito da verdade vier, ele os guiará a toda a verdade. Não falará de si mesmo; falará apenas o que ouvir, e lhes anunciará o que está por vir.
(JOÃO 16:13)

Um dos muitos benefícios de ouvir Deus é que ouvir a Sua voz nos ajuda a nos prepararmos para o futuro. O Espírito Santo nos transmite as mensagens que o Pai lhe dá, e Ele costuma nos dizer as coisas que acontecerão no futuro.

Encontramos muitos exemplos na Bíblia em que Deus falava às pessoas e lhes dava informações sobre o futuro. Ele disse a Noé para se preparar para uma inundação que viria para destruir as pessoas da Terra (ver Gênesis 6:13-17). Ele disse a Moisés para ir até Faraó e pedir a libertação dos israelitas e disse que Faraó não concederia o seu pedido (ver Êxodo 7). Obviamente, Deus não nos diz tudo que acontecerá no futuro, mas a Sua Palavra promete que Ele nos dirá algumas coisas.

Há vezes em que sinto que algo bom, ou talvez algo desafiador, vai acontecer. Quando um desafio espera por mim e tenho algum conhecimento prévio disso, esse conhecimento me ajuda a amortecer o impacto quando a situação difícil chega. Se um automóvel com bons amortecedores bate em um buraco, esses amortecedores protegem os passageiros que estão no carro do impacto chocante e ninguém se machuca. Quando Deus nos dá uma informação antecipadamente, isso funciona da mesma forma.

Parte do ministério do Espírito Santo é nos comunicar as coisas que estão por vir. Ele conhece a mente de Deus e os planos individuais de Deus para nossa vida. Ele revelará o que precisamos saber quando precisarmos saber dessas coisas a fim de cumprirmos os bons planos que Deus tem para nós.

A PALAVRA DE DEUS PARA VOCÊ HOJE: confie no Espírito Santo para lhe dizer o que você precisa saber sobre o futuro.

2 DE FEVEREIRO

Verdadeira Paz

Afaste-se do mal e faça o bem; busque a paz com perseverança. (SALMOS 34:14)

Ensino muito a respeito de seguir a paz enquanto seguimos a Deus, mas quero me assegurar de que você entende que existe uma falsa paz e que precisamos tomar cuidado com ela. Por exemplo, quando temos um forte desejo de fazer alguma coisa, esse desejo pode produzir uma falsa sensação de paz que na verdade vem apenas das nossas emoções. À medida que o tempo passa essa falsa paz desaparece e a verdade de Deus emerge. Por este motivo, nunca devemos tomar decisões importantes muito rapidamente. Um pequeno tempo de espera é sempre sábio e prudente.

Eis um exemplo. Alguém que Dave e eu amamos muito estava com uma necessidade e nós queríamos supri-la. Fazer isso daria àquela pessoa uma grande alegria e satisfaria um desejo que aquela pessoa tinha havia muito tempo. Fiquei entusiasmada e fui falar com Dave, que concordou que devíamos ajudar. Fomos em frente com o nosso plano, porém quanto mais avançávamos nele, menos paz eu sentia. Isso gerou um problema, porque havíamos nos comprometido a ajudar e eu não queria quebrar a minha palavra. Eu não me importava de dizer que havia cometido um erro, mas não queria decepcionar a pessoa que estava contando conosco. Algumas semanas se passaram e continuei orando sobre a situação. Finalmente, perdi a paz a ponto de ir até à pessoa e dizer: "Alguma coisa não está certa com o nosso plano; não sinto absolutamente nenhuma paz a respeito disso". Para meu grande alívio, a outra pessoa sentia o mesmo. Eu havia permitido que o meu entusiasmo com aquele plano criasse uma falsa sensação de paz que se dissipou com o tempo.

A PALAVRA DE DEUS PARA VOCÊ HOJE: não tome decisões sérias sem esperar para ter certeza de que a verdadeira paz habita dentro de você.

3 DE FEVEREIRO

Estude a Palavra de Deus e Ouça a Voz de Deus

Procure apresentar-se a Deus aprovado, como obreiro que não tem do que se envergonhar, que maneja corretamente a palavra da verdade. (2 TIMÓTEO 2:15)

Qualquer pessoa que deseje ouvir a voz de Deus deve ser uma estudiosa da Palavra. De todas as outras formas que Deus pode escolher para falar conosco, Ele nunca contradirá a Palavra escrita, a qual é originalmente identificada pela palavra grega logos. Sua palavra falada na língua grega é reconhecida como rhema. Deus traz especificamente à nossa memória o Seu logos para cada situação. Sua palavra rhema (Sua palavra falada a nós) pode não ser encontrada "palavra por palavra" nas páginas da Bíblia, mas seus princípios sempre serão sustentados pela Palavra escrita. Deste modo, a Bíblia confirma se o que estamos ouvindo procede ou não de Deus.

Por exemplo, o logos, a Palavra escrita, não nos diz quando comprar um carro novo ou que tipo de carro comprar. Precisamos da palavra rhema para isso. Embora a Palavra não dê instruções específicas sobre comprar um carro, ela fala muito sobre sabedoria. Se achamos que "ouvimos" que devemos comprar certo tipo de carro e depois entendemos que uma compra tão grande nos deixaria endividados por vários anos, podemos concluir facilmente que comprar esse carro não seria sábio e que a voz que pensávamos estar ouvindo não era a voz de Deus.

A PALAVRA DE DEUS PARA VOCÊ HOJE: logos + rhema = sabedoria.

4 DE FEVEREIRO

Deus lhe Dirá Palavras de Sabedoria

Se clamar por entendimento e por discernimento gritar bem alto, se procurar a sabedoria como se procura a prata e buscá-la como quem busca um tesouro escondido, então você entenderá o que é temer ao Senhor e achará o conhecimento de Deus. (PROVÉRBIOS 2:3-5)

Os versículos de hoje nos impulsionam a buscar sabedoria e a clamar por entendimento, pois a sabedoria de Deus ultrapassa em muito as melhores ideias de qualquer ser humano. Deus vê o fim desde o começo. Ele vê o coração e as motivações das pessoas, e Ele sabe coisas que nós não sabemos. Quer nos encontremos lidando com as dificuldades da vida diária ou com um ataque maciço do inimigo, a sabedoria de Deus fará a diferença — e a única maneia de obter essa sabedoria é pedindo-a a Deus.

Muitas vezes, quando Deus fala conosco, Ele revela sabedoria. Ele pode fazer isso compartilhando uma percepção específica de uma situação ou nos dizendo claramente o que fazer quando temos decisões a tomar. Ele pode tornar a Sua sabedoria conhecida de várias maneiras e devemos sempre recebê-la como um dom precioso.

Eu o encorajo a valorizar a sabedoria de Deus como um tesouro espiritual sem preço e a pensar nela como algo sem o qual você não pode passar — porque se quiser ter uma vida vitoriosa, você não pode mesmo passar sem ela. Crie o hábito de orar e pedir a Deus a Sua sabedoria em todas as situações — pequenas e grandes. Ele irá dá-la a você, que ficará radiante com os resultados.

A PALAVRA DE DEUS PARA VOCÊ HOJE: nenhum problema é tão pequeno que não exija a sabedoria de Deus.

5 DE FEVEREIRO

Deus Ouve e Responde

Ó povo de Sião, que mora em Jerusalém, você não vai chorar mais. Como ele será bondoso quando você clamar por socorro! Assim que ele ouvir, lhe responderá.
(ISAÍAS 30:19)

Nossa amizade não apenas nos beneficia, como também beneficia aqueles que nos cercam. Quando as pessoas nos procuram com necessidades ou preocupações, podemos oferecer alguma ajuda ou podemos não ser capazes de atender às necessidades delas de modo algum. Mesmo que não tenhamos o que as pessoas realmente necessitam, Deus tem. Quando somos amigos de Deus, podemos dizer às pessoas: "Não tenho o que você precisa, mas conheço alguém que tem. Vou pedir ao meu amigo! Vou interceder junto a Deus por você".

Sabemos que Deus tem o poder de intervir nas circunstâncias, ajudar seus filhos a deixarem de usar drogas, gerar progressos financeiros, operar milagres na área da saúde ou reconciliar casamentos. Quanto mais intimamente conhecemos a Deus, mais confiança temos na Sua disposição e capacidade de ajudar as pessoas. Quando elas nos procuram, podemos ir a Deus e saber que Ele virá em seu socorro. Podemos realmente pedir a Deus para nos fazer um favor e ajudar alguém a quem amamos mesmo quando sabemos que essa pessoa não merece. Podemos orar com compaixão com um coração amoroso — e Deus ouve e responde.

Deus ama você e ama o som da sua voz subindo até Ele em oração e comunhão. Vá até Ele com frequência não apenas para suprir as suas necessidades, mas também para atender às necessidades dos outros.

A PALAVRA DE DEUS PARA VOCÊ HOJE: lembre-se de que Deus ama o som da sua voz.

6 DE FEVEREIRO

Uma Casa para o Espírito de Deus

Para que Cristo habite no coração de vocês mediante a fé... (EFÉSIOS 3:17)

Se você é nascido de novo, espero que saiba que Jesus vive dentro de você através do poder do Espírito Santo. A questão é: Deus se sente confortável dentro de você? Ele se sente em casa? Embora o Espírito de Deus viva em você, outras coisas também habitam o seu interior — como o medo, a raiva, os ciúmes ou a murmuração e a reclamação.

Certa vez Deus me deu uma ilustração de como é para Ele viver em um coração onde moram a murmuração, a reclamação e a discórdia. Suponhamos que você vá à casa de uma amiga e sua amiga diga: "Olá, pode entrar. Vou lhe trazer uma xícara de café. Fique à vontade e sinta-se em casa". Então, sua amiga começa a gritar com o marido e os dois começam a discutir bem na sua frente. Como você se sentiria na presença de toda essa briga?

Se quisermos ser uma "casa" confortável para o Espírito do Senhor, precisamos abrir mão das coisas que fazem com que nos esqueçamos da Sua presença ou que são ofensivas para Ele. Precisamos parar de resmungar, de permitir a contenda e a inquietação dentro de nós ou de abrigar a falta de perdão. Em vez disso, precisamos cuidar para que nossa vida interior esteja envolvida com coisas que agradam e honram a presença de Deus. Nossa boca deve estar cheia de louvor e ações de graças. Devemos acordar todos os dias dizendo no nosso coração: "Bom dia, Pai. Quero que o Senhor se sinta em casa e esteja confortável em mim hoje".

Todos nós precisamos fazer uma análise do que se passa no nosso coração porque ele é o lugar de habitação de Deus. Quando examinamos a nossa vida interior, estamos olhando para uma terra santa onde Deus escolheu habitar. Vamos nos comprometer a fazer com que Ele se sinta confortável dentro de nós.

A PALAVRA DE DEUS PARA VOCÊ HOJE: certifique-se de ser uma casa confortável para o Espírito do Senhor.

7 DE FEVEREIRO

Acesso Total

Por meio de quem obtivemos acesso pela fé a esta graça na qual agora estamos firmes; e nos gloriamos na esperança da glória de Deus. (ROMANOS 5:2)

Tudo na nossa vida espiritual depende da nossa fé em Deus e do nosso relacionamento pessoal com Ele, o que certamente inclui ser capaz de ouvir a Sua voz. Podemos desfrutar esse relacionamento porque a morte de Jesus na cruz nos dá acesso livre e desimpedido ao nosso Pai Celestial e a nossa fé torna possível termos um relacionamento dinâmico com Ele.

Amo Efésios 3:12 e estive estudando essa passagem recentemente. Ela diz: "Em quem, por causa da nossa fé nele, ousamos ter a coragem e a confiança de ter livre acesso (uma aproximação sem reservas a Deus com liberdade e sem medo)" (AMP). Enquanto eu meditava nesta passagem bíblica, fiquei muito entusiasmada ao perceber que como seres humanos comuns temos livre acesso a Deus a qualquer momento por meio da oração; podemos ouvir a Sua voz a qualquer instante que quisermos ou precisarmos. Podemos nos aproximar Dele com ousadia e sem reservas, sem medo e com total liberdade. Que tremendo! A fé em Deus abre a porta para uma ajuda ilimitada da parte Dele e para uma comunicação desimpedida com Ele.

Aproxime-se de Deus com a confiança de que Ele o ama, deseja ter comunhão com você e quer não apenas ouvi-lo, mas deseja falar com você.

A PALAVRA DE DEUS PARA VOCÊ HOJE: tenha a expectativa de ouvir Deus e de ser guiado pelo Seu Santo Espírito.

8 DE FEVEREIRO

Uma Lâmpada e Uma Luz

A tua palavra é lâmpada que ilumina os meus passos e luz que clareia o meu caminho. (SALMOS 119:105)

Não há nada mais sobrenatural que a Palavra de Deus, que nos é dada por inspiração divina do Espírito Santo falando através dos Seus profetas e discípulos. A Bíblia tem uma resposta para cada pergunta que possamos ter. A Palavra de Deus está cheia de princípios de vida, histórias verídicas da misericórdia de Deus para com o comportamento humano e ricas parábolas cheias de verdades importantes para cada pessoa na Terra.

A Bíblia é uma carta pessoal para você e eu. Ela nos diz tudo que precisamos saber. Pode haver momentos em que Deus nos fale algo que não está em um capítulo ou versículo específico, mas se Ele estiver realmente falando, então o que ouvimos estará sempre em concordância com a Sua Palavra. Deus falará conosco e nos guiará em cada situação à medida que o buscarmos através da Sua Palavra. Quando preciso ouvir algo específico de Deus, Ele frequentemente me lembra de um versículo que dá claramente a resposta que estou procurando.

Ouvir a voz de Deus (ser dirigido pelo Espírito Santo) ao longo de cada dia se tornou um caminho natural para mim desde que recebi a plenitude do Espírito Santo. Deus dá o dom do Seu Espírito a todos que o pedem (ver Lucas 11:13), e o Espírito Santo nos ajuda a entender a Palavra de Deus para podermos aplicar a sua sabedoria em nossa vida.

A PALAVRA DE DEUS PARA VOCÊ HOJE: leia a Palavra de Deus como uma carta pessoal, escrita só para você.

9 DE FEVEREIRO

Dê um Presente a Si Mesmo

Sejam bondosos e compassivos uns para com os outros, perdoando-se mutuamente, assim como Deus perdoou vocês em Cristo. (EFÉSIOS 4:32).

A falta de perdão, a amargura, o ressentimento ou a ofensa de qualquer tipo podem nos tornar incapazes de ouvir Deus. A Palavra de Deus é muito clara quanto a isso. Se quisermos que Deus perdoe os nossos pecados e ofensas contra Ele, precisamos perdoar aos outros os seus pecados e ofensas contra nós.

Efésios 4:30-32, a passagem que contém o nosso versículo de hoje, ensina que entristecemos o Espírito Santo quando abrigamos emoções negativas como a raiva, o ressentimento e a animosidade em nossos corações. Quando retemos a falta de perdão contra qualquer pessoa por qualquer motivo, isso endurece o nosso coração e nos impede de sermos sensíveis à direção de Deus para nossa vida.

Certa vez ouvi alguém dizer que não perdoar é como tomar veneno e esperar que o seu inimigo morra. Por que passar seus dias ficando irado e amargo com alguém que provavelmente está aproveitando a vida e nem sequer se importa por você estar aborrecido? Faça um favor a si mesmo — perdoe aqueles que o magoam! Dê a si mesmo o presente do perdão. Ele trará a paz ao seu coração e o capacitará a ouvir a voz de Deus e a seguir a Sua direção para a vida.

A PALAVRA DE DEUS PARA VOCÊ HOJE: dê a si mesmo o presente de perdoar os outros.

10 DE FEVEREIRO

Vencendo do Jeito de Deus

Mostra-me, Senhor, os teus caminhos, ensina-me as tuas veredas. (SALMOS 25:4)

A maioria de nós fica feliz quando consegue o que quer. Essa é a natureza humana. Mas quando andamos com Deus como deveríamos, outras coisas se tornam mais importantes do que ver os nossos próprios desejos realizados — coisas como ver os desejos de Deus para nossa vida, ouvir a Sua voz ao tomarmos decisões e ser obedientes à Sua direção em todas as situações. Certa vez Dave e eu vimos um quadro em uma loja em um shopping e eu queria comprá-lo. Dave não achou que precisávamos dele, então tive um dos meus ataques de raiva; simplesmente fiquei calada porque estava zangada. — "Você está bem?", Dave perguntou. — "Sim, estou bem, está tudo bem". Respondi com minha boca embora minha mente estivesse pensando: *você sempre fica me dizendo o que fazer. Por que você não me deixa em paz e me deixa fazer o que quero? Blá, blá, blá...*

Continuei de cara feia por cerca de uma hora. Estava tentando manipular Dave. Eu sabia que com a personalidade pacífica e fleumática dele, ele preferiria me deixar fazer o que queria a brigar comigo. Eu era imatura demais no Senhor para entender que meu comportamento não provinha de Deus. Comecei a insistir com Dave para comprar o quadro e finalmente o compramos. Quando o coloquei em casa, o Espírito Santo me disse: "Sabe, na verdade você não venceu. Você conseguiu o seu quadro, mas ainda assim perdeu porque não fez as coisas do meu jeito".

A única maneira de vencer na vida é fazendo as coisas do jeito de Deus. Dessa maneira, ainda que não consigamos o que queremos, temos a grande satisfação de saber que obedecemos à Sua voz — e isso supera a satisfação de conquistar qualquer bem ou realização terrena.

A PALAVRA DE DEUS PARA VOCÊ HOJE: quando o jeito de Deus se torna o seu jeito, você está a caminho de viver em grande paz e alegria.

11 DE FEVEREIRO

Permaneça Seguro na Palavra

Ponham à prova todas as coisas e quem com o que é bom. (1 TESSALONICENSES 5:21)

Ouvir Deus claramente e evitar a possibilidade do engano só acontece quando passamos tempo regularmente com Ele, aprendendo a Sua Palavra. Ouvir a voz de Deus sem ter conhecimento da Sua Palavra é um erro. Conhecer a Palavra escrita de Deus nos protege contra o engano.

Tentar ouvir Deus sem conhecer a Sua Palavra é uma atitude irresponsável e até perigosa. As pessoas que querem ser guiadas pelo Espírito, mas são preguiçosas demais para passarem tempo com a Palavra e em oração, estão se predispondo ao engano porque os espíritos malignos estão ansiosos para sussurrar aos ouvidos dispostos a escutar. O diabo tentou dizer coisas a Jesus e Ele sempre respondia "Está escrito", e depois citava uma Escritura para refutar as mentiras do inimigo (ver Lucas 4).

Algumas pessoas buscam a Deus somente quando estão com problemas e precisam de ajuda. Mas se não estão acostumadas a ouvi-lo, acharão difícil reconhecer a Sua voz quando realmente precisarem Dele. Precisamos comparar qualquer ideia, apelo ou pensamento que vem até nós com a Palavra de Deus. Se não conhecermos a Palavra, não teremos nada com que comparar as teorias e argumentos que se levantam nos nossos pensamentos. O inimigo pode apresentar ideias tremendas que fazem sentido para nós. O fato de que os pensamentos são lógicos não significa que eles procedem de Deus. Podemos gostar do que ouvimos, mas o fato de que alguma coisa nos é atrativa não significa que provém de Deus. Podemos ouvir algo que parece bom às nossas emoções, mas se aquilo não nos der paz, não provém de Deus. O conselho de Deus para nós é sempre seguirmos a paz e deixar que ela seja um juiz em nossa vida (ver Colossenses 3:15).

A PALAVRA DE DEUS PARA VOCÊ HOJE: teste tudo que ouvir segundo a Palavra de Deus, porque este é o único padrão de verdade que existe.

12 DE FEVEREIRO

Deus Fala Para nos Ajudar

O jugo será despedaçado por causa da unção. (ISAÍAS 10:27, ARC)

Quando Deus fala com você sobre um problema que precisa ser tratado em sua vida, você não deve adiá-lo. Deve confiar que a unção, que é o poder e a capacitação do Espírito Santo, está presente para quebrar o seu jugo sobre você. Se adiar o momento de confrontar o problema até que queira tratar com ele, talvez tenha de enfrentar uma tentativa de mudança sem o poder ou a unção de Deus.

Geralmente queremos fazer as coisas no nosso próprio tempo, e lutamos sem parar porque não há a unção de Deus no momento em que estamos tentando tratar com a questão. Por exemplo, há momentos em que sinto vontade de confrontar um problema com um funcionário, mas sei que seria mais sábio orar pelo assunto por algum tempo e deixar Deus preparar o coração dessa pessoa. Quando sigo o roteiro de Deus, sempre tenho a Sua unção para resolver o problema. Aprendi a lidar com os problemas quando Deus quer tratar com eles e deixá-los quietos quando Ele quer que eu espere. Também tive a experiência frustrante de tentar inúmeras vezes me transformar sem esperar pela ajuda e pelo tempo de Deus. A unção de Deus deve estar presente para que qualquer coisa funcione bem em nossas vidas.

Quando Deus nos convence de que alguma coisa precisa mudar em nossa vida isso significa que Ele nos preparou para enfrentá-la. Talvez não sintamos que estamos prontos, mas podemos confiar que o Seu tempo é perfeito e a Sua unção está presente para quebrar o jugo que está impedindo a nossa plena liberdade. Aprendi a dizer: "Senhor, posso não me sentir pronta, mas se o Senhor disser que é a hora, eu confio que o Seu poder está comigo e estou disposta a lhe ser obediente". À medida que você se levantar pela fé para lidar com os problemas, descobrirá que a sabedoria, a graça, o poder e a capacitação que precisa estão presentes.

A PALAVRA DE DEUS PARA VOCÊ HOJE: não deixe para depois o que Ele quer que você trate hoje.

13 de Fevereiro

Só Deus Concede Paz

O Senhor dá força ao seu povo; o Senhor dá a seu povo a bênção da paz.
(Salmos 29:11)

Uma das maiores maneiras de Deus falar conosco e nos guiar é por intermédio do testemunho interior. Em outras palavras, simplesmente sabemos dentro de nós o que está certo ou errado. É um nível mais profundo de conhecimento que o "conhecimento da mente". Esse tipo de conhecimento está no espírito — simplesmente temos paz ou falta de paz. Pela presença ou ausência de paz, sabemos o que devemos fazer. Certa vez falei com uma mulher que precisava tomar uma decisão séria. Sua família e seus amigos estavam lhe dando conselhos, mas ela precisava saber dentro de si qual era a resposta certa porque era ela quem teria de viver com aquilo. Ela havia trabalhado em um determinado negócio por toda a vida e estava sentindo que queria sair e ficar em casa com seus filhos. Naturalmente, isso exigiria ajustes financeiros drásticos e mudanças pessoais, coisas que poderiam até afetá-la emocionalmente. Ela precisava saber de Deus, e não de outras pessoas, qual era a decisão certa.

A mulher foi a um retiro com um parente. Durante a ministração daquele fim de semana, enquanto ela louvava e adorava a Deus e ouvia o palestrante, uma certeza e uma paz entraram em seu coração e ela teve certeza de que deveria encerrar o negócio. Ela disse que houve um instante em que simplesmente soube qual era a coisa certa. Desde então, ela tem tido paz com relação à sua decisão.

É impressionante como as pessoas bem-intencionadas podem nos dizer coisas, mas elas realmente não nos afetam. Mas quando Deus nos fala sobre um assunto, isso tem um grande impacto sobre nós. Peça a Deus o testemunho interior que só Ele pode dar.

A PALAVRA DE DEUS PARA VOCÊ HOJE: só Deus pode lhe dar paz.

14 de Fevereiro

Você é um Original

Ele forma o coração deles individualmente. (Salmos 33:15, NKJV)

O Salmo 33:15 fala sobre nós como indivíduos. Pelo fato de Deus ter formado os nossos corações individualmente, as nossas orações precisam fluir naturalmente do nosso coração e serem compatíveis com a forma como Ele nos criou. À medida que desenvolvemos nosso estilo individual de comunicação com Deus, podemos aprender com as pessoas mais experientes do que nós, mas precisamos tomar cuidado para não as imitar ou para não permitir que estabeleçam padrões para nós. Espero ser um exemplo para muitos, mas quero que Jesus seja o padrão deles. Não há nada de errado em incorporar alguma coisa que alguém está fazendo à sua própria vida de oração, desde que você sinta realmente que o Espírito de Deus o está dirigindo a fazer isso. Contudo, é errado se obrigar a fazer o que os outros fazem se você não se sente bem com aquilo no seu espírito.

Eu o encorajo a desenvolver o seu próprio estilo para falar com Deus e ouvir a Sua voz. Não tente imitar os outros ou copiar o estilo de oração deles — e não se sinta forçado a aplicar todos os "princípios de oração" que você aprendeu todas as vezes que orar. Apenas seja quem você é, lembrando-se de que Deus o formou exatamente do jeito que Ele quer que você seja, que Ele tem prazer em quem você é, e que deseja falar com você de uma maneira exclusiva e pessoal.

A PALAVRA DE DEUS PARA VOCÊ HOJE: Deus ama quem você é e como você fala. Não seja tímido com Ele.

15 DE FEVEREIRO

Seja Firme

E a perseverança deve ter ação completa, a fim de que vocês sejam maduros e íntegros, sem lhes faltar coisa alguma. (TIAGO 1:4)

O versículo de hoje fala sobre ser firme. Ser firme é ser estável; uma pessoa firme é constante, calma e tranquila, independentemente do que aconteça. Um crente firme pode fazer o diabo ter um ataque de nervos! Quando amadurecemos espiritualmente, não reagimos a cada pequena perturbação que o inimigo manda contra nós. Independentemente do que ele possa atirar no nosso caminho, não nos deixaremos impressionar, não teremos medo, não ficaremos irritados facilmente, não desistiremos e não seremos abalados — se formos firmes.

Para sermos firmes e impassíveis, precisamos conhecer a Deus — e conhecê-lo intimamente. Precisamos ser capazes de ouvir a Sua voz quando as tempestades da vida estiverem se agitando ao nosso redor. Também precisamos conhecer o tremendo poder que nos pertence no nome e através do sangue de Jesus. Nós nos lembraremos de que "isto, também, passará" e manteremos os nossos olhos firmados na vitória que é certa, em vez de nos permitirmos ser jogados de um lado para o outro por tudo que o diabo usa para nos atacar. Quando fazemos isso, o poder de Deus é liberado em nossa vida. Seja o que for que você esteja enfrentando hoje, deixe a paciência fazer a obra que Deus deseja fazer em você.

A PALAVRA DE DEUS PARA VOCÊ HOJE: seja firme em Deus, e faça o diabo ter um ataque de nervos!

16 DE FEVEREIRO

Manso e Sensível

Darei a eles um coração não dividido e porei um novo espírito dentro deles; retirarei deles o coração de pedra e lhes darei um coração de carne.
(EZEQUIEL 11:19)

No versículo de hoje, Deus promete substituir corações de pedra por corações de carne. Em outras palavras, Ele pode transformar uma pessoa de coração duro em uma pessoa de coração manso e sensível.

Quando entregamos nossa vida a Deus, Ele coloca um senso de certo e errado no fundo da nossa consciência. Mas se nos rebelarmos contra a nossa consciência muitas vezes, podemos nos tornar insensíveis. Se isso acontecer, precisamos deixar que Deus amacie o nosso coração para podermos ser espiritualmente sensíveis à direção do Espírito Santo.

Eu era uma pessoa de coração muito duro antes de realmente começar a ter comunhão com Deus. Estar na presença Dele regularmente amaciou meu coração e me tornou muito mais sensível à Sua voz. Sem um coração sensível ao toque de Deus, não reconheceríamos muitas das vezes em que Ele fala conosco. Ele fala suavemente, com uma voz mansa e delicada ou com uma terna convicção sobre algum assunto.

Uma pessoa de coração duro também corre o risco de ferir outras pessoas e nem sequer se dar conta, e isso entristece o coração de Deus. Aqueles que têm o coração duro e que estão ocupados "consigo mesmos" não serão sensíveis à vontade ou à voz de Deus. Deus quer amaciar o nosso coração com a Sua Palavra, porque um coração endurecido não pode ouvir a Sua voz ou receber as muitas outras bênçãos que Ele anseia dar.

A PALAVRA DE DEUS PARA VOCÊ HOJE: mantenha o seu coração terno e sensível à voz de Deus.

17 de Fevereiro

Senhor, Ensina-me a Orar

Certo dia Jesus estava orando em determinado lugar. Tendo terminado, um dos seus discípulos lhe disse: "Senhor, ensina-nos a orar". (Lucas 11:1)

Uma das orações mais importantes e transformadoras que uma pessoa pode pronunciar é: "Senhor, ensina-me a orar". Não é apenas "Senhor, ensina-me a orar", mas "Senhor, ensina-*me* a orar". Veja, ter conhecimento a respeito de oração realmente não basta; precisamos saber como orar como pessoas que têm um relacionamento íntimo, dinâmico e pessoal com o Deus a quem oramos. Embora haja princípios de oração que se aplicam a todos, somos indivíduos e Deus guiará cada um de nós a orarmos e a nos comunicarmos com Ele de uma forma pessoal e exclusiva.

Houve um tempo em que eu frequentava muitos "seminários de oração" e depois tentava imitar na minha própria oração o que ouvia os outros dizerem sobre a forma como oravam. Finalmente, porém, entendi que Deus tinha um plano de oração personalizado para mim — uma maneira pessoal de falar com Ele e ouvi-lo com mais eficácia — e eu precisava descobrir qual era. Comecei dizendo: "Senhor, ensine-me a orar". Deus me respondeu de uma forma poderosa e trouxe melhorias maravilhosas à minha vida de oração.

Se você quer desfrutar um relacionamento mais profundo, íntimo e poderoso com Deus por meio da oração, eu o encorajo a dizer: "Senhor, ensine-me a orar". Ele fará isso, e você logo encontrará maior liberdade e eficácia na sua vida de oração. Deus o guiará em um plano exclusivo e novo que funcionará maravilhosamente para você.

A PALAVRA DE DEUS PARA VOCÊ HOJE: deixe Deus ensinar você a orar.

---

18 de Fevereiro

Deus Fala Através de Estímulos

Estou dizendo a verdade em Cristo. Não minto; minha consciência [iluminada e estimulada] pelo Espírito Santo testifica comigo. (Romanos 9:1, AMP)

No versículo de hoje, Paulo escreve sobre receber um "estímulo" do Espírito Santo. Esses estímulos ou apelos do Espírito Santo são uma maneira de Deus falar conosco.

Deixe-me dar uma explicação prática disso. Às vezes Deus me impele a fazer algo insignificante como recolher uma peça de roupa que caiu de um cabide no chão de uma loja. Não ouço a Sua voz audível me dizendo para fazer isso, mas sinto uma cutucada por dentro, um desejo de deixar o lugar onde estou melhor do que o encontrei. O Senhor usa a minha obediência para me ensinar mais sobre o Seu caráter. Ele me diz: "Tudo que você faz na vida é um ato de plantar sementes que voltarão para você. Você colherá aquilo que semear". Se eu plantar sementes de excelência, posso esperar que coisas excelentes aconteçam em minha vida.

Outro exemplo aconteceu recentemente, quando senti o estímulo do Espírito Santo para enviar um e-mail de encorajamento a uma mulher que conheço que está no ministério. Eu a conheço há anos e nunca senti esse desejo, mas obedeci ao estímulo e recebi uma resposta rápida, dizendo que o meu encorajamento naquele momento específico foi a confirmação para ela de uma decisão que estava tomando.

Ser dirigido pelos estímulos internos de Deus é uma aventura que torna cada dia interessante e novo. Ao aprendermos a ouvir a Deus precisamos aprender a seguir esses suaves apelos internos.

A PALAVRA DE DEUS PARA VOCÊ HOJE: seja sensível às "cutucadas" do Espírito Santo, não importa o quanto elas possam ser pequenas.

19 DE FEVEREIRO

O Espírito Santo Sabe o Que Fazer

Mas quando o Espírito da Verdade vier, Ele os guiará a toda a verdade.
(JOÃO 16:13)

Quando Deus envia o Seu Espírito Santo para trabalhar na vida das pessoas, Ele condena o pecado, não os pecadores. Ao longo da Sua Palavra, vemos a prova clara do Seu amor pelas pessoas e o Seu desejo de cuidar delas a fim de que possam deixar o pecado para trás e seguir em frente com os grandes planos Dele para suas vidas. Nunca precisamos ter medo de deixar que Deus nos mostre e nos fale sobre o que estamos fazendo de errado.

O Espírito Santo vive dentro de nós. Seu trabalho é nos guiar, ensinar, ajudar na oração, nos consolar, convencer do pecado e nos dirigir à medida que cumprimos o plano de Deus para nossa vida.

Podemos confiar no Espírito Santo porque Ele sabe exatamente o que precisa ser feito em nós e o tempo certo para isso. Em outras palavras, podemos dizer que estamos "quebrados" e Ele sabe como nos "consertar". Estou certa de que o Espírito Santo está operando em você e com você em alguma área da sua vida assim como está fazendo com todos nós. Eu o encorajo a se submeter a Ele completamente porque Ele sabe o que está fazendo e o fará exatamente da maneira certa. Se as pessoas tentarem nos consertar ou tentarmos consertar a nós mesmos geralmente só pioraremos as coisas, mas o Espírito Santo trabalha de formas misteriosas para realizar as Suas maravilhas. Talvez nem sempre entendamos ou nem mesmo gostemos do que Ele está fazendo, mas o resultado final será glorioso. Relaxe, desfrute o dia e agradeça a Deus porque Ele está trabalhando em você.

A PALAVRA DE DEUS PARA VOCÊ HOJE: relaxe, e deixe Deus agir!

20 DE FEVEREIRO

Viva do Jeito de Deus

Ensina-me o teu caminho, Senhor, para que eu ande na tua verdade; dá-me um coração inteiramente fiel, para que eu tema o teu nome. (SALMOS 86:11)

Se ouvirmos a voz de Deus e vivermos do jeito de Deus, se escolhermos servi-lo, podemos evitar ter longas quedas de braço com Ele. A sabedoria nos diz para deixarmos Deus fazer conosco o que quiser, para não continuarmos dando voltas em círculos ao redor da mesma "montanha" o tempo todo (ver Deuteronômio 2:3). Conheci pessoas que têm lutado com os mesmos obstáculos e problemas por vinte ou trinta anos. Se elas simplesmente tivessem obedecido a Deus no princípio, teriam seguido em frente com suas vidas há muito tempo.

Independentemente do quanto podemos gostar de onde estávamos quando Deus nos encontrou, Ele não permitirá que fiquemos ali estagnados. Ele tem novos lugares para nos levar e novas lições a nos ensinar. Ele quer nos manter cheios de vida, cheios de crescimento e cheios dos Seus propósitos e planos.

Deus nos disse: "Se vocês não prestarem atenção em mim, se me ignorarem e não derem ouvidos à minha repreensão, vou gritar com vocês. Vou tentar ajudá-los, mas se vocês continuarem a fechar seus ouvidos a mim, virão a mim em pânico quando tiverem problemas" (ver Provérbios 1:24-28). Deus é misericordioso e longânimo, mas chega um momento em que temos de entender que simplesmente precisamos ser obedientes a Ele. Quando mais cedo obedecermos e começarmos a viver do jeito de Deus, mais cedo poderemos prosseguir com nossa vida e avançar nos bons planos de Deus.

A PALAVRA DE DEUS PARA VOCÊ HOJE: ore, obedeça e não demore!

21 de Fevereiro

Deus se Importa com Cada Detalhe

Não se vendem dois pardais por uma moedinha? Contudo, nenhum deles cai no chão sem o consentimento do Pai de vocês. Até os cabelos da cabeça de vocês estão todos contados. Portanto, não tenham medo; vocês valem mais do que muitos pardais! (Mateus 10:29-31)

Deus quer falar com você todos os dias por meio do poder do Espírito Santo. Ele deseja conduzi-lo passo a passo para fora dos problemas e para dentro das boas coisas que tem reservadas para você. Ele se importa com os mínimos detalhes da sua vida. De acordo com os versículos de hoje, Ele está atento até à quantidade de cabelos em sua cabeça. Ele se importa com os desejos do seu coração e quer revelar a você a verdade que o libertará da preocupação e do medo.

O plano de Deus de ter um relacionamento íntimo com você existia antes mesmo do seu nascimento, como você pode ler no Salmo 139:16: "Os teus olhos me viram a substância ainda informe, e no teu livro foram escritos todos os meus dias, cada um deles escrito e determinado, quando nem um deles havia ainda" (ARA). Deus conhece todos os nossos dias e tem um plano para cada um deles. Se perguntarmos a Ele o que devemos fazer a cada dia e acreditarmos que Ele está nos guiando, descobriremos que estamos cumprindo os Seus planos para as nossas vidas.

Parece incompreensível que Deus possa ter um plano para cada pessoa na Terra, mas também traz uma grande paz saber que Ele pode pegar o caos e transformá-lo em algo significativo e que vale a pena. Dedique tempo para conhecer a Deus, porque o Seu plano somente é desvendado através de um relacionamento íntimo com Ele.

A PALAVRA DE DEUS PARA VOCÊ HOJE: lembre-se de que Deus está atento até aos pardais, e Ele com certeza está no controle de qualquer coisa que a vida lhe traga hoje.

22 de Fevereiro

A Verdadeira Satisfação

Pois ele satisfaz a alma sedenta, e enche de bens a alma faminta. (Salmos 107:9)

Espero que você tenha experimentado momentos com Deus que foram extremamente satisfatórios para você. Ele é o único que pode realmente satisfazer a alma ansiosa, portanto não perca o seu tempo com buscas vazias. Independentemente do que possuamos, de onde vamos ou do que façamos, nada além de Deus pode realmente nos satisfazer. Dinheiro, viagens, casas e móveis, roupas, grandes oportunidades, casamento, filhos e muitas outras bênçãos podem certamente ser empolgantes e gerar felicidade. Mas a felicidade se baseia no que está acontecendo em um dado momento, enquanto a verdadeira alegria que Deus quer que tenhamos baseia-se em uma certeza interior que independe completamente das circunstâncias externas.

Nunca ficaremos satisfeitos de forma consistente a não ser que coloquemos Deus em primeiro lugar em tudo, e quando fizermos isso, Ele acrescentará as coisas que desejamos (ver Mateus 6:33).

Gastamos tempo e dinheiro e fazemos planos cuidadosos para nos alimentarmos fisicamente todos os dias. Às vezes até sabemos em um dia o que vamos comer no dia seguinte! Assim como precisamos alimentar o nosso corpo natural, precisamos também nos alimentar espiritualmente. Geralmente parece que pensamos que podemos ter um ótimo relacionamento com Deus sem nos alimentarmos com a Sua Palavra e nos enchermos com a Sua presença. Busque-o pelo menos com a mesma diligência que você busca o alimento físico.

Fomos criados para desfrutar um relacionamento vivo e vital com Deus, e alguma coisa sempre faltará a cada um de nós até que façamos isso. Se dedicarmos tempo para nos banquetearmos com a Sua Palavra e desfrutarmos a Sua presença todos os dias, experimentaremos uma satisfação profunda e contínua.

A PALAVRA DE DEUS PARA VOCÊ HOJE: alimente a sua alma assim como você alimenta o seu corpo.

23 DE FEVEREIRO

De Dentro para Fora

Cheia de esplendor está a princesa em seus aposentos, com vestes enfeitadas de ouro. (SALMOS 45:13)

Durante a época de Natal, as vitrines das lojas de departamentos geralmente apresentam presentes brilhantes com laços amarrados perfeitamente. Estes presentes podem parecer desejáveis, mas se os abríssemos, não encontraríamos nada dentro. Eles estão vazios, pois são apenas para "exposição". Nossa vida pode ser assim também, como pacotes lindamente embrulhados sem nada de valor dentro. Do lado de fora, nossa vida pode parecer atraente ou até invejável para os outros, mas por dentro podemos estar secos e vazios. Podemos parecer espirituais por fora, mas não ter nenhum poder por dentro se não permitirmos que o Espírito Santo faça a Sua habitação no nosso coração.

O versículo de hoje enfatiza a importância da vida interior. Deus coloca o Espírito Santo dentro de nós para trabalhar na nossa vida interior — nas nossas atitudes, reações, motivações, prioridades e em outras coisas importantes. À medida que nos submetermos ao senhorio de Cristo no nosso ser interior, sentiremos quando Ele estiver falando conosco e experimentaremos a Sua justiça, paz e alegria crescendo dentro de nós para nos conceder poder para uma vida abundante (ver Romanos 14:17).

O Espírito Santo habita dentro de nós para nos tornar mais e mais semelhantes a Cristo e para nos encher com a Sua presença e direção, a fim de que tenhamos algo para compartilhar com os outros; algo que venha bem do fundo do nosso ser e que seja valioso, poderoso e transmita vida a todos com quem interagirmos.

A PALAVRA DE DEUS PARA VOCÊ HOJE: ponha o foco mais na sua vida interior do que na sua vida exterior.

24 DE FEVEREIRO

Deixe o Espírito Assumir a Direção

Assim diz o Senhor, o seu redentor, o Santo de Israel: "Eu sou o Senhor, o seu Deus, que lhe ensina o que é melhor para você, que o dirige no caminho em que você deve ir." (ISAÍAS 48:17)

A maioria das pessoas tem medo de não ser como todo o mundo. Muitas pessoas se sentem mais à vontade seguindo regras específicas do que ousando seguir a direção do Espírito Santo. Quando seguimos regras feitas por homens agradamos às pessoas, mas quando nos levantamos por fé e seguimos o Espírito de Deus, agradamos a Ele. Não precisamos nos sentir pressionados a orar de certa maneira por determinado período ou focarmos em coisas específicas porque outras pessoas estão fazendo isso. Em vez disso, precisamos ser livres para expressar a nossa singularidade enquanto oramos da maneira que Deus está nos ensinando. Deus usa cada um de nós para orar sobre coisas diferentes, e assim todas as coisas que precisam de oração são cobertas.

De algum modo, nos sentimos seguros quando estamos fazendo o que todo o mundo está fazendo, mas o triste fato é que não nos sentiremos realizados até aprendermos a "desamarrar o barco do cais", por assim dizer, e deixar o oceano do Espírito de Deus nos levar para onde Ele quer. Passei muitos anos amarrada ao cais seguindo regras e regulamentos de oração específicos que outros haviam me ensinado e foi um bom começo, mas finalmente minha experiência de oração se tornou muito árida e monótona. Quando aprendi a desamarrar o meu barco do cais e me entregar à direção do Espírito Santo, um frescor e uma criatividade vieram e foi maravilhoso. Descubro que o Espírito Santo me conduz de uma forma diferente quase todos os dias quando oro e não faço mais isso de acordo com as regras, regulamentos e relógios.

Comece agora mesmo a pedir a Deus para lhe mostrar quem você é na singularidade que Ele lhe deu e para ajudá-lo a ouvir e seguir a Sua voz de acordo com a maneira maravilhosa e exclusiva que Ele o criou.

A PALAVRA DE DEUS PARA VOCÊ HOJE: desamarre o seu barco do cais, e deixe Deus assumir o leme.

25 DE FEVEREIRO

A Intimidade Gera Liberdade

Então Jesus disse: "Quando vocês levantarem o Filho do homem, saberão que Eu Sou, e que nada faço de mim mesmo, mas falo exatamente o que o Pai me ensinou". (JOÃO 8:28)

Perguntei a Deus em várias ocasiões o que Ele queria que eu fizesse em situações específicas e Ele respondeu: "Faça o que você quiser fazer". Na primeira vez em que o ouvi dizer isso, tive medo de acreditar que Deus me daria este tipo de liberdade, mas agora sei que Ele nos dá cada vez mais liberdade à medida que crescemos e amadurecemos espiritualmente.

Enquanto eu pensava sobre isto, percebi que tudo que eu precisava fazer era pensar nos meus próprios filhos. Quando eles eram pequenos e inexperientes, eu tomava todas as decisões por eles. À medida que ficavam mais maduros, eu os deixava fazer mais as coisas que eles queriam fazer. Eles tinham estado junto de Dave e de mim por muito tempo e estavam começando a conhecer o nosso coração. Agora todos os nossos quatro filhos estão crescidos, e na maior parte do tempo eles fazem o que querem fazer e raramente nos ofendem porque conhecem o nosso coração e agem de acordo.

Depois que caminhamos com Deus por alguns anos, passamos a conhecer o Seu coração, o Seu caráter e os Seus caminhos. Se estamos comprometidos em segui-los, Ele pode nos dar mais liberdade porque nos tornamos "um" com

Ele. À medida que crescemos espiritualmente, desejamos cada vez mais honrar a Deus e refletir o Seu coração em tudo o que fazemos. O nosso espírito fica cheio com o Espírito Dele e os nossos desejos começam a se mesclar com o Dele.

No versículo de hoje, lemos que Jesus faz e diz somente o que o Pai lhe ensinou. Eu o encorajo a buscar essa unidade com Deus para que você, também, não faça nada por sua direção própria, segundo os seus próprios desejos ou na sua própria força, mas que você desfrute de tamanha intimidade com Deus que os seus desejos se tornem um com os Dele.

A PALAVRA DE DEUS PARA VOCÊ HOJE: deixe que os desejos de Deus sejam os seus desejos.

26 DE FEVEREIRO

Um Método de Verificação

Grande paz têm os que amam a Tua lei. (SALMOS 119:165)

Escrevi várias vezes neste devocional sobre o fato de que Deus às vezes nos guia por meio das circunstâncias. Isso certamente é verdade, mas precisamos ser equilibrados quando procurarmos ouvir e obedecer à Sua voz por meio das circunstâncias. Não recomendo usar apenas as circunstâncias para discernir a vontade de Deus; devemos também considerar a paz e a sabedoria, que já mencionei neste livro. Essas são as principais maneiras de ouvirmos Deus, e nunca devemos ignorá-las. Uma circunstância pode parecer uma porta aberta, mas não devemos passar pela porta a não ser que tenhamos paz.

Seguir somente as circunstâncias pode nos colocar em problemas de verdade. Satanás pode arranjar circunstâncias tanto quanto Deus, porque ele tem acesso à esfera natural em que vivemos. Portanto, se seguirmos apenas as circunstâncias, sem considerar outras formas de ouvirmos Deus, podemos cair no engano.

Sabemos que não podemos ir contra a Palavra de Deus. Precisamos ser guiados pela paz e andar em sabedoria. É fácil fazer uma rápida "checagem interior" para testar o nível de paz em nosso coração antes de permitir que as circunstâncias nos dirijam. A maneira mais segura de ouvir Deus é combinar princípios bíblicos de ser guiado pelo Espírito e permitir que eles sirvam como um método de checagem um para o outro. É sempre melhor considerar todo o conselho da Palavra de Deus e nunca simplesmente tentar encontrar partes dela que concordem com o que você gostaria.

A PALAVRA DE DEUS PARA VOCÊ HOJE: sempre siga a paz quando for tomar decisões.

27 DE FEVEREIRO

Deus Conhece Você Intimamente

Antes mesmo que a palavra me chegue à língua, tu já a conheces inteiramente, Senhor. (SALMOS 139:4)

Pelo fato de nos relacionarmos com Deus como indivíduos — e é assim que Ele quer que seja — também oramos como indivíduos. Até quando oramos coletivamente com os outros, ainda somos indivíduos; simplesmente unimos nosso coração com outras pessoas como uma só voz. Durante esses momentos de oração coletiva, creio que muito mais do que desejar que os nossos métodos sejam os mesmos, Deus deseja ver os nossos corações em unidade.

Quando dizemos: "Senhor, ensina-me a orar", estamos pedindo a Ele para nos ensinar a orar de uma maneira pessoal e distinta e para nos capacitar para que as nossas orações sejam expressões fáceis e naturais de quem somos. Não devemos nos despir da nossa individualidade na porta do nosso quarto de oração. Precisamos ir a Deus exatamente como somos e dar a Ele o prazer de desfrutar a companhia do "original" que Ele criou cada um de nós para ser. Precisamos nos aproximar de Deus com os nossos pontos fortes, as nossas fraquezas, a nossa singularidade e tudo o mais que nos distingue tão maravilhosamente de todas as outras pessoas do mundo. Deus tem prazer em nos encontrar da maneira que estamos, desenvolver um relacionamento pessoal conosco e nos ajudar a crescer para nos tornarmos tudo que Ele quer que sejamos. É reanimador perceber que podemos entrar na presença de Deus assim como somos e permanecer relaxados na Sua presença.

A PALAVRA DE DEUS PARA VOCÊ HOJE: não há necessidade de "colocar a maquiagem" antes de se aproximar de Deus.

28 DE FEVEREIRO

Sê Forte e Corajoso

Somente seja forte e muito corajoso! Tenha o cuidado de obedecer a toda a lei que o meu servo Moisés lhe ordenou. (JOSUÉ 1:7)

Deus quer que estejamos totalmente livres do medo. Ele não quer que vivamos em tormento nem deseja que o medo nos impeça de fazer confiantemente o que Ele nos diz para fazer. Deus se move em nosso favor quando colocamos o foco nele em vez de colocá-lo nos nossos medos, quando ouvimos a Sua voz em vez de ouvirmos a voz do medo. Quando temos pensamentos ou sentimentos de medo, o nosso inimigo, Satanás, está simplesmente tentando nos distrair de Deus e da Sua vontade para nossa vida. Podemos sentir medo em vários momentos, mas podemos escolher confiar em Deus e, se for preciso, seguir em frente mesmo com medo.

Há muitos anos, Deus falou ao meu coração sobre seguir em frente mesmo com medo. Quando disse a Josué "Não temas", Ele estava advertindo-o de que o medo iria tentar impedi-lo de fazer o que Deus queria que ele fizesse. Deus falou para Josué não permitir que o medo o controlasse, mas para continuar seguindo em frente, forte e cheio de coragem. Quando sentimos medo, a primeira coisa que devemos fazer é orar. Devemos estar determinados a buscar a Deus até que saibamos que temos vitória emocional e mental sobre o medo. Ao fazermos isso, estamos colocando o foco em Deus em vez de colocá-lo nos nossos medos. Estamos adorando-o por quem Ele é e expressando o nosso apreço pelo bem que Ele fez, está fazendo e continuará a fazer.

Na próxima vez que você enfrentar o medo em sua vida, lembre-se de ser forte e cheio de coragem e de continuar seguindo em frente na vontade de Deus. Ainda que você tenha de fazer alguma coisa com medo, vá em frente e faça enquanto permanece concentrado em Deus em vez de ficar focado no medo.

A PALAVRA DE DEUS PARA VOCÊ HOJE: siga a voz de Deus e não a voz do medo.

1 DE MARÇO

Deus Diz uma Palavra Nova

Buscai o SENHOR e o seu poder; buscai perpetuamente a sua presença.
(SALMOS 105:4, ARA)

Quando o rei Josafá ouviu dizer que um enorme exército estava se reunindo para atacar Judá, ele soube o que fazer. Ele precisava se dispor a não buscar o conselho das pessoas, mas a buscar a Deus e ouvir diretamente Dele.

Sem dúvida, Josafá havia estado envolvido em outras batalhas antes daquela, então, por que ele não podia usar os mesmos métodos que havia empregado nas situações anteriores? Independentemente de quantas vezes alguma coisa funcionou no passado, ela pode não funcionar para resolver uma crise atual a não ser que Deus a unja de novo. Ele pode ungir um velho método e escolher operar através Dele, mas também pode nos dar uma direção inteiramente nova, instruções que nunca ouvimos antes. Precisamos sempre confiar em Deus e não nos métodos, fórmulas ou maneiras que funcionaram no passado. O nosso foco, a nossa fonte de força e suprimento, deve ser Deus e Deus somente.

Josafá sabia que a não ser que ouvisse de Deus, ele não iria conseguir. A *Amplified Bible* chama essa necessidade de ouvir a voz de Deus de "a sua necessidade vital". É algo sem o qual ele não podia passar; era vital. Era essencial para a sua vida e para a sobrevivência do seu povo.

Talvez você esteja em uma situação semelhante à de Josafá. Talvez também precise de uma palavra nova de Deus. Talvez sinta que, como um homem ou mulher que está se afogando, você está afundando pela última vez. Você pode estar desesperado por uma palavra pessoal de Deus a fim de sobreviver.

Deus quer falar com você ainda mais do que você quer ouvi-lo. Busque-o dando a Ele o seu tempo e a sua atenção, e você não se decepcionará.

A PALAVRA DE DEUS PARA VOCÊ HOJE: esteja aberto para ouvir uma palavra nova de Deus hoje.

2 DE MARÇO

Ouça e Obedeça

Simão respondeu: "Mestre, esforçamo-nos a noite inteira e não pegamos nada. Mas, porque és tu quem está dizendo isto, vou lançar as redes." (LUCAS 5:5)

Deus tem bênçãos e novas oportunidades reservadas para nós. Para recebê-las precisamos ouvir a Sua voz para podermos percebê-las e depois darmos passos de fé em direção a elas. Isso em geral significa fazer coisas que não sentimos vontade de fazer, coisas que talvez achemos que não vão funcionar ou não consideremos importantes. Mas a nossa confiança e reverência para com Deus precisam ser maiores do que nós pessoalmente queremos, pensamos ou sentimos.

Vemos um exemplo perfeito disso em Lucas 5. Pedro e alguns dos outros discípulos tinham pescado a noite toda; não tinham apanhado nada. Eles estavam cansados; na verdade, estavam exaustos. Precisavam de uma boa noite de sono e provavelmente queriam fazer uma boa refeição. Tinham acabado de lavar e guardar suas redes, o que dava muito trabalho.

Então Jesus apareceu na margem do lago e disse a eles que se quisessem pescar um carregamento de peixes, eles deveriam lançar as redes novamente, desta vez em águas mais profundas. Pedro explicou que eles tinham trabalhado duro a noite inteira e não tinham pescado nada, e que agora estavam cansados. Mas ele também concordou em tentar de novo porque Jesus lhes havia dito para fazer isso.

Este é o tipo de atitude que o Senhor quer que tenhamos. Talvez não sintamos vontade de fazer alguma coisa; talvez não queiramos fazê-la; talvez nem achemos que seja uma boa ideia; podemos ter medo de não funcionar, mas precisamos estar dispostos a ouvir e a obedecer a Deus quando Ele falar conosco.

A PALAVRA DE DEUS PARA VOCÊ HOJE: esteja disposto a obedecer a Deus ainda que você não sinta vontade de fazer isso. Ele tem grandes coisas reservadas para você!

3 DE MARÇO

Os "itas" Estão Perseguindo Você?

Depois disso, os moabitas e os amonitas, com alguns dos meunitas, entraram em guerra contra Josafá. (2 CRÔNICAS 20:1)

No versículo de hoje, os moabitas, os amonitas e os meunitas estavam atrás do rei Josafá e do povo de Judá. Em outros trechos do Antigo Testamento, os hititas e os canaanitas criavam problemas para o povo de Deus. Mas no nosso caso, são os "medo-itas", as "doença-itas", os "estresse-itas", os "problemas financeiros-itas", os "insegurança-itas", os "vizinhos carrancudos-itas" e daí por diante.

Eu me pergunto quais são os "itas" que estão perseguindo você agora? Sejam eles quais forem, você pode aprender com a reação do rei Josafá aos "itas" que estavam no seu encalço. A primeira coisa que ele fez foi ter medo, mas depois rapidamente fez outra coisa: ele se dispôs a buscar o Senhor. Determinado a ouvir Deus, Josafá chegou a proclamar um jejum em todo o reino com esse mesmo propósito. Ele sabia que precisava ouvir de Deus. Ele precisava de um plano de batalha, e só Deus podia dar a ele um plano vitorioso.

Assim como Josafá, devemos desenvolver o hábito de correr para Deus em vez de correr para as pessoas quando temos problemas. Devemos buscá-lo em vez de consultar a nossa própria sabedoria ou pedir a opinião de outras pessoas. Precisamos perguntar a nós mesmos se "corremos para o telefone ou corremos para o trono" quando nos deparamos com problemas. Deus pode usar uma pessoa para nos dar uma palavra de aconselhamento, mas precisamos sempre buscá-lo primeiro. Ouvir a voz de Deus é uma maneira tremenda de combater o medo. Quando ouvimos Deus, a fé enche o nosso coração e expulsa o medo.

Josafá sabia que precisava ouvir a voz de Deus séculos atrás e temos a mesma necessidade agora. Certifique-se de buscar a Deus e de ouvir a Sua voz hoje.

A PALAVRA DE DEUS PARA VOCÊ HOJE: peça a Deus para protegê-lo contra os "itas" da sua vida.

4 DE MARÇO

O Seu Amigo de Todas as Horas, de Todos os Dias

De tarde, e de manhã, e ao meio-dia, orarei; e clamarei, e ele ouvirá a minha voz.
(SALMOS 55:17, ARC)

Desenvolver a sua amizade com Deus é semelhante a desenvolver uma amizade com alguém na Terra. Leva tempo. A verdade é que você pode estar tão próximo de Deus quanto desejar; tudo depende do tempo que você está disposto a investir no seu relacionamento com Ele. Eu o encorajo a conhecê-lo mais passando tempo em oração e meditando na Sua Palavra. Sua amizade com Deus também se aprofundará e crescerá à medida que você andar com Ele ao longo do tempo, regularmente, e à medida que experimentar a Sua fidelidade. A diferença entre desenvolver um relacionamento com Deus como um amigo e desenvolver relacionamentos com as pessoas é que, com Deus, você acaba tendo um amigo que é perfeito! Alguém que nunca o deixará nem o abandonará. Alguém que é fiel, confiável, amoroso e perdoador.

Faça da sua disposição em desenvolver uma grande amizade com Deus e de convidá-lo para ser a parte vital de tudo que você faz, todos os dias, uma prioridade. Inclua-o nos seus pensamentos, suas conversas e em todas as suas atividades diárias. Não corra para ele apenas quando estiver desesperado; fale com Ele no supermercado, enquanto dirige o seu carro, penteando o cabelo, levando o cachorro para passear ou preparando o jantar. Aproxime-se Dele como seu parceiro e amigo e simplesmente recuse-se a fazer qualquer coisa sem Ele. Ele realmente quer estar envolvido na sua vida! Deixe Deus sair da "caixinha do domingo de manhã" onde tantas pessoas o guardam e deixe que Ele invada a sua segunda-feira, terça-feira, quarta-feira, quinta-feira, sexta-feira, sábado e todos os domingos também. Não tente mantê-lo em um compartimento religioso, porque Ele quer ter livre acesso a cada área da sua vida. Ele quer ser seu amigo.

A PALAVRA DE DEUS PARA VOCÊ HOJE: Deus é o seu Senhor, mas Ele também quer ser seu amigo.

5 DE MARÇO

A Chave para a Unção de Deus

E falarás aos olhos de Israel, dizendo: Este me será o azeite da santa unção... Não se ungirá com ele a carne do homem. (Êxodo 30:31-32, ARC)

Não tenho nada a oferecer às pessoas exceto a unção (a presença e o poder) de Deus que está sobre a minha vida. Não sou refinada; não canto nem faço outras coisas que poderiam impactar as pessoas. Simplesmente falo a verdade da Palavra de Deus. Ofereço percepções bíblicas sobre viver em vitória e obedecer a Deus de uma forma prática. Digo às pessoas como mudar para poderem desfrutar mais suas vidas e digo a elas como crescer espiritualmente. Ensino a Palavra de Deus de uma maneira que as ajude na sua vida diária. Pela graça de Deus, esse ministério alcança milhões de pessoas em todo o mundo, mas preciso ter a unção de Deus para fazer o que Ele me chamou para fazer — ou não serei de valor algum para ninguém. Aprendi que não terei a unção de Deus se não andar em amor, porque Deus não unge a carne (os nossos próprios desejos e atitudes ou comportamentos egoístas).

Lemos no versículo de hoje que quando o óleo da unção era derramado sobre os sacerdotes no Antigo Testamento, nenhuma parte podia ser colocada sobre a carne deles. Deus não unge o comportamento carnal. Precisamos realmente andar em amor porque isso ajuda e aumenta a unção em nossas vidas e a unção é o que nos dá poder para fazer o que Deus nos chamou para fazer. A unção de Deus é a Sua presença e poder, e ela nos capacita a fazer com facilidade o que jamais poderíamos realizar com qualquer parcela de esforço próprio, por nós mesmos. Todos nós precisamos da unção de Deus. Uma pessoa não precisa trabalhar em um emprego supostamente "espiritual" para necessitar da unção de Deus. Precisamos dela para sermos bons pais, para ter casamentos vitoriosos, para sermos bons amigos e literalmente em tudo que fazemos.

A PALAVRA DE DEUS PARA VOCÊ HOJE: a presença e o poder de Deus (unção) é o que você precisa para ter êxito em qualquer coisa.

6 DE MARÇO

Deus Vai Restaurar a Sua Alma

Ele restaura a minha alma. (Salmos 23:3 NKJV)

Durante um período em minha vida, eu repreendia qualquer coisa que não quisesse porque pensava que fosse do diabo. Posso dizer que repreendi até que o meu "repreensor" ficou totalmente desgastado. Mas então descobri que muito do que eu estava tentando repreender vinha de Deus. Muitas das coisas que eu não gostava ou queria eram coisas que Deus havia permitido para o meu crescimento e desenvolvimento.

O escritor de Hebreus disse que devemos nos submeter à disciplina de Deus. Ele nos castiga apenas porque nos ama. Não tente resistir ao que Deus pretende usar para o seu bem. Peça ao Senhor para fazer uma obra profunda e completa em você para que possa ser tudo que Ele quer que você seja, fazer tudo que Ele quer que você faça, e ter tudo o que Ele quer que você tenha. Durante os anos em que resisti a tudo que era doloroso ou difícil, a verdade é que eu não cresci espiritualmente. Continuava andando em círculos em volta das mesmas velhas montanhas (problemas). Finalmente, entendi que eu estava tentando evitar a dor, mas que seria obrigada a enfrentar a dor de qualquer maneira. E a dor de ficar como estamos é muito pior do que a dor da mudança.

A nossa personalidade é a nossa alma (mente, vontade e emoções), e muitas vezes ela foi ferida pelas nossas experiências no mundo. Deus promete restaurar a nossa alma se cooperarmos com a obra do Espírito Santo em nós. Eu tinha a alma ferida, uma alma que não tinha paz nem alegria, mas Deus me curou e Ele quer fazer o mesmo por você.

A PALAVRA DE DEUS PARA VOCÊ HOJE: abra a sua alma para Deus e peça a Ele para curar cada ferida e arranhão.

7 DE MARÇO

Não Resista; Receba o Que Deus Diz

Sonda-me, ó Deus, e conhece o meu coração; prova-me, e conhece as minhas inquietações. Vê se há em minha conduta algo que te ofende, e dirige-me pelo caminho eterno. (SALMOS 139:23-24)

Em geral, quando somos convencidos do pecado, ficamos irritados porque Deus está tratando conosco. Até admitirmos o nosso pecado, estarmos prontos a nos desviar dele e pedir perdão, sentimos uma pressão que nos deixa aflitos. Mas assim que entramos em acordo com Deus, a nossa paz volta e o nosso comportamento melhora.

O diabo nos ataca com condenação e vergonha para nos impedir de nos aproximarmos de Deus com confiança em oração e evitar que as nossas necessidades sejam atendidas e possamos novamente desfrutar da comunhão com Deus. Quando nos sentimos mal com nós mesmos ou pensamos que Deus está zangado conosco, isso nos separa da Sua presença. Ele nunca nos abandona, mas os nossos medos podem nos fazer duvidar da Sua presença.

É por isso que discernir a verdade e saber a diferença entre convicção e condenação é tão importante. Se você prestar atenção à convicção, ela o tira do pecado; a condenação só faz com que você se sinta mal consigo mesmo e com muita frequência faz com que o problema piore.

Quando você orar, peça a Deus regularmente para falar com você e convencê-lo do seu pecado, entendendo que a convicção é uma bênção e não um problema. Quando começo o meu tempo de oração, quase sempre peço ao meu Pai celestial para me revelar qualquer coisa que eu esteja fazendo de errado e para me purificar de todo pecado e injustiça. A convicção é extremamente necessária para andarmos com Deus adequadamente. O dom da convicção é uma forma de ouvir Deus. Não cometa o erro de deixar que ele o condene, mas deixe que o erga a um novo lugar de liberdade e intimidade com Deus. Não resista a ele; receba-o.

A PALAVRA DE DEUS PARA VOCÊ HOJE: deixe Deus levantar você.

8 DE MARÇO

Antes que Peçamos Deus já Tem a Resposta

Clamo ao Senhor, que é digno de louvor, e sou salvo dos meus inimigos.
(2 SAMUEL 22:4)

Diante de uma batalha assustadora, Josafá se aproximou de Deus primeiramente louvando-o e dizendo o quanto Ele era grande, tremendo, poderoso e maravilhoso. Então ele começou a recontar os atos poderosos específicos que o Senhor havia realizado no passado para proteger o Seu povo e manter as Suas promessas. Depois de tudo isso, ele apresentou o seu pedido a Deus. Josafá começou expressando a sua total confiança de que o Senhor cuidaria do problema e, em seguida, disse simplesmente: "Ah, por falar nisso, Deus, nossos inimigos estão vindo contra nós para nos tirar as propriedades que o Senhor nos deu como herança. Eu simplesmente pensei em mencionar este pequeno problema. Mas o Senhor é tão grande: sei que já tem essa situação sob controle".

Quando pedimos ajuda a Deus, devemos entender que Ele nos ouve na primeira vez que pedimos. Não precisamos passar o nosso tempo de oração pedindo a mesma coisa sem parar. Creio que é melhor pedir a Deus o que queremos ou necessitamos e depois, quando aquilo vier novamente à nossa mente, agradecer a Ele por estar trabalhando. Precisamos dizer a Ele que confiamos nele e que sabemos que o Seu tempo é perfeito.

Deus já tem um plano para o seu livramento antes mesmo que os seus problemas surjam. Deus nunca é surpreendido! Continue colocando o foco nele; adore, louve e agradeça a Ele porque a ajuda está a caminho; e continue procurando ouvir a Sua voz enquanto Ele o conduz através das batalhas até o caminho da vitória.

A PALAVRA DE DEUS PARA VOCÊ HOJE: Deus não precisa dos nossos lembretes, mas Ele precisa do nosso louvor.

9 DE MARÇO

Deus Quer Nos Abençoar

O Senhor Deus é sol e escudo; o Senhor concede favor e honra; não recusa nenhum bem aos que vivem com integridade. (SALMOS 84:11)

Por intermédio da nossa consciência, o Espírito Santo nos diz se estamos fazendo alguma coisa de errado, algo que o entristece, interfere na nossa comunhão com Ele ou que faria com que não sentíssemos a Sua presença em nossa vida. Ele também nos ajuda a voltar ao lugar onde precisamos estar. Ele nos convence e nos dá convicção dos pecados que cometemos, mas nunca nos condena.

Deus nos ama ainda mais do que nós amamos nossos próprios filhos, e no Seu amor Ele nos disciplina. Lembro-me de como eu odiava tirar privilégios dos meus filhos quando eles eram pequenos. Mas eu sabia que eles estavam fadados a ter problemas se não aprendessem a me ouvir. Deus tem o mesmo tipo de preocupação conosco, mas Ele é paciente. Ele nos diz, repetindo sempre, o que devemos fazer. Deus pode nos dizer a mesma coisa de quinze maneiras diferentes, tentando chamar a nossa atenção e querendo que obedeçamos a Ele para o nosso próprio bem.

A mensagem convincente do amor de Deus está em toda parte. Ele quer que o ouçamos porque nos ama. Se persistimos nos nossos caminhos, o Senhor retira os privilégios e as bênçãos de nós, mas faz isso apenas porque quer que amadureçamos e que cheguemos a um lugar onde Ele possa derramar a plenitude das Suas bênçãos sobre nós. Se Deus nos deu o Seu Filho Jesus liberalmente, com certeza não reteria nada mais que necessitamos. Podemos contar com Ele para suprir as nossas necessidades e para nos abençoar abundantemente.

A PALAVRA DE DEUS PARA VOCÊ HOJE: lembre-se de que Deus quer abençoá-lo, mesmo quando Ele o disciplina.

10 de Março

Vivos para Deus

Da mesma forma, considerem-se mortos para o pecado, mas vivos para Deus em Cristo Jesus. (Romanos 6:11)

As pessoas que não são salvas estão espiritualmente mortas. Isso significa que elas não podem desfrutar a comunhão com Deus ou perceber e seguir os impulsos intuitivos do Espírito Santo. Essas pessoas estão limitadas ao seu conhecimento natural ou intelectual e ao seu bom senso; não podem desfrutar o privilégio e o poder de viver por revelação. Mas quando nascemos de novo e estamos vivos espiritualmente, Deus pode falar conosco e nos mostrar coisas que não poderíamos saber sem a revelação divina.

No passado, ocupei cargos e posições de responsabilidade em que eu não tinha todo o conhecimento natural para executar as funções que me eram dadas. Mas tinha um relacionamento pessoal íntimo com o Senhor, então Ele me dirigia e me capacitava a fazer coisas que eu não estava totalmente treinada para fazer.

Nunca estudei como liderar um ministério ou como usar a comunicação de massa com eficácia. Mas Deus me equipou, assim como à equipe do Ministério Joyce Meyer, com tudo que precisamos para ministrar de várias formas, inclusive através da mídia de massa, em todo o mundo. Deus nos dirige, passo a passo, pelo Seu Espírito. A cada passo de fé que damos, Ele continua a nos ensinar e a nos mostrar o que fazer em seguida. Deus também irá equipá-lo para fazer o que Ele o chamou para fazer se você estiver em comunhão com Ele. Se você for diligente em buscá-lo e ouvir a Sua voz, Ele irá conduzi-lo de forma sobrenatural. Ele lhe ensinará a cumprir os Seus propósitos para a sua vida — e eles podem ser muito maiores do que qualquer coisa que você seja treinado para fazer atualmente ou que você possa imaginar.

A PALAVRA DE DEUS PARA VOCÊ HOJE: Deus irá equipá-lo com tudo o que você precisa.

11 de Março

Às Vezes Deus Sussurra

E ele lhe disse: Sai para fora e põe-te neste monte perante a face do SENHOR. E eis que passava o SENHOR, como também um grande e forte vento, que fendia os montes e quebrava as penhas diante da face do SENHOR; porém o SENHOR não estava no vento; e, depois do vento, um terremoto; também o SENHOR não estava no terremoto; depois do terremoto, um fogo; porém também o SENHOR não estava no fogo; e, depois do fogo, uma voz mansa e delicada. (1 Reis 19:11-12, ARC)

Fiquei fascinada quando aprendi faz alguns anos que alguns cavalos têm o que seus treinadores chamam de "ouvido adestrado". Embora a maioria dos cavalos precise ser guiada por uma correia amarrada ao freio em sua boca, alguns cavalos mantêm um ouvido sintonizado à voz do dono. Um ouvido está aberto para os alertas naturais; o outro é sensível ao treinador de confiança do animal.

O profeta Elias tinha um ouvido adestrado. Quando as circunstâncias naturais lhe davam todos os motivos para ficar amedrontado e ele precisava desesperadamente ouvir Deus, ele podia fazer isso, mesmo com todo o barulho e confusão que o cercava. Veja, ele havia acabado de derrotar quatrocentos e cinquenta falsos profetas em um duelo de poder entre o Baal silencioso deles e o único Deus verdadeiro. Agora a malvada Jezabel ameaçava matá-lo no prazo de um dia. Ele precisava saber o que fazer!

Ele permaneceu em uma montanha diante de Deus. Um vento forte irrompeu pelas montanhas; um terremoto terrível ocorreu; e houve um incêndio que o cercou. Depois do fogo veio uma "voz mansa e delicada". A voz de Deus para Elias não estava no poder do vento, no terremoto ou no incêndio, mas no sussurro. Elias tinha um ouvido adestrado, um ouvido treinado e sensível ao seu Mestre, então ele fez o que Deus lhe disse para fazer, e isso salvou sua vida.

Deus ainda fala mansamente e em sussurros no fundo do nosso coração hoje. Peça a Ele para lhe dar um ouvido que ouça, para que você possa escutar a Sua voz mansa e delicada.

A PALAVRA DE DEUS PARA VOCÊ HOJE: ouça Deus com um ouvido "adestrado".

12 de Março

Espírito *versus* Carne

Por isso digo: Vivam pelo Espírito, e de modo nenhum satisfarão os desejos da carne.
(Gálatas 5:16)

Assim como um cavalo que foi treinado para manter os ouvidos sempre sintonizados à voz de seu dono, precisamos estar dispostos a seguir o Senhor em todas as Suas direções, não apenas naquelas com as quais nos sentimos bem ou naquelas com as quais por acaso concordamos. Nem sempre vamos gostar do que ouvimos Deus nos dizer para fazer.

Precisamos entender que para seguir a Deus, a carne precisa ouvir não às vezes, e quando isso acontece, ela sofre. Há momentos em que estamos galopando a toda velocidade em uma direção, quando de repente o Mestre nos diz para pararmos e nos instrui a seguirmos em outra direção. É doloroso para nós quando não conseguimos as coisas do nosso jeito, mas finalmente entendemos que os caminhos de Deus são sempre melhores.

No versículo de hoje, o apóstolo Paulo escreve sobre o conflito entre o Espírito e a carne. Se seguirmos a direção do Espírito, não satisfaremos ou cumpriremos os desejos da carne que nos levam para longe do melhor de Deus. Esse versículo não diz que os desejos da carne desaparecerão; teremos sempre de lutar contra eles. Mas se optarmos por sermos guiados pelo Espírito, não satisfaremos os desejos da carne — e o diabo não conseguirá o que quer.

Sentiremos que uma guerra está sendo travada dentro de nós à medida que optarmos por seguir a direção de Deus. A nossa carne e o Espírito de Deus geralmente discordam e somos tentados a manter a carne satisfeita, mas todos nós precisamos aprender a nos submetermos ao Espírito de Deus e a vencermos os desejos e as tentações da carne. Decida-se hoje a não permitir que sua carne o dirija, mas a ser dirigido pelo Espírito de Deus.

A PALAVRA DE DEUS PARA VOCÊ HOJE: Deus quer lhe dar o melhor Dele.

13 DE MARÇO

Ouça com o Seu Espírito

O vento sopra onde quer. Você o escuta, mas não pode dizer de onde vem nem para onde vai. Assim acontece com todos os nascidos do Espírito. (João 3:8)

Quando nascemos de novo, recebemos vida no nosso espírito e nos tornamos sensíveis à voz de Deus. Nós o ouvimos sussurrar ainda que não consigamos dizer de onde vem essa voz. Ele fala suavemente para nos convencer, corrigir e dirigir com uma voz mansa e delicada em nosso coração.

Podemos nos comunicar com os seres humanos usando nossa boca, nossas expressões faciais, nossos gestos e todo tipo de linguagem corporal, mas quando queremos nos comunicar com Deus, precisamos fazer isso com o nosso espírito.

Deus fala ao nosso ser interior por meio da comunhão direta, através da intuição (uma sensação de discernimento inexplicável), através da nossa consciência (nossas convicções básicas de certo e errado) e por intermédio da paz.

Nosso espírito pode saber coisas que a nossa mente natural não entende e não consegue captar.

Por exemplo, quando somos sensíveis à voz de Deus, podemos olhar para uma situação que parece estar certa, mas sabemos intuitivamente que alguma coisa está errada com ela. Essa "verificação" no nosso espírito destina-se a impedir que nos envolvamos com alguém com quem não deveríamos nos alinhar ou que nos envolvamos em algo em que não deveríamos participar.

Preste atenção às coisas que você sente no seu coração e às sensações presentes em seu espírito, porque é nesse lugar que Deus lhe falará, dando palavras de direção, encorajamento, advertência e consolo.

A PALAVRA DE DEUS PARA VOCÊ HOJE: preste atenção às "verificações" no seu espírito.

14 DE MARÇO

Fale com Deus Sobre Ele Próprio

Senhor, Deus dos nossos antepassados, não és tu o Deus que está nos céus? Tu governas sobre todos os reinos do mundo. Força e poder estão em tuas mãos, e ninguém pode opor-se a ti. (2 CRÔNICAS 20:6)

Quando o rei Josafá teve um problema, ele foi ao Senhor. Mas não foi ao Senhor e apenas falou sobre o seu problema; ele foi ao Senhor e falou sobre quem Ele é. Em vez de simplesmente falar com Deus sobre os nossos problemas, precisamos também falar sobre Ele próprio. Precisamos falar com Deus sobre o quanto Ele é maravilhoso, o quanto tem sido bom para conosco, o que Ele fez no passado e o que sabemos que Ele é capaz de fazer por causa da Sua grandeza. Depois que o louvamos e adoramos desta forma, então podemos falar sobre o problema.

Lembro-me de algumas pessoas que só me telefonam quando estão com problemas, e isso me machuca porque sinto que elas não estão interessadas em mim, mas somente no que eu posso fazer por elas. Tenho certeza de que você já passou por isso e sentiu o mesmo. Essas pessoas podem dizer que são minhas amigas, mas na verdade não são. Com certeza, os amigos são para os momentos de dificuldade, mas não é apenas para esses momentos que os amigos existem. Os amigos também existem para os bons momentos. Precisamos passar tempo falando com os nossos amigos não apenas sobre os nossos problemas, mas também os encorajando, demonstrando apreço por eles e apoiando-os com palavras e atos. Quando você passar tempo com Deus hoje, certifique-se de falar com Ele sobre Ele próprio e sobre todo o bem que Ele faz por você antes de mencionar os seus problemas.

Abraão era amigo de Deus. Quero ser amiga de Deus da mesma forma e creio que você também quer. Deus não é simplesmente a solução dos nossos problemas; Ele é o nosso tudo.

A PALAVRA DE DEUS PARA VOCÊ HOJE: fale com Deus sobre Ele próprio antes de falar sobre si mesmo.

15 DE MARÇO

Em Comparação, Não É Nada

Considero que os nossos sofrimentos atuais não podem ser comparados com a glória que em nós será revelada. (ROMANOS 8:18)

O que significa participar dos sofrimentos de Cristo? O ponto principal é que todas as vezes que a nossa carne quer fazer uma coisa e o Espírito quer que façamos outra, nossa carne sofrerá se escolhermos seguir o Espírito. Não gostamos disso, mas o versículo de hoje diz que se quisermos participar da glória de Cristo, precisamos também estar dispostos a participar dos Seus sofrimentos.

Ainda consigo me lembrar do sofrimento que enfrentei nos primeiros anos ao começar a andar em obediência ao Espírito de Deus. Eu pensava: *Querido Deus, será que algum dia irei superar isto? Será que algum dia chegarei ao ponto de poder obedecer ao Senhor e não sofrer enquanto faço isso?*

Quando o apetite carnal já não está mais no controle, chegamos ao ponto em que obedecer é fácil, um ponto em que realmente *temos prazer* em obedecer a Deus. Há coisas que são fáceis para mim agora e que um dia foram muito difíceis e dolorosas, e a mesma coisa acontece com todos que estão dispostos a passar pelas dificuldades para alcançar a glória.

Em Romanos 8:18, Paulo disse basicamente: "Sofremos um pouco agora, mas e daí? A glória que virá como fruto da nossa obediência supera em muito o sofrimento que suportamos agora". Essa é uma boa notícia! Seja o que for que soframos, seja o que for que nos aconteça, não é absolutamente nada se comparado às coisas boas que Deus fará em nossa vida à medida que continuamos a seguir em frente com Ele.

A PALAVRA DE DEUS PARA VOCÊ HOJE: Deus fará grandes coisas na sua vida à medida que você continuar a avançar com Ele.

16 de Março

Ore e Dê Graças

Quando Daniel soube que o decreto tinha sido publicado, foi para casa... ele se ajoelhava e orava, agradecendo ao seu Deus, como costumava fazer. (Daniel 6:10)

Dar graças é muito importante para podermos ouvir a voz de Deus porque, assim como o louvor e a adoração, é algo ao qual Deus responde. Ver uma atitude de gratidão em Seus filhos é algo que Deus ama e aquece o Seu coração. Todas as vezes que damos a Deus um prazer como esse, nossa intimidade com Ele aumenta — e isso gera um relacionamento melhor com Ele.

Se não formos gratos pelo que temos, por que Ele nos daria mais alguma coisa para murmurarmos? Por outro lado, quando Deus vê que apreciamos verdadeiramente e somos gratos pelas grandes e pequenas coisas, Ele se inclina a nos abençoar ainda mais. De acordo com Filipenses 4:6, tudo que pedimos a Deus deve ser precedido e acompanhado por ações de graças. Independentemente do que pedimos quando oramos, as ações de graças devem sempre acompanhar a nossa oração. Um bom hábito a se desenvolver é iniciar todas as nossas orações com ações de graças. Um exemplo seria: "Obrigado por tudo que o Senhor fez na minha vida, o Senhor é tremendo e eu realmente o amo e lhe agradeço".

Eu o encorajo a examinar a sua vida, prestar atenção nos seus pensamentos e nas suas palavras, e observar o quanto você expressa gratidão. Se você quer um desafio, tente passar um dia inteiro sem pronunciar uma palavra de reclamação. Desenvolva uma atitude de ações de graças em todas as situações. Na verdade, torne-se extravagantemente grato — e veja a sua intimidade com Deus aumentar enquanto Ele derrama bênçãos maiores do que nunca sobre a sua vida.

A PALAVRA DE DEUS PARA VOCÊ HOJE: diga palavras de gratidão e não palavras de reclamação.

17 de Março

Ame o Seu Próximo Como a Si Mesmo

Toda a lei se resume num só mandamento: "Ame o seu próximo como a si mesmo". (Gálatas 5:14)

Deus quer nos falar sobre muitas coisas, mas uma das coisas importantes que Ele quer nos dizer é sobre os nossos relacionamentos com as outras pessoas. Deus nos ama e deseja que amemos uns aos outros de uma forma saudável e equilibrada e que deixemos o Seu amor fluir através de nós para as outras pessoas.

Na sua busca por ouvir a voz de Deus, eu o estimulo a orar pedindo que Ele fale com você regularmente e lhe ensine toda a sabedoria a ser aplicada nos seus relacionamentos. Os relacionamentos são uma grande parte da vida e se eles não forem bons, a qualidade da nossa vida se deteriora.

Esta manhã, eu estava orando por meu esposo e perguntei a Deus o que eu poderia fazer por ele. Tive o pensamento de deixar um bilhete para ele encontrar no balcão da cozinha quando fosse tomar o café da manhã. O bilhete dizia simplesmente: "Bom dia, Dave... EU AMO VOCÊ!" Coloquei uma carinha sorridente no final e assinei o bilhete. Creio que a ideia de deixar o bilhete foi Deus falando comigo e a minha obediência em fazer aquela pequena coisa melhorou o nosso relacionamento.

Comece a orar por todos os seus relacionamentos. Mencione um por um e pergunte a Deus o que você pode fazer para melhorá-los. Geralmente pensamos no que os outros podem fazer por nós, mas se seguirmos a lei do amor, ficaremos mais preocupados com eles do que com nós mesmos.

A PALAVRA DE DEUS PARA VOCÊ HOJE: peça a Deus para lhe mostrar como você pode melhorar os seus relacionamentos.

18 DE MARÇO

Deus Fala Conosco Individualmente

> Quer você se volte para a direita quer para a esquerda, uma voz atrás de você lhe dirá: "Este é o caminho; siga-o." (ISAÍAS 30:21)

Uma razão pela qual Deus fala conosco é para nos ajudar a conhecer a diferença entre certo e errado, a fim de que possamos fazer boas escolhas. Algumas coisas podem ser erradas para uma pessoa e certas para outra, ou vice-versa, então todos nós precisamos de direção individual de Deus. É claro que certas diretrizes gerais sobre o que é certo e errado se aplicam a todos; por exemplo, todos nós sabemos que mentir, enganar e roubar é errado, assim como muitas outras coisas o são. Mas também há coisas que são específicas para nós como indivíduos. Meu filho estava fazendo uma viagem e havia planejado prorrogá-la por mais um dia, mas acordou de manhã e não sentiu paz em ficar, então voltou para casa. Deus tem planos diferentes e únicos para todos, e Ele sabe de certas coisas a nosso respeito que nem mesmo nós sabemos.

Talvez não entendamos por que Deus nos diz para não fazermos algo quando todos que nos cercam estão fazendo, mas se o nosso coração for sensível, confiaremos nele e obedeceremos mesmo quando não entendermos o porquê. O ponto principal é que não precisamos ter uma explicação para tudo que Ele pede ou exige de nós — precisamos simplesmente aprender a ouvir a Sua voz e obedecer.

Às vezes exige-se que os soldados em treinamento para uma batalha façam exercícios ridículos, coisas que parecem não fazer sentido. Eles aprender a fazer essas coisas imediatamente e a obedecer às ordens rapidamente e sem questionar, mesmo quando não as entendem. Se estivessem na linha de frente de batalha e seus líderes dessem uma ordem, eles poderiam ser mortos se parassem e perguntassem: "Por quê?" Do mesmo modo, Deus quer que confiemos na Sua direção amorosa em nossa vida e obedeçamos a Ele sem demora e sem questionar.

A PALAVRA DE DEUS PARA VOCÊ HOJE: obedeça à voz de Deus mesmo quando não entender.

19 DE MARÇO

Deus Nos Guia Suavemente

Como pastor ele cuida de seu rebanho, com o braço ajunta os cordeiros e os carrega no colo; conduz com cuidado as ovelhas que amamentam suas crias.

(ISAÍAS 40:11)

Quando Deus fala conosco e nos guia, Ele não grita conosco ou nos empurra na direção para onde quer que sigamos. Na verdade, Deus nos dirige como um pastor gentil, convidando-nos a segui-lo em direção a pastos mais verdes. Ele quer que cheguemos ao ponto de sermos tão sensíveis à Sua voz que até um pequeno sussurro de advertência seja suficiente para fazer com que perguntemos: "O que o Senhor está dizendo aqui, Pai?" No instante em que sentimos que Ele está nos direcionando a mudar o que estamos fazendo, devemos obedecer ao Senhor prontamente. Se sentirmos falta de paz com relação a alguma coisa que estamos fazendo, devemos parar e buscar a direção de Deus.

Provérbios 3:6 diz que se reconhecermos Deus em todos os nossos caminhos, Ele dirigirá as nossas veredas. Reconhecer Deus significa simplesmente ter respeito suficiente por Ele, ter admiração e temor reverente diante Dele e importar-se com o que Ele pensa sobre cada movimento nosso.

Uma boa maneira de começar bem cada dia será orar:

"Deus, eu me importo com o que o Senhor pensa, e não quero fazer coisas que o Senhor não deseja que eu faça. Se eu começar a fazer alguma coisa hoje que o Senhor não deseja que eu faça, por favor, mostre-me o que é para que eu possa parar, me desviar disso e fazer a Sua vontade. Amém".

A PALAVRA DE DEUS PARA VOCÊ HOJE: importe-se mais com o que Deus pensa do que com qualquer outra coisa.

20 DE MARÇO

Busque a Deus em Todo o Tempo

Então informaram a Josafá: "Um exército enorme vem contra ti de Edom, do outro lado do mar Morto. Já está em Hazazom-Tamar, isto é, En-Gedi". Alarmado, Josafá decidiu consultar o Senhor e proclamou um jejum em todo o reino de Judá. (2 CRÔNICAS 20:2-3)

Quando o rei Josafá precisou ouvir Deus, ele proclamou um jejum em todo o reino de Judá. Todo o povo se reuniu para buscar a ajuda do Senhor, ansiando por Ele de todo o coração.

Josafá proclamou um jejum para demonstrar a sua sinceridade a Deus e a sua necessidade Dele. Se você precisa ouvir a voz do Senhor, considere abrir mão de algumas refeições e usar esse tempo para buscá-lo. Desligar a televisão e passar tempo com Deus em vez de assistir à programação não é má ideia também, nem passar algumas noites em casa buscando a Deus em vez de sair com os amigos e pedir o conselho e a opinião deles. Estas disciplinas e outras provam que você entende a importância de ouvir Deus.

Algumas pessoas só buscam a Deus ardentemente quando estão com problemas, mas precisamos buscá-lo com intensidade o tempo todo. Certa vez Deus me deu o entendimento de que o motivo pelo qual muitas pessoas têm tantos problemas é porque o único momento em que buscam a Deus é quando estão com problemas. Ele me mostrou que se retirássemos os problemas de algumas pessoas, elas não buscariam a Deus em tempo algum. Ele disse: "Joyce, busque-me como se estivesse desesperada o tempo todo, e então você descobrirá que não ficará desesperada com tanta frequência". Acredito que este é um bom conselho e encorajo você a segui-lo todos os dias.

A PALAVRA DE DEUS PARA VOCÊ HOJE: não espere até ter problemas para buscar a Deus: busque-o o tempo todo.

21 de Março

Quer Ouvir Mais?

Sigam somente o Senhor, o seu Deus, e temam a ele somente. Cumpram os seus mandamentos e obedeçam-lhe; sirvam-no e apeguem-se a ele.

(Deuteronômio 13:4)

Se esperamos ouvir algo de Deus, precisamos dar ouvidos à Sua voz. Precisamos também ser rápidos em obedecer, se quisermos ouvi-lo com frequência. Nossa sensibilidade à Sua voz em nosso coração pode ser aumentada pela obediência e reduzida pela desobediência. A desobediência gera mais desobediência, e a obediência leva a mais obediência. Há dias em que sabemos logo que acordamos que vamos ter um "dia carnal". Começamos o dia nos sentindo teimosos e preguiçosos, frustrados e suscetíveis. Nossos primeiros pensamentos são: *Quero que todos me deixem em paz hoje. Não vou limpar esta casa, vou fazer compras. Não vou seguir minha dieta também; vou comer o que quiser o dia inteiro — e não quero que ninguém diga nada a respeito disso.*

Em dias como esse, temos uma decisão a tomar. Podemos seguir esses sentimentos ou podemos orar: "Deus, por favor, me ajude — e faça isso depressa!" Nossos sentimentos podem se submeter ao senhorio de Jesus Cristo se simplesmente pedirmos a Ele que nos ajude a corrigir nossas atitudes.

Sei tudo sobre dias carnais; sei que podemos começar agindo mal e depois piorar ainda mais. Parece que quando cedemos a uma atitude egoísta e seguimos a nossa carne, as coisas descem ladeira abaixo no restante do dia. Mas todas as vezes que obedecemos à nossa consciência, abrimos a janela que Deus pode usar para nos direcionar pelo Seu Espírito. Todas as vezes que obedecemos à voz de Deus, isso permite que mais luz entre na próxima vez. Quando tivermos conhecido a alegria de seguir a presença de Deus, não estaremos dispostos a viver sem ela.

A PALAVRA DE DEUS PARA VOCÊ HOJE: não se permita ter um "dia carnal" hoje.

22 de Março

O Caminho Estreito é um Bom Lugar

Como é estreita a porta, e apertado o caminho que leva à vida! São poucos os que a encontram. (Mateus 7:14)

Talvez você consiga pensar em alguma coisa que fez no passado e que incomodaria sua consciência se tentasse fazê-la agora. Isso pode não ter incomodado você há cinco anos, mas porque Deus agora lhe revelou que é errado, você não mais pensaria em fazer isso.

Deus fala conosco sobre problemas, trabalha conosco para nos corrigir e depois nos deixa descansar por algum tempo. Mas finalmente, desde que ainda estejamos ouvindo, Ele sempre irá falar conosco sobre alguma coisa nova.

Se de alguma forma você é como eu fui um dia, então já caminhou pela vida seguindo um caminho largo e imprudente, mas agora está em um caminho estreito. Lembro-me de certo dia ter dito a Deus: "Parece que meu caminho fica cada vez mais estreito o tempo todo". Lembro-me de sentir que o caminho pelo qual Deus estava me conduzindo estava ficando tão estreito que não havia espaço nele para mim! Não é de admirar que Paulo tenha dito: "Já não vivo mais eu, mas Cristo vive em mim" (ver Gálatas 2:20). Quando Jesus vem viver em nós, Ele fixa residência permanente e expande a Sua presença lentamente em nossas vidas até que haja mais Dele e menos da nossa velha natureza egoísta.

Se você sente que está em um caminho estreito — como se não pudesse fazer o que costumava fazer ou como se as suas restrições fossem muito rigorosas — anime-se; a sua velha natureza egoísta está sendo espremida para fora para que mais da presença de Deus possa habitar em você.

A PALAVRA DE DEUS PARA VOCÊ HOJE: aceite as suas restrições, sabendo que elas abrirão mais espaço para Deus.

23 DE MARÇO

Permaneça Equilibrado

Sejam bem equilibrados [sóbrios, temperados] vigiem e sejam cautelosos todo o tempo. O diabo, o inimigo de vocês, anda ao redor como leão, rugindo e procurando a quem possa devorar. (1 PEDRO 5:8, AMP)

Ouvir o Espírito Santo nos manterá equilibrados em todas as áreas de nossa vida. O Espírito nos dirá quando estamos gastando dinheiro demais, ou não gastando o suficiente, quando estamos falando demais, ou não falando o suficiente; ou até quando estamos descansando demais ou não descansando o suficiente. Todas as vezes que estamos fazendo alguma coisa demais ou de menos, estamos em desequilíbrio.

O versículo de hoje afirma que devemos ficar equilibrados para que Satanás não possa se aproveitar de nós. Durante anos, ele se aproveitou de mim porque eu não era equilibrada na minha abordagem do trabalho. Eu achava que toda a minha vida devia girar em torno do trabalho. Desde que eu estivesse trabalhando e realizando alguma coisa, não sentia a culpa que o diabo usava contra mim. Mas aquele ímpeto de trabalhar o tempo todo não vinha de Deus; não me impelia a ter um equilíbrio sadio em minha vida. O trabalho é uma coisa boa, mas eu também precisava descansar e me divertir.

Todos os dias, ao buscar ouvir a Deus, peça a Ele para lhe mostrar qualquer área da sua vida que esteja em desequilíbrio e trabalhe com Ele para fazer os ajustes necessários. Precisamos fazer malabarismo com muitas coisas na vida, e por isso é fácil perder o equilíbrio, mas Deus está sempre disponível para nos ajudar nessa área. Simplesmente pergunte a Ele se você está fazendo alguma coisa demais ou de menos e faça as mudanças que Ele recomendar.

A PALAVRA DE DEUS PARA VOCÊ HOJE: permaneça equilibrado com a ajuda de Deus.

24 DE MARÇO

O Melhor Amigo Que Você Pode Ter

Existe amigo mais apegado que um irmão. (PROVÉRBIOS 18:24)

Se eu tivesse de identificar a chave mais importante para a oração eficaz e para um relacionamento íntimo com Deus, diria que é aproximar-se de Deus como Seu amigo. Quando vamos a Deus acreditando que Ele nos vê como Seus amigos, novas maravilhas nos são abertas. Experimentamos liberdade e ousadia, duas coisas necessárias à oração eficaz.

Se não conhecemos Deus como um amigo e se não confiamos que Ele pensa em nós como Seus amigos, relutamos em dizer a Ele o que precisamos ou em pedir qualquer coisa a Ele. Se tivermos um relacionamento rígido e distante de Deus, nossas orações podem ser legalistas. Mas se formos a Ele como nosso amigo, porém sem perder a nossa reverência e admiração por Ele, nossa comunicação com Ele permanecerá renovada, estimulante e íntima.

Uma amizade natural envolve amar e ser amado. Significa saber que alguém está do seu lado, querendo ajudar você, animando-o a prosseguir e sempre tendo o seu máximo interesse em mente. Um amigo é alguém que você valoriza, um camarada, um parceiro, alguém que lhe é querido, alguém com quem você quer passar tempo, e alguém que você aprecia. Você se torna amigo de alguém investindo tempo nele e com ele, e compartilhando a sua vida com essa pessoa. Eu o encorajo a ver Deus como seu amigo. Trate-o com respeito e honra, mas trate-o como seu amigo e aprenda a se comunicar com Ele tão abertamente e tão facilmente quanto você se comunicaria com um companheiro terreno. Ele é o melhor amigo que você pode ter.

A PALAVRA DE DEUS PARA VOCÊ HOJE: você é amigo de Deus.

25 DE MARÇO

Um Passo de Cada Vez

Então o Senhor disse a Abrão: "Saia da sua terra, do meio dos seus parentes e da casa de seu pai, e vá para a terra que eu lhe mostrarei." (GÊNESIS 12:1)

Abrão aprendeu a confiar em Deus para conduzi-lo um passo de cada vez. Sua história começa em Gênesis 12:1, o versículo de hoje. Observe neste versículo que Deus deu a Abrão o passo 1, mas não o passo 2. Ele basicamente disse a Abrão que ele não teria o passo 2 até que tivesse realizado o passo 1. Isso é muito simples, mas muito profundo e nos traz uma grande percepção de como Deus fala: Ele nos dá a Sua direção um passo de cada vez.

Muitas pessoas se recusam a dar o passo 1 até que achem que entenderam os passos 2, 3, 4 e 5. Se você é assim, espero que seja inspirado hoje a seguir em frente com o plano de Deus para a sua vida confiando nele para dar o primeiro passo. Depois dos primeiros passos, sua fé aumentará porque você entenderá que há sempre um fundamento firme por baixo de cada passo que Deus o instrui a dar.

Deus pediu a Abrão para dar um passo difícil deixando tudo e todos que lhe eram familiares. Mas Deus lhe prometeu que dar esse passo seria benéfico para ele.

Quando obedecemos a Deus somos abençoados. Deus tem um bom plano para nossa vida, um plano que irá nos beneficiar. Tudo o que temos a fazer é andar nele — um passo de cada vez.

A PALAVRA DE DEUS PARA VOCÊ HOJE: obedeça à voz de Deus um passo de cada vez.

26 DE MARÇO

Não Seja um Sabe-Tudo

Este é o Deus cujo caminho é perfeito; a palavra do Senhor é comprovadamente genuína. Ele é um escudo para todos os que nele se refugiam. (SALMOS 18:30)

A verdade da Palavra escrita de Deus nos mantém estáveis durante as tempestades da vida. Podemos esperar ouvir Deus através da Sua Palavra escrita. Ela nunca muda nem oscila na sua intenção a nosso respeito. Ainda que a Palavra não fale especificamente sobre os detalhes da situação que estamos enfrentando, ela fala do coração e do caráter de Deus e nos garante que Ele sempre cuidará de nós e fará um caminho para nós. A Palavra ensina que o nosso conhecimento é fragmentado, incompleto e imperfeito. De acordo com 1 Coríntios 13:9, conhecemos apenas "em parte". Isso me diz que nunca haverá um tempo em nossas vidas em que poderemos dizer: "Sei tudo o que preciso saber". Vá até Deus humildemente e tenha fome de aprender da Sua Palavra. Peça a Ele diariamente para ensinar a você o que deve fazer em cada situação.

Receba o Espírito Santo como seu professor para que Ele possa conduzi-lo diariamente a toda a verdade (ver João 16:13). Ele lhe revelará coisas que você jamais poderia entender sozinho. Decidi ser um *eterno aprendiz* e recomendo enfaticamente o mesmo para você.

A PALAVRA DE DEUS PARA VOCÊ HOJE: não seja um sabe-tudo; peça a Deus para lhe ensinar o que você precisa aprender hoje.

27 DE MARÇO

Não Faça a Oração do "Só"

"Tragam o dízimo todo ao depósito do templo, para que haja alimento em minha casa. Ponham-me à prova", diz o Senhor dos Exércitos, "e vejam se não vou abrir as comportas dos céus e derramar sobre vocês tantas bênçãos que nem terão onde guardá-las." (MALAQUIAS 3:10)

Uma das orações que ouço as pessoas fazerem com frequência, e que eu mesma fiz muitas vezes, é a que chamo de uma oração do *"só"*. Ela é mais ou menos assim: "Senhor, nós *só* queremos lhe agradecer por este alimento", "Deus, nós *só* lhe pedimos para nos proteger", "Pai, nós *só* vimos até o Senhor esta noite..." "Oh, Deus, se o Senhor pudesse *só* nos ajudar nesta situação ficaríamos tão gratos..." Você sabe o que quero dizer? Parece que temos medo de pedir muito a Deus.

A palavra *só* ou *somente* pode significar algo "restrito", "justo", "apertado", "o que mal dá para sobreviver", ou "com uma margem estreita". Mas Deus quer nos dar infinitamente, abundantemente acima e além de tudo que podemos ousar esperar, pedir ou pensar (ver Efésios 3:20). Ele quer abrir as comportas do céu e derramar bênçãos, então por que devemos nos aproximar Dele pedindo apenas o que mal dá para sobreviver? Por que devemos nos aproximar Dele como se tivéssemos medo de pedir demais? Quando nos aproximamos Dele desse modo, parece que não acreditamos que Ele é generoso e bom. Precisamos entender que Ele não é um Deus que dá "só" o suficiente para sobrevivermos, mas que deseja nos abençoar abundantemente, como o versículo de hoje promete. Deus não quer ouvir orações temerosas e inseguras, as "orações do só". Ele quer ouvir orações ousadas, confiantes, cheias de fé, feitas por pessoas que são seguras da sua amizade com Ele.

A PALAVRA DE DEUS PARA VOCÊ HOJE: no que se refere à oração, "só" não é o bastante.

28 DE MARÇO

Há um Tesouro Dentro de Você

Mas temos esse tesouro em vasos de barro, para mostrar que este poder que a tudo excede provém de Deus, e não de nós. (2 CORÍNTIOS 4:7)

Mais do que qualquer outra coisa, quero ouvir claramente a voz de Deus e estar ciente da Sua presença em todo o tempo — e creio que você está lendo este livro porque esse também é o seu desejo. Escrevi anteriormente sobre os anos em que eu acreditava em Jesus Cristo como meu Salvador, mas não desfrutava de um relacionamento íntimo com Deus. Sentia que estava sempre procurando por Ele, mas sem nunca atingir esse objetivo. Um dia, quando estava diante do espelho penteando o cabelo, fiz uma pergunta simples a Ele: "Deus, por que eu me sinto constantemente como se estivesse procurando-o e não conseguindo encontrá-lo?" Imediatamente, ouvi estas palavras no meu coração: "Joyce, você está me procurando lá *fora*, e precisa procurar *dentro* de você". Deixe-me explicar: a Palavra de Deus diz que Ele vive em nós, mas algumas pessoas acham esta verdade difícil de entender. O versículo de hoje explica que temos o tesouro da presença de Deus dentro de nós; mas muitos que acreditam em Jesus nunca experimentam a alegria da Sua presença ou da comunhão contínua com Ele.

Eu estava me esforçando tentando alcançar Deus, mas a verdade era que na Sua graça e misericórdia Ele tinha vindo até mim e feito o Seu lar em mim.

O mesmo acontece com você como filho de Deus. Ele está com você o tempo todo; Ele é a sua força, a sua paz, a sua alegria e o seu auxílio. Ele quer falar com você, portanto comece a ouvir no seu coração e você descobrirá que Ele está mais perto do que você pensa.

A PALAVRA DE DEUS PARA VOCÊ HOJE: não procure Deus lá fora; procure-o dentro de você.

29 DE MARÇO

Diga "Obrigado"

Rendam graças ao Senhor, pois ele é bom; o seu amor dura para sempre.
(1 CRÔNICAS 16:34)

As ações de graças deveriam ser uma parte regular da nossa vida. Elas constituem algo que cria uma atmosfera em que Deus pode falar; são como um tipo de oração e devem fluir de nós de uma maneira natural, pura e fácil. Podemos separar um tempo todas as noites e agradecer a Deus pelas coisas em que Ele nos ajudou naquele dia, mas também devemos fazer continuamente orações simples de ações de graças todas as vezes que o vemos trabalhando em nossa vida ou nos abençoando. Por exemplo: "Senhor, obrigado por uma boa noite de sono", ou "Deus, eu lhe agradeço porque minha ida ao dentista não doeu tanto quanto imaginei", ou "Pai, obrigado por me ajudar a tomar boas decisões hoje", ou "Senhor, obrigado por me manter encorajado".

Deus é sempre bom para nós, sempre fiel, e está sempre trabalhando diligentemente em nossa vida para nos ajudar de todas as maneiras possíveis. Precisamos responder dizendo a Ele o quanto o apreciamos e também a tudo que Ele está fazendo por nós. Devemos agradecer a Deus silenciosamente em nosso coração e também devemos expressar em voz alta a nossa gratidão, porque isso nos ajuda a permanecer conscientes do amor de Deus, que Ele demonstra através da Sua bondade para conosco.

A PALAVRA DE DEUS PARA VOCÊ HOJE: agradeça a Deus por vinte coisas hoje antes de pedir qualquer coisa a Ele.

30 de Março

A Atitude Determina o Destino

Guarde e proteja o seu coração com toda vigilância e acima de tudo que você guardar, porque dele vem as fontes da vida. (Provérbios 4:23, AMP)

A atitude é muito importante; nossas atitudes se tornam o comportamento que exibimos. A atitude, boa ou má, começa com os pensamentos. Um dito conhecido diz: "Plante um pensamento, colha uma ação; plante uma ação, colha um hábito; plante um hábito, colha um caráter; plante um caráter, colha um destino".

O destino é o resultado da vida; o caráter é quem nós somos; os hábitos são os padrões subconscientes de comportamento. O nosso destino, ou o resultado de nossas vidas, realmente vem dos nossos pensamentos. É ali que todo o processo começa. Não é de admirar que a Bíblia nos ensine a renovar inteiramente a nossa mente, desenvolvendo novas atitudes e ideias (ver Romanos 12:2; Efésios 4:23). Devemos ser bons estudiosos da Palavra de Deus e por meio dela desenvolver novos padrões de pensamento, o que acabará por mudar todo o nosso destino e o resultado de nossa vida.

Podemos impedir o Espírito Santo com atitudes negativas como a amargura, a ira, a falta de perdão, a maldade, o desrespeito, a busca pela vingança, ou a ingratidão — e a lista continua. O Espírito Santo flui através de uma atitude piedosa e não de uma atitude impiedosa.

Examine a sua atitude regularmente e proteja-a com toda a diligência, como o versículo de hoje nos instrui. Se precisa mudar de atitude, tudo o que você tem a fazer é mudar os seus pensamentos.

Satanás vai tentar encher a nossa mente com pensamentos errados, mas não precisamos receber o que ele tenta nos dar. Eu não tomaria uma colher de veneno simplesmente porque alguém a ofereceu a mim, e nem você. Se somos espertos o bastante para recusar veneno, devemos ser inteligentes o bastante para não permitir que Satanás envenene nossos pensamentos, nossas atitudes e, por fim, o nosso destino.

A PALAVRA DE DEUS PARA VOCÊ HOJE: faça um inventário diário das suas atitudes para garantir que elas estejam em bom estado.

31 de Março

Uma Vida Consagrada

A ti, Senhor, elevo a minha alma. (Salmos 25:1)

Amo erguer minhas mãos pela manhã e fazer a oração de consagração que se encontra no versículo de hoje. Eu realmente digo as palavras: "A Ti, Senhor, elevo a minha alma". Isso realmente define a palavra *consagração* — a rendição completa e voluntária ao Senhor. Em uma oração de consagração, você está dizendo a Ele: "Eis-me aqui, Deus. Eu me entrego ao Senhor. Não apenas o meu dinheiro, mas eu mesmo. Não apenas uma hora no domingo de manhã, mas eu mesmo. Não apenas uma parte do meu dia, mas eu mesmo. Ao Senhor, ó Deus, eu trago *toda* a minha vida. Eu a coloco diante do Senhor. Faça o que o Senhor quiser fazer comigo. Fale comigo e através de mim hoje. Toque as pessoas através de mim hoje. Faça a diferença no meu mundo através de mim hoje. Não sou possuidor de nada; sou um mordomo. Tudo que sou e tudo que tenho vem do Senhor e está disponível para o Senhor hoje".

Quando consagramos alguma coisa, nós a separamos para o uso de Deus. Portanto, quando consagramos nossas vidas, viramos nossas costas para os nossos desejos carnais, para os nossos valores mundanos, para o nosso pensamento carnal, para a nossa vida indisciplinada, para os nossos maus hábitos e para tudo o mais que não está de acordo com a Palavra de Deus. Fechamos nossos ouvidos para o barulho do mundo e os abrimos para a voz de Deus. Estabelecemos uma distância deliberadamente entre nós e as coisas que não procedem de Deus, de modo que estejamos preparados e disponíveis para que Deus nos use. A consagração não é fácil, mas vale a disciplina e o sacrifício que ela requer.

A PALAVRA DE DEUS PARA VOCÊ HOJE: diga a Deus hoje "Eis-me aqui".

1 de Abril

Não Tenha uma Audição Seletiva

Por isso Deus estabelece outra vez um determinado dia, chamando-o "hoje", ao declarar muito tempo depois, por meio de Davi, de acordo com o que fora dito antes: "Se hoje vocês ouvirem a sua voz, não endureçam o coração". (Hebreus 4:7)

Quando não estamos dispostos a ouvir a voz de Deus em uma área de nossa vida, geralmente somos incapazes de ouvir a Sua voz em outras áreas. Às vezes só ouvimos o que queremos ouvir — isso se chama "audição seletiva". Quando acontece, as pessoas acabam achando que não conseguem mais ouvir a Deus, mas isso não é verdade. O fato é que Deus já falou com elas e elas não atenderam. Deixe-me compartilhar uma história para ilustrar.

Uma mulher certa vez me disse que pediu a Deus para lhe dar direção com relação ao que Ele queria que ela fizesse: Deus quis que ela perdoasse sua irmã por uma ofensa que havia ocorrido havia meses. A mulher não estava disposta a perdoar, então ela logo parou de orar. Quando buscou o Senhor novamente por outro motivo, tudo o que ouviu em seu coração foi: "Primeiro perdoe sua irmã".

Durante um período de dois anos, todas as vezes que ela pedia a direção de Deus em uma nova situação, Ele gentilmente lembrava a ela para perdoar sua irmã. Finalmente, ela entendeu que nunca sairia de sua rotina nem cresceria espiritualmente se não obedecesse, então orou: "Senhor, me dê o poder para perdoar minha irmã". Instantaneamente, ela entendeu muitas coisas do ponto de vista de sua irmã — coisas que não havia considerado antes. Dentro de pouco tempo o relacionamento dela com sua irmã foi completamente restaurado e logo se tornou mais forte do que nunca.

Se realmente quisermos ouvir a Deus, precisamos estar abertos para ouvir qualquer coisa que Ele queira dizer e estar dispostos a atender. Eu o encorajo hoje a ouvir e a obedecer.

A PALAVRA DE DEUS PARA VOCÊ HOJE: você tem uma "audição seletiva" em determinada área da sua vida? Não faça isso; esteja disposto a ouvir a voz de Deus.

2 DE ABRIL

Uma Fé Sincera

O objetivo desta instrução é o amor que procede de um coração puro, de uma boa consciência e de uma fé sincera. (1 TIMÓTEO 1:5)

Não queremos ser infantis na nossa fé e na nossa vida de oração, mas queremos ser como crianças. O Senhor não quer que sejamos complicados no nosso relacionamento com Ele. Deus procura corações sinceros, porque é um Deus de corações. Ele quer que oremos com fé, que não é uma emoção, mas uma força espiritual que impacta a esfera do invisível. Deus é um Deus de ordem, mas não um Deus de regras, regulamentos e leis; e não quer que nos desgastemos tentando fazer orações longas e extensas que não são dirigidas pelo Espírito ou que seguem uma fórmula e exigem uma determinada postura. Isso seria legalismo e sempre elimina a vivacidade do nosso relacionamento com Deus. "O Espírito dá vida, mas a lei mata" (ver 2 Coríntios 3:6).

Quando seguirmos a direção do Espírito Santo, nossa comunicação com Deus será cheia de vida. Não precisaremos olhar o relógio para garantir que estamos investindo o tempo correto, como muitas pessoas fazem. Quando nos aproximamos de Deus falando e ouvindo como uma obrigação e uma obra da nossa própria carne, cinco minutos podem parecer uma hora, mas quando a nossa oração é vivificada pelo Espírito Santo, uma hora pode parecer cinco minutos. Gosto de orar e ter comunhão com Deus até me sentir cheia e contente. Tente relaxar e desfrutar o seu tempo com Deus e ele será muito gratificante.

A PALAVRA DE DEUS PARA VOCÊ HOJE: esforce-se para ser como uma criança, mas não seja infantil.

3 DE ABRIL

Não Se Pode Dirigir um Carro Estacionado

Ordena os meus passos na tua palavra, e não se apodere de mim iniquidade alguma. (SALMOS 119:133)

As pessoas geralmente perguntam: "Como posso saber o que Deus quer que eu faça com a minha vida?" Algumas pessoas passam muitos anos totalmente imóveis porque estão esperando ouvir uma voz do céu lhes dizendo o que fazer.

O meu melhor conselho a qualquer pessoa nessa posição é simplesmente: faça *alguma coisa*. Faça o que você acha que Deus o está chamando para fazer e, se cometer um erro, Ele o ajudará a corrigi-lo. Não passe a vida com tanto medo de cometer um erro a ponto de nunca tentar obedecer ao que você acredita que Deus lhe disse. Gosto de dizer que não se pode dirigir um carro estacionado. Você precisa estar em movimento se quer que Deus lhe mostre o caminho a seguir. Ele não precisa lhe dizer "vire à esquerda" se você não está indo a lugar algum. Mas se você estiver se movendo, Ele pode lhe dar a direção.

Agora, deixe-me acrescentar uma palavra de sabedoria sobre isso. Há certos momentos em que precisamos ficar parados, esperar em Deus, orar e não agir imediatamente. Mas isso não se aplica a todas as situações. Há momentos em que a única maneira de descobrirmos a vontade de Deus é nos mover para uma determinada direção e deixar que Ele fale conosco e nos conduza à medida que prosseguimos. Se você estiver indo na direção errada, Ele fechará a porta e abrirá outra.

A PALAVRA DE DEUS PARA VOCÊ HOJE: quando orar, assegure-se de estar com a marcha engrenada.

4 DE ABRIL

Simplifique as Coisas

O que receio, e quero evitar, é que assim como a serpente enganou Eva com astúcia, a mente de vocês seja corrompida e se desvie da sua sincera e pura devoção a Cristo. (2 CORÍNTIOS 11:3)

Deus realmente quer que o nosso relacionamento e a nossa comunicação com Ele sejam simples, mas o diabo distorceu nossa concepção sobre a oração porque ele não apenas sabe o quanto ela é poderosa, como também o quanto ela deveria ser fácil para nós.

Pergunte a si mesmo: por que Deus nos criaria para ter comunicação e comunhão com Ele e depois complicaria isso? Deus não complicou nada; Ele criou uma maneira simples e prazerosa de orarmos e apreciarmos passar tempo com Ele. Satanás quer que acreditemos que a oração precisa demorar muito tempo e que precisamos seguir uma fórmula específica. Ele cerca a oração de regras e regulamentos e rouba a criatividade e a liberdade que Deus deseja que tenhamos enquanto oramos. Ele tenta nos impedir de ter fé e nos convence de que realmente não somos dignos o bastante para estarmos falando com Deus e que, portanto, não podemos ouvir Sua voz.

Quando oramos o diabo sempre tenta nos condenar nos dizendo que não oramos o suficiente ou da forma correta, e que as nossas orações não fazem diferença. Ele também tenta nos distrair quando estamos orando. Por esses motivos, as pessoas costumam dizer que orar é tão difícil e tão infrutífero que raramente o fazem.

Em geral, muitas pessoas parecem estar frustradas e insatisfeitas com sua vida de oração, mas isso pode mudar. Podemos fazer orações simples e sinceras com fé e ter certeza de que Deus ouve e responde.

A PALAVRA DE DEUS PARA VOCÊ HOJE: uma "dica" para você: Simplifique as coisas, meu irmão!

5 DE ABRIL

Espere em Deus

Descanse no Senhor e aguarde por ele com paciência; não se aborreça com o sucesso dos outros, nem com aqueles que maquinam o mal. (SALMOS 37:7)

Preciso ouvir Deus todos os dias, e quero ouvir o que Ele tem a dizer a respeito de tudo. Para ouvir Deus, precisamos estar dispostos a esperar pela sabedoria, movidos por uma paixão por querer mais a vontade de Deus do que qualquer outra coisa. Ouviremos Deus muito mais claramente se estivermos decididos a não agir com base nos nossos desejos ou emoções carnais. Seremos abençoados se esperarmos até termos certeza de que temos uma direção de Deus antes de darmos qualquer passo, e então devemos fazer o que Deus está nos direcionando fazer, ainda que seja difícil para nós.

Há vários anos, comecei a colecionar filmes clássicos porque não havia nada decente para assistir na televisão. Um dia, chegou a nossa casa uma revista com uma lista de muitos filmes bons e puros. Parecia que Deus havia deixado cair no meu colo uma oportunidade de conseguir mais filmes. Fiquei empolgada e decidi encomendar cerca de quinze filmes. Depois, porém, coloquei o formulário de pedido de lado por alguns dias e quando olhei para ele de novo, minhas emoções e minha empolgação tinham se acalmado e acabei encomendando apenas dois filmes. Esse é um exemplo simples, mas o princípio se aplica a muitas áreas da nossa vida.

Quando agimos apenas com base no entusiasmo das nossas emoções, geralmente cometemos erros. Costumo dizer: "Deixe as emoções se acalmarem antes de decidir". É impressionante a diferença que uma boa noite de sono faz na maneira como nos sentimos a respeito das coisas.

Eu o encorajo a aprender a esperar. As emoções sobem e descem, e a energia emocional vem e vai, raramente nos levando ao destino que Deus tem para nós. Deus sempre nos conduzirá a um bom lugar se simplesmente permitirmos que a Sua Palavra e a Sua sabedoria, e não as nossas emoções, nos dirijam.

A PALAVRA DE DEUS PARA VOCÊ HOJE: coloque as suas emoções de lado, e depois decida.

6 DE ABRIL

Não Perca uma Bênção

Como é feliz o homem constante no temor do Senhor! Mas quem endurece o coração cairá na desgraça. (PROVÉRBIOS 28:14)

Deus pode falar conosco de uma dúzia de maneiras diferentes, mas se endurecermos o nosso coração e nos recusarmos a obedecer ao que Ele diz, perderemos as bênçãos que Ele quer nos dar. Lembro-me de uma época em que cada pequena coisa que Deus queria que eu fizesse ou tudo que eu estava fazendo que Ele não queria que eu fizesse, passou a ser uma disputa entre nós. Foram necessários dias, semanas, meses, e, às vezes, até anos de tratamento de Deus comigo antes que eu finalmente aceitasse o fato de que Ele não iria mudar de ideia com relação ao que estava pedindo de mim.

Quando eu finalmente cedi ao que Ele queria, as coisas invariavelmente funcionaram de uma maneira que me abençoou além de qualquer coisa que eu pudesse imaginar. Se eu simplesmente tivesse feito o que Deus havia me pedido para fazer da primeira vez, poderia ter evitado muitos problemas.

A maioria de nós é obstinada e presa à nossa maneira, mesmo que a nossa maneia não funcione. No entanto, podemos aprender a ser maleáveis para Deus e nos tornar sensíveis à Sua voz e à direção do Seu Espírito. O nosso espírito foi criado para ter comunhão com Deus. Ele fala através da nossa intuição e da nossa consciência para nos manter longe dos problemas e para que saibamos o que é certo e o que é errado. Então, pelo Seu Espírito, Ele nos ajuda a fazer o que é certo.

Eu o encorajo hoje a se afastar de qualquer obstinação contra Deus e a andar com Ele com um coração sensível que procura ouvir e obedecer à Sua voz.

A PALAVRA DE DEUS PARA VOCÊ HOJE: é melhor estar preso aos caminhos de Deus do que aos seus.

7 DE ABRIL

Você Está Ouvindo Deus?

Quanto a isso, temos muito que dizer, coisas difíceis de explicar, porque vocês se tornaram lentos para aprender. (HEBREUS 5:11)

Você já conheceu alguém que faz perguntas, mas nunca se incomoda em ouvir as respostas? Ou alguém que responde às próprias perguntas? É difícil falar com alguém assim, alguém que não ouve. Tenho certeza de que Deus não se esforça em tentar falar com pessoas que têm esse tipo de atitude. Se nós não o ouvirmos, Deus encontrará alguém que esteja ávido por ouvir o que Ele tem a dizer.

A passagem de Hebreus 5:11 nos adverte de que deixaremos de aprender princípios de vida riquíssimos se não tivermos uma atitude de ouvinte. Uma atitude de ouvinte impedirá que a nossa audição fique entorpecida. Uma pessoa com uma atitude de ouvinte não é alguém que quer ouvir Deus apenas quando está com problemas ou precisa da ajuda Dele, mas alguém que quer ouvir o que Ele tem a dizer sobre cada aspecto da vida.

Quando esperamos que um ser humano diga algo, prestamos atenção a essa pessoa; nossos ouvidos estão prontos para ouvir a sua voz. O mesmo acontece no nosso relacionamento com Deus; devemos viver todos os dias esperando plenamente ouvir

Deus e prestar atenção na Sua voz. Jesus disse que as pessoas têm ouvidos para ouvir, mas não ouvem, e que elas têm olhos para ver, mas não veem (ver Mateus 13:9-16). Ele não estava falando das capacidades físicas da audição e da visão, mas sobre ouvidos e olhos espirituais, que recebemos quando nascemos no Reino de Deus. Nossos ouvidos espirituais são os ouvidos que usamos para ouvir a voz de Deus. Fomos equipados para ouvir Deus, mas precisamos acreditar que podemos ouvi-lo. Todas as promessas de Deus se tornam realidade em nossas vidas por meio da fé, então comece a acreditar hoje que você pode e realmente ouve Deus.

A PALAVRA DE DEUS PARA VOCÊ HOJE: use seus ouvidos espirituais.

8 de Abril

Somos Todos Adotados

Porque Deus nos escolheu nele antes da criação do mundo, para sermos santos e irrepreensíveis em sua presença. Em amor nos predestinou para sermos adotados como filhos por meio de Jesus Cristo, conforme o bom propósito da sua vontade.

(Efésios 1:4-5)

Quando conheci meu marido Dave, eu tinha vinte e três anos e um bebê de nove meses fruto de um casamento que terminou em divórcio por causa do adultério e do abandono do meu primeiro marido.

Quando Dave me pediu para casar com ele, respondi: "Bem, você sabe que tenho um filho, e se você ficar comigo, vai ter de ficar com ele". Dave me disse algo maravilhoso: "Não conheço seu filho muito bem, mas sei que amo você e também vou amar qualquer coisa ou qualquer pessoa que seja parte de você".

As pessoas ficam absolutamente impressionadas quando descobrem que David é adotado. Elas dizem continuamente como ele se parece com o "pai", o que é fisicamente impossível porque ele não tem o gene de Dave. Quando Deus nos adota como Seus, Ele quer nos ajudar a nos parecermos com Ele de uma maneira notável. Não nos parecemos com Ele antes da nossa adoção, mas assim como as crianças adotadas começam a assumir os traços de seus pais adotivos, começamos a assumir as características de Deus à medida que crescemos no nosso relacionamento com Ele. Quando fui adotada na família de Deus, eu não agia em nada como o meu Pai celestial, mas mudei com os anos e espero que as pessoas agora consigam ver novos aspectos do meu Pai em mim. Cresci em amor, paciência, graça para com os outros, gratidão e muitas outras coisas. Deus quer realizar as mesmas mudanças na sua vida e na vida daqueles a quem você ama.

A PALAVRA DE DEUS PARA VOCÊ HOJE: você está sendo moldado diariamente à imagem de Deus.

9 DE ABRIL

Vá em Frente e Peça!

Esta é a confiança que temos ao nos aproximarmos de Deus: se pedirmos alguma coisa de acordo com a sua vontade, ele nos ouve. (1 JOÃO 5:14)

Quero encorajar você a estar cheio de confiança ao se aproximar de Deus em oração. Deus quer que desfrutemos a oração e isso não vai acontecer enquanto estivermos com medo de cometer erros. Ele promete nos ouvir e responder se orarmos de acordo com a Sua vontade, mas o que acontece se pedirmos alguma coisa que não é da Sua vontade? Realmente precisamos orar de acordo com a vontade de Deus o melhor que pudermos, mas não devemos permitir que o inimigo nos envolva com o medo a ponto de temermos pedir a Deus as coisas que estão em nosso coração.

O pior que pode acontecer se orarmos fora da vontade de Deus é não conseguirmos o que estamos pedindo — e isso definitivamente será para o nosso bem! Deus conhece o nosso coração e não ficará zangado se cometermos um erro e pedirmos alguma coisa que não é da Sua vontade! Não precisamos nos aproximar Dele com medo de cometer um erro ou de que Ele não fique satisfeito se pedimos demais. O que eu particularmente faço é pedir a Deus o que quero e preciso, sempre procurando estar em linha com a Sua Palavra o máximo possível, e depois digo: "Deus, se algo que pedi não é certo para mim, confio que o Senhor não irá me dar". Vá até Ele com fé e ousadia, esperando receber a Sua resposta.

A PALAVRA DE DEUS PARA VOCÊ HOJE: vá em frente e peça.

10 DE ABRIL

Resista ao Medo; Abrace a Fé

Sem fé, é impossível agradar a Deus. (HEBREUS 11:6)

Satanás trabalha fazendo hora extra para encher a nossa vida de medo. Se nós ouvimos Deus pela fé, então precisamos resistir ao medo com determinação. A Bíblia diz que a Palavra de Deus revela uma justiça que nos leva de fé em fé (ver Romanos 1:17). Se aprendermos quem somos em Cristo Jesus e entendermos o quanto Ele nos ama, podemos nos aproximar de tudo e de todos com uma atitude de fé. Deus disse repetidamente que não precisamos temer porque Ele está conosco.

A oração da fé nos ajudará e ajudará outros de formas surpreendentes; portanto, eu o encorajo a manter a fé forte. Recebemos a vontade de Deus por meio de orações de fé, mas também podemos receber a vontade de Satanás através do medo. Jó disse que aquilo que ele mais temia veio sobre ele (ver Jó 3:25), portanto certifique-se de viver de fé em fé. Aproxime-se de tudo o que você faz acreditando que Deus é bom e esperando receber o Seu melhor.

A oração é uma das coisas mais importantes da qual devemos nos aproximar com um coração cheio de fé. Essa atitude abre as janelas dos céus e libera o poder de Deus em nossas vidas e circunstâncias. Tome muito cuidado para que o medo não entre sorrateiramente em suas orações e o impeça de receber o que Deus quer para você. Se você está tendo um problema sério com o medo, recomendo que inicie suas orações dizendo: "Aproximo-me de Deus com fé hoje e resisto a todo medo". E ore com ousadia, esperando ouvir Deus, e lembre-se de que Deus responde às nossas orações porque Ele é bom, e não porque você é perfeito.

A PALAVRA DE DEUS PARA VOCÊ HOJE: mantenha o seu coração cheio de fé.

11 DE ABRIL

Deus Entende

Grande é o nosso Soberano e tremendo é o seu poder; é impossível medir o seu entendimento. (SALMOS 147:5)

Eu não creio que falo com muita eloquência, e talvez você não ache que sua maneira de se comunicar seja muito sofisticada também. Já não me preocupo mais com a maneira como me expresso quando falo com Deus; simplesmente digo ao Senhor o que está no meu coração — e digo exatamente o que é — de maneira clara, simples e direta. Essa é a maneira como falo com meu marido; essa é a maneira como falo com meus filhos; essa é a maneira como falo com as pessoas com quem trabalho; então, essa é a maneira como falo com Deus e essa é a maneira como Ele fala comigo. Não tento impressioná-lo, apenas tento compartilhar o que está no meu coração com Ele — e posso fazer isso melhor quando estou simplesmente sendo eu mesma.

Deus nos fez do jeito que somos, então precisamos nos aproximar Dele sem fingimento e sem achar que temos de nos expressar de certa maneira para que

Ele nos ouça. Desde que sejamos sinceros, Ele ouvirá. Ainda que o que esteja no nosso coração não possa ser traduzido, mesmo assim Ele ouve e entende o que é. Um coração voltado para Ele é precioso aos Seus olhos e Ele ouve até as palavras que não podem ser pronunciadas. Às vezes estamos sofrendo demais para orar e tudo que podemos fazer é suspirar e gemer — e Deus entende até isso. Você pode ser consolado hoje sabendo que Deus entende e ouve tudo que você diz a Ele.

A PALAVRA DE DEUS PARA VOCÊ HOJE: Deus ama a autenticidade; quando você orar, seja você mesmo.

12 DE ABRIL

Humildade Diante de Deus

Pois quem se exalta será humilhado, e quem se humilha será exaltado.
(LUCAS 18:14)

No capítulo 18 do evangelho de Lucas, lemos sobre dois homens que foram ao templo orar (vs. 10-11). Um deles era um fariseu e o outro era um coletor de impostos. Jesus disse: "Dois homens subiram ao templo, a orar; um, fariseu, e o outro, publicano. O fariseu, estando em pé, orava consigo desta maneira: Ó Deus, graças te dou, porque não sou como os demais homens, roubadores, injustos e adúlteros; nem ainda como este publicano." Então ele continuou dando uma lista de todas as suas boas obras.

O que chama minha atenção nessa passagem é que a Bíblia não diz que o fariseu estava orando a Deus. Ela diz que ele foi ao templo para orar, mas que "orava consigo desta maneira". Lemos sobre um homem que parecia estar orando, mas a Bíblia diz que ele não estava sequer falando com Deus; estava falando consigo mesmo! Acho que às vezes também oramos para impressionar as pessoas, talvez até para impressionar a nós mesmos. Vamos ser sinceros: podemos ficar impressionados com a nossa própria eloquência. Quando estamos falando com Deus e tentando ouvi-lo em concordância com alguém ou com um grupo de pessoas, precisamos tomar muito cuidado para não ficarmos pregando para as outras pessoas e simplesmente tentando parecer superespirituais, mas para realmente abrirmos o nosso coração com Deus. A concordância é extremamente poderosa, mas ela tem de ser pura e precisa nascer de um coração cheio de humildade.

A PALAVRA DE DEUS PARA VOCÊ HOJE: Deus vê todas as boas obras que você faz em segredo e Ele o recompensará.

13 de Abril

Seja Um Crente Relacional

Mas agora, em Cristo Jesus, vocês, que antes estavam longe, foram aproximados mediante o sangue de Cristo. (Efésios 2:13)

Já fui o que chamo de uma "crente religiosa". Durante esse período eu só pedia ajuda a Deus quando era confrontada com o que me parecia ser uma situação desesperadora, uma crise ou um problema grave para o qual não conseguia encontrar uma solução sozinha. Durante esse tempo, eu também orava — não muito — mas orava, porque essa era a atitude "religiosa" a ser seguida.

Depois que me tornei o que chamo de uma "crente relacional" — alguém que tem um relacionamento com Deus —, aprendi rapidamente que o Espírito Santo estava vivendo em mim para ser meu Consolador, meu Professor, meu Amigo e meu Auxiliador — e descobri que eu precisava de ajuda para tudo, desde arrumar meu cabelo adequadamente, ter uma boa pontuação no boliche e escolher o presente certo para uma amiga, até tomar as decisões certas e superar as circunstâncias desesperadoras e os problemas graves da vida.

Quando realmente compreendi essa verdade e percebi que Jesus não morreu para me dar uma marca de religião específica, mas para me levar a um relacionamento pessoal e profundo com Deus, passei de uma "crente religiosa" para uma "crente relacional". Minha fé já não se baseava mais no que eu considerava como "minhas boas obras", mas nas obras de Jesus. Vi que a misericórdia e a bondade de Deus abriram um caminho para que eu recebesse a Sua ajuda em todas as áreas, ouvisse a Sua voz e desfrutasse uma comunhão íntima com Ele.

A PALAVRA DE DEUS PARA VOCÊ HOJE: seja relacional e não religioso.

14 de Abril

Nosso Melhor Socorro

Levanto os meus olhos para os montes e pergunto: De onde me vem o socorro? O meu socorro vem do Senhor, que fez os céus e a terra. (Salmos 121:1-2)

Devemos amadurecer na fé a ponto de não corrermos para outra pessoa todas as vezes que precisamos saber o que fazer. Não quero dizer com isso que pedir uma palavra de aconselhamento a pessoas que sentimos serem mais sábias que nós é errado, mas acredito que pedir a opinião das pessoas excessivamente e depender demais delas é um erro, além de ser uma atitude que insulta a Deus.

Como você pode ver nos versículos de hoje, Davi buscava a Deus em primeiro lugar e sabia que Ele era o seu único socorro. O mesmo princípio vale para nós, portanto devemos ser como Davi e sempre contar com Deus em primeiro lugar. Precisamos desenvolver o hábito de buscar o conselho de Deus como a nossa "primeira opção" e não como o nosso "último recurso".

Deus pode usar uma pessoa escolhida por Ele para esclarecer as coisas para nós, para nos dar um discernimento adicional ou confirmar o que já nos disse, então busque a Ele em primeiro lugar, e se Deus o conduzir a uma pessoa, siga a Sua direção.

Em Números 22:22-40, Deus usou até mesmo uma mula para falar com alguém. Ele quer tanto falar conosco que usará os meios que forem necessários. Se você é alguém que confia no fato de que Deus fala, pode ter certeza de que Ele encontrará um meio de fazer Sua mensagem chegar até você.

A PALAVRA DE DEUS PARA VOCÊ HOJE: peça o socorro de Deus em primeiro lugar.

15 DE ABRIL

Deus Vive em Você

Permaneçam em mim, e eu permanecerei em vocês. [Vivam em Mim, e Eu viverei em vocês]. (JOÃO 15:4, AMP)

Por que Deus iria querer viver em nós? E como Ele pode fazer isso? Afinal, Ele é santo, e nós somos uma carne fraca e humana com fragilidades, falhas e imperfeições.

A resposta é simples: Ele nos ama e escolheu fazer a Sua habitação em nós. Ele faz isso porque é Deus; Ele tem a capacidade de fazer o que quer, e escolheu fazer o Seu lar no nosso coração. Essa escolha não se baseia em nenhum ato bom que tenhamos praticado ou que poderíamos vir a praticar; ela se baseia unicamente na graça, no poder, e na misericórdia de Deus. Nós nos tornamos a casa de Deus quando cremos em Jesus Cristo (conforme Deus nos instrui na Bíblia).

O versículo de hoje enfatiza o fato de que devemos crer em Jesus Cristo como aquele a quem Deus enviou para termos intimidade com Ele. Crer nele nos capacita a ouvir a Sua voz, receber a Sua Palavra em nosso coração e sentir a Sua presença.

Além de crer em Jesus como o dom de Deus enviado do céu para a humanidade, devemos simplesmente crer que o sacrifício de Jesus pelos nossos pecados foi suficiente para nos permitir a entrada na presença de Deus. Nós nos tornamos a casa de Deus quando recebemos Jesus como nosso Salvador e

Senhor. A partir dessa posição, pelo poder do Espírito Santo, Ele começa uma obra maravilhosa em nós.

A PALAVRA DE DEUS PARA VOCÊ HOJE: faça com que Deus se sinta em casa no seu coração.

16 de Abril

Vá a Deus Primeiro

Ele clamará a mim, e eu lhe darei resposta, e na adversidade estarei com ele; vou livrá-lo e cobri-lo de honra. (Salmos 91:15)

Certa vez, um dos meus familiares fez uma coisa que realmente me magoou, e me senti rejeitada por causa isso. Depois do acontecido, eu estava sentada no carro e senti tanta dor em minha alma que disse simplesmente: "Deus, preciso que o Senhor me console. Não quero me sentir assim. Não quero ficar amargurada ou desenvolver um ressentimento em meu coração. Já fui ferida por essa pessoa antes e não quero nem permitir que isso me incomode. Mas estou com dificuldade de lidar com isso e preciso da Sua ajuda".

Sabe o que aconteceu? Foi como se Deus estendesse a mão do céu e me tocasse, fazendo todos os meus sentimentos negativos desaparecerem! Quantas vezes, porém, em vez de nos voltarmos para Ele em oração, recorremos a outras pessoas, pensando erroneamente que dizer a elas o que aconteceu nos consolará. A verdade é que falar sobre alguma coisa que nos machuca só alimenta mais a dor nas nossas emoções e torna ainda mais difícil superarmos o fato. Temos a tendência de fazer tudo que estiver ao nosso alcance antes de nos voltarmos para Deus, mas nada muda a situação. Estaríamos muito melhor se a nossa primeira reação a toda emergência e a todo tipo de dor emocional fosse orar. Se dependermos totalmente de Deus, dizendo a Ele que precisamos Dele mais do que de qualquer outra pessoa ou coisa, viveremos reviravoltas tremendas em nossas vidas.

A PALAVRA DE DEUS PARA VOCÊ HOJE: deixe Deus ser aquele que lhe responde em primeiro lugar.

17 de Abril

Paz

E a paz de Deus, que excede todo o entendimento, guardará os seus corações e as suas mentes em Cristo Jesus. (Filipenses 4:7)

Escrevi diversos devocionais cujo tema principal era o fato de Deus guiar o Seu povo por meio da paz, mas quero mencionar esse princípio mais uma vez por causa da sua importância. As pessoas que fazem coisas sem sentir paz a respeito delas vivem uma vida infeliz e não têm êxito em nada. Precisamos seguir a paz.

O versículo de hoje nos garante que Deus nos guia pela paz. Se você estiver fazendo alguma coisa, como assistir televisão e, de repente, perde a paz com relação a isso, você ouviu Deus. A falta de paz nessa situação é Deus lhe dizendo: "Desligue isto. O que você está assistindo não é bom para você".

Se você perder a paz quando disser alguma coisa, Deus está falando com você. Pedir perdão imediatamente vai lhe poupar muitos problemas. Você pode dizer: "Sinto muito por ter dito isto. Foi um erro meu; por favor, me perdoe". Deus quer estar envolvido em todas as nossas decisões. Uma das maneiras pelas quais Ele nos diz como se sente a respeito do que estamos fazendo é nos dando paz como a Sua aprovação, ou retirando-a como a Sua reprovação.

Se não sentimos paz, então não estamos obedecendo a Deus, porque devemos deixar que a paz de Deus decida como um árbitro no nosso coração (ver Colossenses 3:15). Todas as vezes que perdemos a paz, devemos parar e ser sensíveis ao que Deus está nos dizendo. A paz serve como uma bússola no nosso coração, indicando a direção certa. É por isso que Deus diz na Bíblia: "Esforcem-se para viver em paz com todos e para serem santos; sem santidade ninguém verá o Senhor" (Hebreus 12:14).

A PALAVRA DE DEUS PARA VOCÊ HOJE: seguir a paz o manterá longe dos problemas.

18 DE ABRIL

Às Vezes, Você Apenas Fica de Pé

Todos os homens de Judá, com suas mulheres e seus olhos, até os de colo, estavam ali de pé, diante do Senhor. (2 CRÔNICAS 20:13)

Gosto do versículo de hoje de uma maneira especial, principalmente do fato de toda uma nação ter ficado de pé imóvel diante de Deus. Na economia de Deus, ficar de pé imóvel pela fé é ação. Não é uma ação física ou natural; é uma ação espiritual. Muitas vezes, em nossa vida, tomamos atitudes naturais e fazemos pouco ou nada espiritualmente. Mas quando nos disciplinamos para ficarmos quietos e esperarmos no Senhor, estamos nos envolvendo em uma atividade espiritual poderosa. Nossa disposição de ficarmos imóveis diz ao Senhor: "Vou esperar no Senhor até que algo a respeito desta situação seja feito. Enquanto isso, vou ficar em paz e desfrutar minha vida enquanto espero no Senhor".

O povo de Judá, que ficou de pé imóvel diante de Deus, tinha todos os motivos para tentar fazer alguma coisa — *qualquer coisa* menos ficar parado. Deparando-se com uma força avassaladora que descia sobre eles e que ameaçava destruir sua terra e escravizá-los, eles devem ter sido tentados a se revoltar ou pelo menos a se defender. Mas eles não fizeram isso. Simplesmente ficaram de pé imóveis, esperando em Deus, e Ele os libertou milagrosamente.

Esperar em Deus gera força (ver Isaías 40:31). Podemos precisar da força que adquirimos enquanto esperamos a fim de fazermos o que Deus irá nos instruir a fazer quando Ele nos der uma direção. Aqueles que esperam no Senhor ouvem a Sua voz, recebem respostas, obtêm direção e recebem força para obedecer ao que Ele lhes diz.

A PALAVRA DE DEUS PARA VOCÊ HOJE: ficar imóvel diante do Senhor é fé em ação.

19 DE ABRIL

A Qualquer Hora, Em Qualquer Lugar

Orai sem cessar. (1 TESSALONICENSES 5:17)

Podemos orar a qualquer hora, em qualquer lugar. As nossas instruções são "orar em todo o tempo, em toda ocasião, em todos os momentos" e "orar sem cessar", mas sabemos que não podemos passar o dia inteiro em um canto falando com Deus e ouvindo-o. Se fizéssemos isso, não poderíamos viver a nossa vida. Orar deve ser como respirar — algo constante e fácil; precisamos fazer da oração parte do nosso modo de viver. Na verdade, assim como a nossa vida física é sustentada pela respiração, a nossa vida espiritual deve ser mantida pela oração. Podemos orar em voz alta ou podemos orar em silêncio. Podemos orar sentados, de pé ou andando. Podemos falar com Deus e ouvi-lo enquanto estamos nos movimentando ou enquanto estamos parados. Podemos orar enquanto fazemos compras, esperamos por um compromisso, participamos de uma reunião de negócios, fazemos as tarefas domésticas, dirigimos ou tomamos banho. Podemos orar coisas do tipo: "Obrigado, Pai, por tudo que o Senhor está fazendo", ou "Deus, preciso da Sua ajuda", ou "Oh, Jesus, ajude aquela senhora que parece tão triste". Na verdade, essa maneira de encarar a oração é a vontade de Deus. Satanás quer que nós adiemos a oração, pois ele espera que por fim nos esqueçamos de orar. Mas eu encorajo você a orar imediatamente quando alguma coisa lhe vier ao coração, pois isso o ajudará você a ficar próximo de Deus o dia inteiro.

A PALAVRA DE DEUS PARA VOCÊ HOJE: faça da comunicação constante com Deus um hábito.

20 DE ABRIL

Um Relacionamento em Desenvolvimento

Mas a vereda dos justos é como a luz da aurora que vai brilhando mais e mais até ser dia perfeito. (PROVÉRBIOS 4:18)

Uma das melhores coisas sobre aprender a ouvir a voz de Deus é que ela é progressiva. Não é uma técnica que dominamos; é um relacionamento em desenvolvimento que desfrutamos. À medida que o relacionamento se desenvolve, aprendemos a nos comunicar com Ele com mais frequência, com mais profundidade e com mais eficácia; aprendemos a seguir o Espírito Santo mais de perto; aprendemos a orar com mais confiança; e aprendemos a ouvir a Sua voz com mais clareza.

Você já se sentiu feliz com o seu relacionamento com Deus, achando que ele estava indo bem por um tempo, e depois, sem motivo aparente, começou a se sentir inquieto, entediado, distraído ou insatisfeito? Você já sentiu uma irritação que lhe dizia que algo não estava bem na sua comunhão com Deus ou uma agitação que o impulsionava a fazer algo diferente? Na maior parte do tempo, quando você tem esse tipo de impressão, o Espírito Santo está tentando lhe dizer alguma coisa.

O seu homem interior (o seu espírito, a parte de você que tem comunhão com Deus) sabe quando algo não está certo na sua vida de oração, porque o Espírito Santo vive no seu espírito e lhe dirá quando alguma coisa precisar mudar no seu relacionamento com Deus. Você só precisa ser corajoso o suficiente para seguir o Espírito. Deus sabe que estamos prontos para mais e está nos impulsionando a entrar em um lugar mais profundo de comunhão com Ele e a ouvir a Sua voz. Deus está sempre em movimento e Ele quer que nos movamos com Ele, portanto nunca tenha medo de deixar uma maneira ou método de fazer alguma coisa para avançar em direção a algo novo.

A PALAVRA DE DEUS PARA VOCÊ HOJE: lembre-se disto: ouvir a voz de Deus não é uma questão de técnica; é uma questão de relacionamento.

21 de Abril

Nós Esperamos; Deus Fala

Desde os tempos antigos ninguém ouviu, nenhum ouvido percebeu, e olho nenhum viu outro Deus, além de ti, que trabalha para aqueles que nele esperam.

(Isaías 64:4)

O Espírito Santo nos conduzirá a proezas impressionantes na oração se simplesmente perguntarmos a Ele o que devemos orar, esperarmos que Ele nos responda, e depois obedecermos.

Não estaremos sendo sábios se dissermos que não temos tempo para esperar em Deus e permitir que Ele fale conosco e nos dirija enquanto oramos. Esperamos durante quarenta e cinco minutos por uma mesa em um restaurante, mas dizemos que não temos tempo para esperar em Deus. Quando esperamos em Deus, voltando o nosso coração para Ele em busca de direção, nós o honramos. Nossa disposição em esperar mostra a Deus que queremos a Sua vontade e que somos dependentes da Sua direção.

Na verdade, poupamos muito tempo quando voltamos o nosso coração para Deus e esperamos nele. Como o versículo de hoje diz, Deus age em favor daqueles que esperam nele. Comece suas orações dizendo simplesmente: "Eu Te amo, Deus, e espero no Senhor para ter direção nas minhas orações hoje". Depois comece a orar o que estiver no seu coração em vez de orar aquilo que está na sua mente ou na sua vontade. Recentemente eu estava orando para que alguém fizesse uma determinada coisa que eu sabia que essa pessoa precisava fazer, mas Deus me mostrou que eu precisava orar para que ela desenvolvesse disciplina, porque a falta de disciplina estava afetando muitas áreas de sua vida. Eu teria orado por uma área que vi, mas Deus via muito mais profundamente do que eu.

Em outra ocasião, estava orando por alguém com relação a um comportamento problemático que vi, mas Deus me mostrou que a raiz daquele problema era a rejeição a si mesmo e que eu precisava orar para que aquela pessoa soubesse o quanto Deus a amava. Você pode constatar que costumamos orar de acordo com o que vemos, mas Deus nos dirigirá a irmos mais fundo se esperarmos nele.

A PALAVRA DE DEUS PARA VOCÊ HOJE: o tempo gasto esperando em Deus nunca é desperdiçado.

22 de Abril

Orando as Orações de Deus

Assim como os céus são mais altos do que a terra, também os meus caminhos são mais altos do que os seus caminhos e os meus pensamentos mais altos do que os seus pensamentos. (Isaías 55:9)

Creio que uma das razões pelas quais às vezes não nos sentimos realizados na oração ou sentimos que não "terminamos" de orar sobre uma questão é porque passamos muito tempo apenas fazendo as nossas orações. Mas eu lhe digo que existe um caminho melhor, mais elevado e mais eficaz: orar as orações de Deus. Para ser sincera com você, se eu estiver fazendo a minha oração, posso orar por alguma coisa por quinze minutos e ainda sentir que a oração está inacabada; mas se eu estiver sendo dirigida pelo Espírito Santo e orando a oração de Deus, posso dizer duas frases e me sentir totalmente satisfeita.

Descobri que quando faço orações dirigidas pelo Espírito, elas geralmente são mais simples e mais curtas que as minhas. Elas são diretas, vão direto ao ponto. Sinto-me satisfeita porque a tarefa parece ter sido "cumprida" quando oro do jeito de Deus em vez de orar do meu jeito. Quando oramos da nossa maneira, geralmente nos concentramos em orar por coisas e circunstâncias carnais, mas se formos guiados por Deus nos surpreenderemos orando pelas coisas eternas como a pureza dos nossos pensamentos e motivos e por um relacionamento mais profundo com Deus. Peça a Deus para ensinar você a orar as orações Dele em vez das suas, e você terá muito mais prazer em orar.

A PALAVRA DE DEUS PARA VOCÊ HOJE: ore as orações de Deus, e não as suas orações.

23 de Abril

Os Pensamentos do Coração de Deus

Mas os planos do Senhor permanecem para sempre, os propósitos do seu coração, por todas as gerações. (Salmos 33:11)

Sei que você quer ouvir Deus diariamente e sinceramente acredito que isso é possível se você formar o hábito de dar ouvidos a Ele. O conselho de Deus tem estado disponível a todas as gerações, mas poucas pessoas separam tempo para ouvir. Esperar em Deus não significa que vamos nos sentar por horas tentando ouvi-lo, mas significa que reconhecemos que não podemos fazer nada certo sem

Ele. Não corremos na força da nossa carne, fazendo o que queremos fazer, mas pedimos a Ele que nos dirija.

Confio que quando peço a Deus para me dirigir, Ele o faz. Não ouço a voz audível de Deus me dizendo o que fazer durante cada hora do dia, mas tenho uma sensação em meu coração com relação à direção que devo seguir. Por exemplo, acordei esta manhã com um plano para o meu dia. Eu pretendia ficar em casa o dia inteiro embora nosso filho tivesse nos convidado para almoçar com ele e com sua família. Enquanto eu orava, comecei a sentir que o meu tempo com ele seria precioso e que eu precisava fazer aquilo. Deus mudou o meu coração e eu soube que o meu dia seria melhor se eu seguisse a direção Dele em vez de seguir o meu próprio plano.

Confie em Deus para dirigi-lo hoje e não seja teimoso em seguir o seu plano. Deus pode ter uma surpresa para você ou uma aventura que você não irá querer perder.

A PALAVRA DE DEUS PARA VOCÊ HOJE: se Deus mudar o seu coração, esteja disposto a mudar os seus planos.

24 DE ABRIL

Não Tema

Pois eu sou o Senhor, o seu Deus, que o segura pela mão direita e lhe diz: Não tema; eu o ajudarei. (ISAÍAS 41:13)

Às vezes encontramos resistência quando procuramos seguir o Espírito Santo, e muitas vezes essa oposição vem na forma de medo; não apenas medos grandes, como o medo de um desastre natural, ou de uma doença terrível, ou de alguma outra catástrofe, mas uma sensação perturbadora de ansiedade e inquietação em relação a coisas comuns e corriqueiras. O diabo tenta até mesmo fazer com que fiquemos com medo de orar com ousadia. Ele quer que nos aproximemos de Deus com medo e não com fé. Algumas pessoas vivem todos os dias com uma tendência oculta constante a sentirem pequenos medos, fazendo comentários do tipo: "Tenho medo de não chegar ao trabalho a tempo com este trânsito", ou "Tenho medo de queimar a carne assada", ou "Tenho medo que chova no sábado durante o jogo de futebol". Esses medos diários realmente são menores, mas ainda são medos e impedem que as pessoas tenham um estilo de vida em que ouçam a voz de Deus, mantendo-as focadas nas suas preocupações. Em vez de permitir que o inimigo nos roube com pequenas coisas e contamine nossa vida com estes medos inferiores e constantes, devemos orar e confiar em Deus.

O meu lema é: "Orar por tudo e não temer nada". Quando estamos desenvolvendo um estilo de vida de falar com Deus e ouvi-lo, precisamos resistir com determinação aos pequenos medos, hábitos e padrões de pensamento que não promovem ou apoiam a oração. O Espírito Santo quer nos ajudar a fazer isso, então precisamos pedir a Ele para nos conduzir para longe dos hábitos negativos e em direção a uma atitude positiva que nos mantém regularmente ligados a Deus em fé ao longo do dia. À medida que continuamos a permitir que o Espírito Santo nos conduza nesse caminho, nossas orações e a nossa capacidade de ouvir Deus se tornarão tão fáceis e habituais quanto respirar.

A PALAVRA DE DEUS PARA VOCÊ HOJE: ore por tudo, não tema nada.

25 DE ABRIL

Deus Responde às Orações do Justo

A oração fervorosa (sincera, contínua) de um justo disponibiliza um tremendo poder [dinâmica em operação]. (TIAGO 5:16, AMP)

Quando as pessoas têm problemas em sua vida de oração, elas costumam pensar que é porque são ímpias e injustas, então tentam se comportar melhor, esperando que assim suas orações sejam atendidas.

A verdade é que se nascemos de novo, somos justos. Talvez não façamos tudo certo; mas somos 100 por cento justos por meio de Cristo.

2 Coríntios 5:21 nos diz: "Deus tornou pecado por nós aquele que não tinha pecado, para que nele nos tornássemos justiça de Deus". Há uma diferença entre justiça e comportamento "correto". A justiça descreve a nossa posição — ou condição — diante de Deus *por causa do sangue de Jesus.* Não podemos nos fazer justos; só o sangue de Jesus nos torna justos, como se nunca tivéssemos pecado. Deus nos vê como justos embora ainda cometamos erros. E porque Ele nos vê como justos, temos o direito dado por Deus de orar e esperar que Deus nos ouça e nos responda. Faça sempre o melhor que puder para se comportar adequadamente e faça isso porque você ama a Deus, mas lembre-se de que Ele ouve e responde às suas orações porque Ele é bom, e não porque você é bom.

A PALAVRA DE DEUS PARA VOCÊ HOJE: você foi justificado pela graça de Deus.

26 de Abril

A Oração Não Precisa Ser Longa para Ser Poderosa

E quando orarem, não quem sempre repetindo a mesma coisa, como fazem os pagãos. Eles pensam que por muito falarem serão ouvidos. Não sejam iguais a eles, porque o seu Pai sabe do que vocês precisam, antes mesmo de o pedirem.

(Mateus 6:7-8)

Talvez a maior mentira que Satanás conte às pessoas sobre a oração é que ela precisa demorar muito. Ele vai fazer você pensar que precisa orar por horas até ter orado de verdade, mas sei, com base na Palavra de Deus e na minha experiência pessoal, que a oração não precisa ser longa para ser poderosa. Ela também não precisa ser curta para ser poderosa. Na verdade, o tamanho das nossas orações realmente não faz diferença para Deus. Tudo que importa é que elas sejam dirigidas pelo Espírito, tenham sinceridade e estejam acompanhadas de uma fé verdadeira.

Acredito que podemos ficar tão emaranhados com *as palavras* enquanto oramos que começamos a perder *o poder* das nossas orações. Quero enfatizar novamente que com certeza não há nada de errado em orar por um período prolongado. Como afirmei anteriormente, acredito que todos nós deveríamos separar momentos para termos uma comunhão prolongada com Deus em oração e que a nossa disposição ou falta de disposição de passar tempo com Deus determina o nosso grau de intimidade com Ele. Mas não acredito que precisamos nos esforçar para permanecer certo número de horas tentando falar com Deus e ouvi-lo sem a direção do Espírito Santo, por uma questão de obrigação ou como uma obra da carne. Se os problemas da nossa vida realmente exigem que oremos por um longo tempo e que demoremos mais tempo para ouvir a voz de Deus, precisamos investir o tempo necessário, mas não temos de fazer orações prolongadas apenas para cumprirmos um horário.

A PALAVRA DE DEUS PARA VOCÊ HOJE: que a sua oração seja dirigida pelo Espírito, venha do fundo do seu coração, e seja feita com uma fé verdadeira.

27 de Abril

Seja Humilde Quando Deus Falar

A este eu estimo: ao humilde e contrito de espírito, que treme diante da minha palavra. (Isaías 66:2)

Quando ouvimos Deus, temos a opção de responder com humildade e confiança ou endurecer nossos corações e ignorá-lo. Infelizmente, quando algumas pessoas não conseguem o que querem ou quando passam por provações e testes, elas endurecem o coração.

Foi exatamente isto que aconteceu com os israelitas quando eles estavam fazendo a viagem pelo deserto. Deus tinha grandes coisas planejadas para eles, mas Ele os testou primeiro para ver se iam realmente crer nele. Ele os conduziu pelo caminho longo e difícil de propósito — para ver se eles iriam guardar os Seus mandamentos ou não. Na Sua Palavra, Ele nos diz para não endurecermos os nossos corações como eles (ver Hebreus 3:7-8). Os seus problemas os tornaram amargos em vez de melhores; eles endureceram o coração e não quiseram aprender os caminhos de Deus. Tiveram muitas atitudes erradas e foram impedidos de progredir porque se recusaram a confiar em Deus.

Não permita que o seu coração se endureça durante os tempos de dificuldade. As pessoas que têm o coração duro são rebeldes e recusam a correção. Elas têm dificuldade em ouvir a Deus, e têm dificuldade nos relacionamentos. Não estão dispostas a ver o ponto de vista dos outros; não entendem as necessidades dos outros e geralmente não se importam com elas. Elas são egocêntricas e incapazes de serem movidas pela compaixão. Busquemos a Deus com determinação para amaciar o nosso coração e nos ajudar a sermos ternos e sensíveis ao Seu toque e à Sua voz.

A PALAVRA DE DEUS PARA VOCÊ HOJE: quando as coisas não funcionarem da maneira que você deseja, confie em Deus e mantenha uma atitude positiva.

28 DE ABRIL

Deus Fala para Nos Corrigir

Pois o Senhor disciplina a quem ama, e castiga todo aquele a quem aceita como filho. (HEBREUS 12:6)

Todos nós precisamos ser corrigidos às vezes e acredito que o desejo de Deus é falar conosco e Ele mesmo fazer a correção antes de usar outras pessoas ou situações para nos corrigir. A correção é uma das coisas mais difíceis de receber, principalmente quando ela vem através de outros, então Deus prefere primeiro nos ajudar a lidar com os assuntos em particular. Mas, se não sabemos como deixar que Ele nos corrija em particular ou não queremos receber a correção, Ele pode nos corrigir de uma maneira mais pública. Certa vez, estávamos ministrando em um país estrangeiro. Eu estava em um restaurante tentando comunicar ao garçom o que eu queria comer, mas ele não falava muito bem o inglês e eu não falava nem um pouco do idioma dele. A frustração logo ficou evidente na minha atitude e no meu tom de voz. Eu estava me portando mal na frente de pessoas que sabiam que eu estava naquele país para ministrar e, é claro, o meu exemplo era importante para elas.

Eu sabia que havia me portado mal, mas Deus queria que eu *realmente* soubesse disso, então quando Dave e eu voltamos ao nosso quarto de hotel, Dave mencionou o incidente e disse que eu não havia dado um bom exemplo para os outros.

Eu sabia que Dave estava certo e também sabia que Deus o estava usando para ter certeza de que eu havia percebido o quanto o meu comportamento era importante. Em uma situação como essa, geralmente minha tendência seria apontar o fato de que Dave havia agido da mesma forma anteriormente, mas se eu tivesse feito isso, não teria recebido realmente a palavra de correção e então Deus teria de me corrigir de alguma outra forma — talvez de uma maneira que teria sido mais constrangedora ou dolorosa.

Comece a orar e peça a Deus para ajudá-lo a receber a correção Dele e ajudá-lo a reconhecer quando Ele o estiver corrigindo através de outros, sabendo que é sempre para o seu bem.

A PALAVRA DE DEUS PARA VOCÊ HOJE: não resista à correção de Deus.

29 DE ABRIL

Poder Para a Sua Vida

Uma vez Deus falou, duas vezes eu ouvi, que o poder pertence a Deus.
(SALMOS 62:11)

Creio que a oração — simplesmente falar com Deus e ouvi-lo falar conosco — é um dos maiores poderes disponíveis em todo o universo. Esta é uma afirmação ousada, em face das outras espécies de poder que estão disponíveis hoje, mas estou convencida sem a menor dúvida de que é verdade. Quando pensamos no poder nuclear ou no poder atômico, pensamos em forças maiores do que podemos imaginar. Quando pensamos em um automóvel ou uma motocicleta, entendemos que eles têm poder.

Mas até o maior poder terreno não é nada comparado ao poder de Deus. O poder que conhecemos no mundo físico é natural, mas o poder da oração é espiritual. A oração libera o poder do Deus Todo-poderoso na nossa vida diária e o poder da oração nos conecta com o poder de Deus — e é por isso que ela é uma força maior que qualquer outra.

O poder da oração pode mover a mão de Deus. Deus pode mudar o coração de um indivíduo, libertar uma pessoa do cativeiro e do tormento, subverter decepções e devastações, quebrar o poder de um vício ou curar as emoções de uma pessoa. O poder de Deus pode restaurar um casamento, transmitir uma sensação de valor e de propósito, gerar paz e alegria, conceder sabedoria e operar milagres. E o magnífico e tremendo poder de Deus — o maior poder do universo — é liberado em nossas vidas através da simples oração de fé.

A PALAVRA DE DEUS PARA VOCÊ HOJE: use a oração para liberar o poder de Deus em sua vida.

30 DE ABRIL

Deus Fala Sabiamente

Se algum de vocês tem falta de sabedoria, peça-a a Deus, que a todos dá livremente, de boa vontade; e lhe será concedida. (TIAGO 1:5)

Um motivo pelo qual ouvir a voz de Deus é algo tão poderoso é porque libera a sabedoria de Deus sobre uma situação — e a sabedoria de Deus pode transformar as coisas completamente. Quando a sabedoria de Deus entra em uma circunstância — quer seja uma decisão, um relacionamento, uma questão financeira, uma crise de saúde, um assunto profissional, uma questão pessoal ou uma escolha que possa afetar o curso da sua vida nos anos futuros — ela lhe dará uma percepção e uma direção que você provavelmente nunca teria alcançado por si só. A sabedoria de Deus pode poupar seu dinheiro, seu tempo, sua energia e pode até mesmo salvar sua vida. Isso pode resultar em bênçãos que você nunca imaginou; ela pode lhe conceder graça onde você um dia foi desprezado; ela pode curar a divisão entre pessoas; e pode trazer restauração completa a uma devastação total. A sabedoria de Deus pode torná-lo muito mais inteligente do que você naturalmente é e pode conduzir a coisas maravilhosas!

O versículo de hoje diz que Deus nos dá sabedoria, mas o que significa ser sábio? Simplificando, as pessoas sábias tomam decisões agora com as quais elas ficarão felizes mais tarde. As pessoas que não são sábias, por outro lado, fazem o que parece bom agora e quase sempre acabam infelizes com suas escolhas. As pessoas que não são sábias agem com base nas emoções em vez de pedirem a Deus a Sua sabedoria — e elas geralmente lamentam as decisões impulsivas e emocionais que resultam disso. As pessoas sábias, ao contrário, olham para trás para uma determinada situação e se maravilham com a graça e a direção que Deus lhes deu quando buscaram por Ele. Elas entendem que foram incrivelmente abençoadas por Deus enquanto colhem os frutos de suas escolhas sábias. Quando você buscar a Deus hoje, peça a Ele a Sua sabedoria.

A PALAVRA DE DEUS PARA VOCÊ HOJE: tome decisões agora que o façam feliz mais tarde.

1 DE MAIO

Deus Fala Através dos Dons e Habilidades

Em seu coração o homem planeja o seu caminho, mas o Senhor determina os seus passos. (PROVÉRBIOS 16:9)

As pessoas muitas vezes se perguntam: *O que devo fazer com a minha vida? Qual é o propósito de estar vivo? Será que Deus tem um plano para mim?* Uma maneira pela qual Deus responde a essas perguntas é através dos dons e habilidades naturais. Ele nos leva a entender o nosso propósito através das capacidades e talentos que nos dá.

Um talento dado por Deus ou o que costumamos chamar de "dom", é algo que podemos fazer com facilidade, algo que vem naturalmente. Por exemplo, muitos grandes artistas sabem como juntar formas e cores, então eles gostam de pintar, esculpir ou projetar prédios. Muitos compositores ouvem música na sua cabeça e simplesmente escrevem estas melodias e/ou letras para criar uma linda música. Algumas pessoas têm habilidades naturais para organização ou administração, ao passo que outras são dotadas com qualidades de conselheiras, ajudando as pessoas a tratar de suas vidas e relacionamentos. Independentemente de quais sejam os nossos talentos, temos grande prazer em fazer o que naturalmente fazemos bem.

Se você não tem certeza do seu propósito na vida, apenas faça aquilo que você sabe fazer bem e depois veja Deus confirmar as suas escolhas, abençoando os seus empreendimentos. Não passe a vida tentando fazer o que você não foi dotado para fazer. Quando as pessoas trabalham em funções para as quais não foram capacitadas, elas ficam infelizes — assim como todos que as cercam. Mas quando as pessoas estão nos seus lugares certos, elas se sobressaem nos seus empregos e são uma bênção para seus empregadores e colegas de trabalho.

Se fizermos o que somos bons em fazer, sentiremos a unção (a presença e o poder) de Deus sobre os nossos esforços. Saberemos que estamos atuando nos nossos dons e que fazer isso honra a Deus e ministra à vida dos outros. Deus fala conosco através dessa unção, nos dando paz e alegria para sabermos que estamos cumprindo o Seu plano para nossa vida.

A PALAVRA DE DEUS PARA VOCÊ HOJE: faça aquilo que você sabe fazer bem — esse é o dom de Deus para você.

2 DE MAIO

Confesse e Ore

Confessem os seus pecados uns aos outros e orem uns pelos outros para serem curados. (TIAGO 5:16)

O pecado nos separa de Deus. Ele faz com que nos sintamos longe do Senhor; ele pode fazer com que desejemos nos esconder de Deus ou não queiramos falar com Ele; e ele pode nos impedir de ouvir a Sua voz. Quando sabemos que pecamos, precisamos pedir o perdão de Deus e depois recebê-lo, porque Ele promete nos perdoar quando nos arrependemos. As coisas ocultas podem ter poder sobre nós, por isso há vezes em que é muito útil confessar os nossos pecados a outras pessoas, de acordo com o versículo de hoje.

Confessar as nossas falhas a alguém e pedir oração exige antes de qualquer coisa que encontremos alguém em quem realmente confiamos, e em segundo lugar que estejamos dispostos a colocar de lado o nosso orgulho e compartilhar com humildade as nossas dificuldades. Se você acha isso desafiador, peça a Deus para ajudá-lo a crescer em humildade porque os resultados são surpreendentes se você encontrar um amigo em quem possa confiar e compartilhar com essa pessoa: "Estou tendo dificuldade nesta área e quero ser livre. Estou sofrendo e preciso que você ore por mim".

Lembro-me de certa vez ter tido uma verdadeira dificuldade por sentir inveja de uma amiga. Eu havia orado, mas ainda estava sendo atormentada pela inveja, então confessei a Dave e pedi a ele que orasse por mim. Trazer aquilo à tona quebrou o poder daquele pecado sobre mim e fui liberta dele. Vá sempre a Deus em primeiro lugar, mas se você precisar da ajuda de um amigo ou de um líder espiritual, não deixe que o orgulho se interponha no seu caminho.

A PALAVRA DE DEUS PARA VOCÊ HOJE: não deixe que o orgulho o impeça de confessar aos outros quando você precisar fazer isso.

3 DE MAIO

Amigo de Deus

Já não os chamo servos... Eu os tenho chamado amigos. (João 15:15)

Em Gênesis 18:17, Deus chamou Abraão de Seu amigo e depois compartilhou com ele Seu plano de destruir Sodoma e Gomorra. Assim como compartilhou Suas intenções com Abraão, Deus compartilhará coisas com você — Seu coração, Seus desejos, Seus propósitos, Seus planos — como faz um amigo. Ele lhe dará entendimento e percepção do que está acontecendo na sua vida e lhe dirá o que fazer a respeito. Ele o guiará e o ajudará a estar preparado para o futuro. Como amigo de Deus, você não tem de ser pego de surpresa pelas circunstâncias. Você pode estar informado e pronto — porque você é amigo de Deus e ouve a Sua voz. Ele pode não lhe revelar tudo que você gostaria de saber exatamente quando você gostaria de saber, mas Ele o guiará e lhe dará força à medida que você confiar nele com paciência.

Talvez você esteja se perguntando: "Como posso me tornar amigo de Deus?" De acordo com o versículo de hoje, você já é. Neste versículo, Jesus disse aos Seus discípulos: "Eu os tenho chamado amigos". Se você é um seguidor de Jesus, é um discípulo dos dias modernos e é amigo Dele. Como acontece com qualquer amizade, você pode ser um conhecido casual ou um amigo íntimo e chegado. Sua amizade com Deus cresce e se desenvolve, assim como a sua amizade com as outras pessoas cresce e se desenvolve. Assim como uma amizade natural requer tempo e energia para se desenvolver, o mesmo acontece com o seu relacionamento com Deus.

Eu o encorajo a investir tempo e energia no seu relacionamento com Deus hoje, dando a sua atenção a Ele ao ler e meditar na Sua Palavra e falar com Ele, ouvindo-o como Seu amigo.

A PALAVRA DE DEUS PARA VOCÊ HOJE: abra espaço na sua agenda para investir tempo e energia no seu relacionamento com Deus.

4 DE MAIO

Administrando as Crises

...sei muito bem que as coisas serão melhores para os que temem a Deus, para os que mostram respeito diante dele. (Eclesiastes 8:12)

Deus me ensinou algumas lições preciosas sobre administrar crises. Jesus disse: "Vinde a Mim" (Mateus 11:28); Ele não disse: "Corra para o telefone e ligue para três amigos quando tiver uma emergência". Não sou contra pedir às pessoas que orem por nós, mas se corrermos para as pessoas, não teremos a cura; encontraremos apenas um *band-aid*.

Enfrentamos muitos desafios e crises na vida. Às vezes as crises são maiores; às vezes são menores. Para evitar viver em um constante estado de emergência, o Senhor me deu o entendimento de que eu deveria buscá-lo continuamente ou diligentemente. Eu costumava procurar ter um tempo com Deus de vez em quando ou quando a minha vida estava com grandes problemas. Finalmente, aprendi que se eu quisesse sair do modo de crise, eu precisava buscar a Deus como se necessitasse desesperadamente Dele o tempo todo — durante os tempos de dificuldade e durante os momentos de grande bênção.

Muitas vezes damos pouca prioridade a Deus quando as coisas estão indo bem para nós. Mas observei que se o único momento em que buscamos a Deus é quando estamos desesperados, Ele irá nos manter em situações desesperadoras, a fim de nos manter em comunhão com Ele.

Deus sempre nos salvará e nos ajudará quando formos até Ele. Mas se quisermos ficar em um lugar de constante paz e vitória, precisamos buscá-lo diligentemente em todo o tempo, como o versículo de hoje nos estimula a fazer.

A PALAVRA DE DEUS PARA VOCÊ HOJE: administre bem as crises permanecendo em comunhão com Deus em todo o tempo.

5 DE MAIO

Você Está Realmente Confiando em Deus?

Meus amados irmãos, mantenham-se firmes, e que nada os abale. Sejam sempre dedicados à obra do Senhor. (1 CORÍNTIOS 15:58)

A capacidade de ser firme indica confiança no Senhor. Pense nisto: se eu dissesse "Estou confiando no Senhor", mas depois ficasse ansiosa e angustiada, então na verdade não estaria confiando em Deus. Se eu dissesse "Estou confiando em Deus", mas depois caísse em depressão e desespero, então não estaria realmente confiando em Deus. Se eu digo que confio em Deus e me preocupo ou perco a minha alegria, então não confio realmente em Deus. Quando realmente confiamos em Deus, somos capazes de entrar no Seu descanso e permitir que o nosso coração se tranquilize em um lugar de confiança inabalável nele. O inimigo não irá embora completamente, mas ele se tornará mais uma chateação do que um grande problema para nós.

Enquanto estivermos na Terra, fazendo o nosso melhor para amar e servir a Deus, o inimigo estará perambulando ao nosso redor. Parte do projeto de Deus para o nosso crescimento espiritual inclui desenvolver músculos espirituais à medida que aprendemos a resistir ao inimigo. O apóstolo Paulo entendeu isto bem, por isso não orava para que as pessoas nunca tivessem problemas; ele orava para que tivessem perseverança, para que permanecessem firmes e inabaláveis, confiando *realmente* no Senhor. Deus quer que você entre no Seu descanso e Ele irá trabalhar em seu favor.

A PALAVRA DE DEUS PARA VOCÊ HOJE: confie *realmente* no Senhor.

6 de Maio

Orem em Todas as Ocasiões

Orem no Espírito em todas as ocasiões, com toda oração e súplica. (Efésios 6:18)

No versículo de hoje, Paulo está dizendo basicamente que devemos orar em todas as circunstâncias, seguindo a direção do Espírito Santo e usando diferentes tipos de orações em diferentes situações. Mas como podemos "orar em todas as ocasiões", de acordo com o que a Bíblia nos instrui? Fazemos isso mantendo uma atitude de gratidão e de total dependência de Deus enquanto tratamos da nossa vida diária, elevando o nosso pensamento até Ele enquanto fazemos todas as coisas que temos de fazer e ouvindo a Sua voz em todas as situações. Acredito que Deus realmente deseja que vivamos um estilo de vida de oração, e que Ele quer nos ajudar a parar de pensar na oração como um acontecimento e a começar a vê-la como um modo de vida, como uma atividade interna que consolida tudo o mais que fazemos. Ele quer que falemos com Ele e que o ouçamos continuamente — que oremos abrindo caminho durante todo o nosso dia com o nosso coração ligado ao Dele e os nossos ouvidos sintonizados à Sua voz.

Muitas vezes ouvimos sobre uma necessidade de oração ou pensamos em uma situação e dizemos a nós mesmos: *Preciso orar a respeito disto mais tarde, quando for orar.* Esse pensamento é uma tática evasiva do inimigo. Por que não orar exatamente naquele instante? Não oramos imediatamente por causa da mentalidade errada que temos a respeito da oração. Seria fácil se simplesmente seguíssemos o nosso coração, mas Satanás quer complicar a oração. Ele quer que a adiemos esperando que nos esqueçamos totalmente do assunto. Orar quando sentimos o desejo ou a necessidade de orar é simples, e é a forma de orarmos continuamente e de ficarmos ligados em Deus em todas as situações ao longo do dia.

A PALAVRA DE DEUS PARA VOCÊ HOJE: não deixe para falar com Deus depois.

7 de Maio

Nem Só de Pão

Nem só de pão viverá o homem, mas de toda palavra que procede da boca do Senhor. (Deuteronômio 8:3)

Durante os anos em que o meu ministério não crescia como eu queria, fiquei frustrada e insatisfeita. Eu orava, jejuava e tentava tudo que podia para conseguir que mais pessoas fossem às minhas conferências.

Lembro-me de reclamar e de ficar angustiada com frequência quando Deus não me dava o crescimento que eu queria. Deus muitas vezes me testava permitindo que a audiência e o entusiasmo das pessoas fossem inferiores ao que eu desejava. Quando saía dessas reuniões, eu questionava: "O que estou fazendo de errado, Deus? Por que o Senhor não está me abençoando? Estou jejuando; estou orando. Estou me doando e acreditando, e o Senhor não está se movendo em meu favor!" Ficava tão frustrada que achava que ia explodir. Eu perguntava: "Deus, por que o Senhor não está respondendo às minhas orações?".

Ele falou comigo e disse: "Joyce, estou lhe ensinando que nem só de pão vive o homem". Ele havia dito essas mesmas palavras aos israelitas enquanto eles viajavam pelo deserto em direção à Terra Prometida em um ritmo muito mais lento do que esperavam. Ele lhes disse que aquela situação tinha o objetivo de humilhá-los, de testá-los e de prová-los a fim de lhes ensinar que nem só de pão vive o homem, mas da palavra de Deus. Não gostava de pensar que Deus estava me humilhando e me testando, mas entendi o que Ele estava falando ao me dizer "nem só de pão viverá o homem"; Ele queria que os meus desejos fossem simplesmente por mais Dele e não por mais de qualquer outra coisa. O meu ministério cresceu no devido tempo, mas só depois que Deus ocupou o primeiro lugar em minha vida. Quando você puder se satisfazer somente com Deus, então, Ele poderá lhe dar as outras coisas que você gostaria de ter. Ele é o nosso verdadeiro pão da vida e o verdadeiro alimento para as nossas almas.

A PALAVRA DE DEUS PARA VOCÊ HOJE: recuse-se a viver só de pão; deseje Deus mais do que qualquer outra coisa.

8 de Maio

Você Não Precisa Orar com Perfeição

Ele vive para sempre para interceder a Deus por eles. (Hebreus 7:25)

Gostaria de compartilhar com você uma verdade que realmente me encorajou no meu relacionamento com Deus. Como muitas pessoas, parecia que por mais que eu orasse tinha um sentimento de que alguma coisa não estava certa com a minha oração, então por fim um dia perguntei ao Senhor: "Por que me sinto assim? Estou orando todos os dias e estou passado um bom tempo em oração. Por que quando chego ao fim do meu tempo de oração, sinto-me tão insatisfeita, como se não tivesse conseguido chegar até o Senhor?" Deus me respondeu e disse: "Você acha que não está fazendo uma oração perfeita. Você tem dúvidas acerca de si mesma e isso faz com que você duvide do poder das suas orações".

Percebi que era verdade; eu sentia que não era tudo que deveria ser. Tinha sempre um medo que me incomodava e que fazia com que eu dissesse a mim mesma: "Não estou orando com fé suficiente, ou não estou orando por tempo suficiente, ou não estou falando com Deus sobre as coisas certas".

Deus me libertou desse medo e dúvida quando me disse: "Sabe de uma coisa, Joyce? Você está certa. Você não está fazendo orações perfeitas. Você não é perfeita, é por isso que você tem Jesus como seu intercessor e é por isso que você ora no nome Dele".

Talvez você sinta que não faz as orações "certas" também, mas anime-se. Quando as suas orações chegam a Deus, Ele ouve orações perfeitas porque você orou em nome de Jesus, e não no seu próprio nome. Quando oramos no nome de Jesus apresentamos a Deus tudo que Jesus é, e não o que nós somos; portanto, as nossas orações são aceitas por Deus.

A PALAVRA DE DEUS PARA VOCÊ HOJE: deixe Jesus fazer orações perfeitas para você.

9 de Maio

Frustre o Inimigo

Meus irmãos, considerem motivo de grande alegria o fato de passarem por diversas provações e tentações. Tenham certeza de que o teste e a prova da sua fé geram resistência, firmeza e paciência (Tiago 1:2-3, AMP).

Um dos erros que muitos cristãos cometem é que, quando as provações vêm, eles oram para que os seus problemas parem. Creio que, em vez disso, devemos orar pedindo força e paciência; precisamos pedir a Deus que nos torne inabaláveis. Se o inimigo está apontando as suas maiores armas para nós — fazendo tudo que pode para nos angustiar, arruinar nossos negócios, destruir nossa família ou roubar a nossa paz — e nós permanecermos firmes e pacientes, ele ficará extremamente frustrado e será por fim derrotado, porque não estamos cooperando com ele.

Filipenses 1:28 diz: "Sem de forma alguma deixar-se intimidar por aqueles que se opõem a vocês. Para eles isso é sinal de destruição, mas para vocês de salvação, e isso da parte de Deus". Esse versículo nos encoraja a não nos assustarmos nem ficarmos intimidados quando o diabo se levantar contra nós, mas a permanecermos firmes. Quando fazemos isso, não apenas demonstramos ao diabo que ele não pode nos manipular, como também demonstramos ao Senhor que temos fé nele. O fato de nossas atitudes afirmarem a nossa confiança nele é o sinal de Deus para liberar o Seu poder sobre as situações que nos afligem e nos livrar. Creio que Deus quer que você o ouça lhe dizendo para permanecer firme e não ter medo.

A PALAVRA DE DEUS PARA VOCÊ HOJE: deixe que a sua confiança em Deus seja tão firme a ponto de frustrar o inimigo.

10 DE MAIO

Um Novo Coração

Darei a vocês um coração novo e porei um espírito novo em vocês; tirarei de vocês o coração de pedra e lhes darei um coração de carne. Porei o meu Espírito em vocês e os levarei a agirem segundo os meus decretos e a obedecerem fielmente às minhas leis. (EZEQUIEL 36:26-27)

Os versículos de hoje contêm uma promessa que Deus fez há milhares de anos, uma promessa de que chegaria um dia em que Ele daria às pessoas um coração novo e colocaria o Seu Espírito nelas. Quando Deus disse estas palavras, as pessoas estavam vivendo sob a Velha Aliança, o tempo antes do nascimento, da morte e da ressurreição de Jesus. Sob essa Velha Aliança, o Espírito Santo estava com as pessoas e vinha sobre elas com propósitos especiais, mas Ele não vivia no coração delas.

Você e eu estamos vivendo na Nova Aliança, o tempo sobre o qual Deus estava falando através do profeta Ezequiel quando Ele prometeu enviar o Seu Espírito para viver dentro de nós. Ninguém poderia nascer de novo e se tornar o lugar de habitação do Espírito de Deus até Jesus morrer e ressuscitar dentre os mortos. Agora que Ele veio, podemos recebê-lo como Senhor e Salvador e podemos receber o Espírito Santo em nossos corações. Quando vive em nós, Ele pode falar conosco, nos capacitar a ouvir a Sua voz e nos dar o poder para obedecer ao que Ele nos diz.

Eu o encorajo a meditar na tremenda bênção de ser escolhido como casa de Deus. Isso significa que você e Deus estão muito próximos e que você pode esperar desfrutar uma maravilhosa comunhão com Ele.

A PALAVRA DE DEUS PARA VOCÊ HOJE: você está muito próximo de Deus.

11 DE MAIO

A Fé é Ativa

Os apóstolos disseram ao Senhor: "Aumenta a nossa fé!" (LUCAS 17:5)

Muitas pessoas, talvez até você, oram para ter uma "grande fé", mas ela não vem apenas por meio da oração. Uma grande fé é construída pouco a pouco à medida que obedecemos ao que Deus nos pediu para fazer. Ele pode até nos pedir para fazer coisas sobre as quais não temos nenhuma experiência ou que talvez não entendamos totalmente, mas à medida que nos levantamos para agir, experimentamos a fidelidade de Deus e a nossa fé aumenta.

Em certos momentos Deus dá às pessoas o dom da fé para uma determinada situação em suas vidas, mas normalmente a fé se torna maior por meio da experiência. A nossa fé se torna mais profunda, mais forte e maior à medida que a exercitamos.

No versículo de hoje, os discípulos pediram a Jesus para aumentar a fé deles. Ele respondeu dizendo-lhes em Lucas 17:6 que eles precisavam agir com base na sua fé para que ela aumentasse. O mesmo acontece conosco hoje. Uma maneira de demonstrarmos fé é fazendo coisas; fé geralmente requer ação. Certamente, há momentos em que Deus quer que esperemos Sua ação em nosso favor, mas há outros momentos nos quais precisamos provar que temos fé fazendo alguma coisa. Quando queremos crescer em fé, precisamos estar dispostos a aguardar com esperança ou a entrar em ação de acordo com a Palavra de Deus para nós, mas a nossa fé não aumentará enquanto não fizermos nada.

A PALAVRA DE DEUS PARA VOCÊ HOJE: aja de uma forma que demonstre a sua fé.

12 de Maio

As Estações Mudam

Ele muda as épocas e as estações. (Daniel 2:21)

Anos atrás, eu tinha um bom emprego como parte da equipe de uma igreja. Tinha um ministério próspero, um salário regular e muitas oportunidades de fazer o que eu amava e me sentia chamada para fazer. Então, chegou um tempo em que Deus falou comigo sobre deixar aquele emprego e assumir o ministério "em direção ao norte, ao sul, ao leste e ao oeste". Eu ouvi o Senhor dizer: "Este período de sua vida está encerrado; meus planos para você neste lugar chegaram ao fim".

Em meu coração, eu sabia que Deus havia falado. Entretanto, sentia um misto de entusiasmo e medo de começar o meu próprio ministério. Eu queria me aventurar além do que conhecera até aquele ponto, mas tinha medo de cometer um erro e perder o que tinha. Eu queria ver o que Deus iria fazer, mas tinha medo de dar um passo tão grande em direção a um território desconhecido.

Às vezes Deus dá alguma coisa por encerrada, mas nós continuamos nos agarrando a ela. O meu espírito queria se levantar por fé, mas a minha carne queria ficar. Eu tinha muita segurança na posição que Deus estava me chamando para deixar, e não queria abrir mão dela. Mas, finalmente, obedeci a Ele e hoje desfruto de um ministério que está no mundo inteiro. Lembre-se de que Deus muda as coisas e quando Ele faz isso, precisamos estar dispostos a seguir o Seu chamado.

A PALAVRA DE DEUS PARA VOCÊ HOJE: procure ouvir a voz de Deus para conduzi-lo quando você precisar fazer mudanças em sua vida.

13 de Maio

Espere Coisas Grandes da Parte de Deus

Àquele que é capaz de fazer infinitamente mais do que tudo o que pedimos ou pensamos. (Efésios 3:20)

Algumas pessoas têm tanto medo de receber más notícias que nunca pensam em orar por boas notícias! Essa não é uma atitude que vem de Deus. Se quisermos ouvir a voz de Deus e ver o Seu poder liberado em nossa vida, precisamos ter atitudes que o agradem. Precisamos ter expectativas positivas em vez de negativas. A nossa visão básica da vida precisa ser cheia de fé e esperança e boas expectativas, porque a Bíblia diz que sem fé é impossível agradar a Deus (ver

Hebreus 11:6) e essa esperança nunca nos decepcionará (ver Romanos 5:5). Não há nada de negativo a respeito de Deus; não há nada nele ou nos Seus atos que possa um dia nos decepcionar; tudo que Ele faz é para o nosso bem — então é isso que devemos esperar quando oramos. Não devemos orar e depois *nos perguntarmos* se Deus vai fazer alguma coisa; devemos orar *esperando* que Deus faça ainda mais do que pedimos.

O versículo de hoje diz que Deus pode fazer "infinitamente mais do que tudo" que poderíamos ousar pedir ou até *pensar* em pedir e *infinitamente além* de todas as nossas maiores orações, desejos, pensamentos, esperanças ou sonhos. Ora, isso é impressionante — e deveria nos dar toda a confiança que precisamos para orar com esperança. Eu, pessoalmente, preferiria fazer grandes orações com grandes expectativas e receber a metade do que pedi do que fazer pequenas orações fracas sem nenhuma fé e receber tudo!

A PALAVRA DE DEUS PARA VOCÊ HOJE: espere grandes coisas da parte de Deus.

14 DE MAIO

Deus Encontrará Você

Mas o Senhor protege aqueles que o temem, e os que firmam a esperança no seu amor. (SALMOS 33:18)

Lembro-me de um tempo em que eu estava tentando com muito esforço ouvir Deus e tinha muito medo de cometer um erro. Naquela época, eu estava apenas começando a ouvir a voz de Deus. Ser dirigida pelo Espírito era algo novo para mim, e eu sentia medo porque não tinha experiência suficiente em ouvir Deus para saber se eu estava realmente ouvindo ou não. Eu não entendia que Deus redime os nossos erros se o nosso coração for reto.

Ele estava falando comigo e tentando fazer com que eu me levantasse pela fé e fizesse alguma coisa, mas eu ficava dizendo: "Pai, e se eu errar? E se eu não estiver realmente ouvindo o Senhor e fizer a coisa errada? Estou apavorada com medo de não o encontrar, Deus!".

Ele falou comigo e disse simplesmente: "Joyce, não se preocupe. Se você não me achar, eu a encontrarei". Essas palavras me deram a coragem para fazer o que Deus estava me chamando para fazer e trouxeram uma grande paz ao meu coração. Elas me encorajaram a me levantar por fé muitas e muitas vezes desde que as ouvi pela primeira vez. Compartilho-as com você hoje para encorajá-lo a também dar os passos de fé que você precisa dar como resposta ao que Deus está lhe dizendo neste instante.

Se você quer a vontade de Deus em sua vida mais do que qualquer outra coisa e se você fez tudo que podia para ouvir Deus, então você precisa se arriscar, levantar-se pela fé e crer. Ainda que você cometa um erro, Deus o consertará e fará com que ele coopere para o seu bem.

A PALAVRA DE DEUS PARA VOCÊ HOJE: arrisque-se naquilo que você acredita que ouviu de Deus e não tenha medo de não encontrá-lo!

15 DE MAIO

No Espírito, com a Palavra

Chegue à tua presença o meu clamor, Senhor! Dá-me entendimento conforme a tua palavra. (SALMOS 119:169)

Seja qual for o tipo de oração que fizermos — seja uma oração de consagração ou compromisso, de petição ou perseverança, de intercessão ou concordância, de louvor, adoração ou ações de graças, a Palavra de Deus é um ingrediente essencial. As nossas orações sempre são eficazes quando lembramos a Deus as promessas contidas na Sua Palavra e oramos com fé de que Ele é poderoso para realizar o que disse. Também creio que para ser mais eficaz, a oração precisa ser feita "no Espírito".

Precisamos tanto da Palavra quanto do Espírito em nossas orações a fim de permanecermos equilibrados e fortes na nossa vida espiritual. Se as pessoas buscam experiências sobrenaturais ou exageram nos assuntos espirituais, podem ser enganadas e se tornar excessivamente emotivas ou excêntricas. Ao mesmo tempo, se focarmos na Palavra sem sermos também sensíveis ao Espírito, podemos nos tornar legalistas e duros. Quando temos o Espírito e a Palavra juntos, podemos viver uma vida sólida e equilibrada — fundamentada na verdade e regada pela graça que gera alegria e poder. Precisamos do fundamento sólido da Palavra de Deus e precisamos do entusiasmo e do estímulo do Espírito. Orar em concordância com a Palavra e orar no Espírito nos mantém orando de acordo com a vontade de Deus. Isso também faz com que nossas orações sejam eficazes e gera grandes frutos em nossa vida. Seja o que for que você faça, eu o encorajo a encher as suas orações com a Palavra e a deixar que o Espírito Santo o dirija. Você verá resultados tremendos.

A PALAVRA DE DEUS PARA VOCÊ HOJE: a Palavra de Deus é a espada do Espírito; ela é a sua arma contra Satanás. Use-a ousadamente!

16 DE MAIO

Vá Direto ao Assunto

Não andem ansiosos por coisa alguma, mas em tudo, pela oração e súplicas, e com ação de graças, apresentem seus pedidos a Deus. (FILIPENSES 4:6)

Lembro-me de um tempo durante a minha jornada com Deus em que Ele me desafiou a fazer um esforço para lhe pedir o que eu queria e precisava com o mínimo de palavras possível. Eu tinha o mau hábito de falar demais quando orava. Falava sem parar porque tinha a ideia errada de que as orações curtas não eram boas. É claro que as orações longas também são boas, se forem sinceras e necessárias.

Quando Deus me desafiou a fazer os meus pedidos com o mínimo de palavras possível, Ele simplesmente me pediu para ser concisa e ir direto ao assunto e depois esperar nele por algum tempo antes de passar para a próxima coisa pela qual eu precisava orar. Quando fiz isso, mal pude crer no poder crescente que veio à minha vida de oração. Até hoje, quando oro assim, sinto mais o poder e a presença do Espírito Santo do que quando fico falando sem parar. Aprendi que algumas das orações mais poderosas que posso fazer são as orações do tipo: "Obrigada, Senhor", "Oh, Deus, preciso da Sua sabedoria", "Dê-me forças para prosseguir, Senhor" ou "Eu Te amo, Jesus". E talvez a mais poderosa de todas: "Socorro!" Está vendo? Apenas algumas palavras nos ligarão ao céu quando clamarmos para que o Senhor aja em nosso favor. Não é o comprimento das nossas orações que as torna eficazes, mas a sinceridade e a fé que estão por trás delas.

A PALAVRA DE DEUS PARA VOCÊ HOJE: a qualidade sempre excede a quantidade, até mesmo na oração.

17 DE MAIO

Sempre Disponível

Os homens íntegros viverão na tua presença. (SALMOS 140:13)

O fato de o Espírito Santo viver dentro de nós prova a Sua disposição de estar sempre disponível para falar conosco e para nos ajudar quando precisamos Dele.

À medida que continuarmos a crescer espiritualmente, experimentaremos a tentação, mas Deus nos deu o Espírito Santo para nos capacitar a resistir a ela e a fazer as escolhas certas em vez de as erradas.

Entretanto, nenhum ser humano é perfeito e cometeremos erros. Mas o perdão de Deus está sempre disponível para nós através de Jesus Cristo. Receber este perdão nos fortalece e nos capacita a continuar avançando com Deus; ele também traz paz ao nosso coração, nos liberta e nos ajuda a ouvir a voz de Deus com clareza.

Sentir-se derrotado e condenado por cada erro que cometemos nos enfraquece. Em vez de usar nossa energia para nos sentirmos mal com nós mesmos, devemos usá-la para garantir que nossos corações estejam sintonizados com a voz de Deus enquanto Ele nos conduz a um poder maior e a um relacionamento mais profundo com Ele. O Seu perdão e a Sua presença estão sempre disponíveis para nós através do Espírito Santo. Quando você buscar a Deus hoje, eu o encorajo a receber o Seu amor e misericórdia. Os Seus braços estão abertos e Ele está esperando para passar um tempo com você.

A PALAVRA DE DEUS PARA VOCÊ HOJE: lembre-se de que o Espírito Santo está sempre disponível para você.

18 de Maio

Tempo de Mudança

E todos nós... estamos sendo transformados com glória cada vez maior, a qual vem do Senhor, que é o Espírito. (2 Coríntios 3:18)

O versículo de hoje nos ensina que precisamos tanto da Palavra de Deus quanto do Espírito de Deus operando em nossas vidas para que experimentemos as mudanças que Deus quer trazer à nossa vida.

Todos aqueles que vêm a Cristo precisam de mudança. Certamente não queremos continuar os mesmos que éramos antes de conhecê-lo, não é mesmo? Podemos e devemos desejar mudar, mas também devemos entender que não podemos mudar a nós mesmos. Precisamos depender inteiramente do poder do Espírito Santo para falar conosco sobre as mudanças que são necessárias e depois realizá-las em nossa vida. Como crentes, certamente temos de cooperar com a obra que o Espírito faz dentro de nós, mas também temos de nos lembrar de que Ele é aquele que executa a mudança. Muitas vezes, Ele falará conosco sobre mudanças que deseja fazer em nossa vida, então precisamos manter o nosso coração sensível à Sua voz para podermos trabalhar junto com o Espírito Santo imediatamente enquanto Ele nos transforma de um nível de glória para outro.

À medida que Deus trabalha em nossa vida, uma das maneiras de ouvir a Sua voz é que passamos a sentir um desconforto no nosso espírito quando estamos fazendo alguma coisa que desagrada a Ele. Todas as vezes que o Espírito Santo quer fazer uma mudança em nós ou no nosso comportamento, tudo que precisamos fazer é nos rendermos e Ele começará a trabalhar. Diga apenas "Seja feita a Sua vontade, Senhor, e não a minha".

A PALAVRA DE DEUS PARA VOCÊ HOJE: dependa do Espírito Santo para realizar as mudanças necessárias na sua vida.

19 de Maio

Abra Caminho Até a Presença de Deus Através do Louvor

Entrem por suas portas com ações de graças, e em seus átrios, com louvor; deem-lhe graças e bendigam o seu nome. (Salmos 100:4)

Há algumas maneiras de nos tornarmos disponíveis para ouvir a voz de Deus, e uma delas é dedicar a Ele louvor e adoração reverentes e sinceros. Deus tem prazer em manifestar a Sua presença e o Seu poder às pessoas que estão verdadeiramente louvando-o e adorando-o. E quando a Sua presença e o Seu poder vêm, ouvimos a Sua voz, vemos milagres, pessoas são curadas, vidas são transformadas e ocorre transformação de dentro para fora.

Essas coisas não são parte do que você deseja no seu relacionamento com Deus? Quando você fala com Ele e procura ouvir a Sua voz, você não está orando principalmente porque deseja algum tipo de mudança ou transformação em alguma área da sua vida? Se você estiver pedindo a Deus para se revelar mais a você e para ajudá-lo a crescer em maturidade espiritual, isso é mudança. Se você está orando para que o adolescente que mora na sua rua pare de usar drogas, isso é mudança. Se você está pedindo a Deus para ajudá-lo a não perder a calma com tanta facilidade, isso é mudança.

Seja o que for que você esteja pedindo em oração, uma das melhores maneiras de começar é com louvor e adoração. Eles manterão o seu coração na posição certa diante de Deus e abrirão o caminho para que você ouça a Sua voz e para que a mudança aconteça.

A PALAVRA DE DEUS PARA VOCÊ HOJE: quando você precisar ouvir a voz de Deus, louve-o e adore-o.

20 de Maio

Renove a Sua Mente

Não se amoldem ao padrão deste mundo, mas transformem-se pela renovação da sua mente, para que sejam capazes de experimentar e comprovar a boa, agradável e perfeita vontade de Deus. (Romanos 12:2)

Aceitei Jesus como meu Salvador aos nove anos. Fiquei consciente do meu estado pecaminoso e busquei o perdão de Deus através de Jesus. Nasci do Espírito naquele momento, mas eu não entendia realmente o que havia acontecido em minha vida. Eu não tive nenhum ensinamento, e por isso permaneci em trevas do ponto de vista prático, embora a Luz estivesse vivendo em mim.

Quando era jovem, eu ia à igreja fielmente, fui batizada, frequentei encontros de confirmação e fiz tudo que eu entendia que precisava fazer, mas nunca desfrutei de uma proximidade e intimidade com Deus. Creio que existe uma multidão de pessoas que está nesta mesma posição hoje e muitas outras estiveram assim nos séculos que se passaram.

Embora eu fizesse o melhor que podia para ser "religiosa", aprendi que Jesus não morreu para nos dar religião; Ele morreu para nos dar um relacionamento pessoal com Deus através Dele mesmo e através do poder do Espírito Santo, que Ele enviaria para morar em cada crente.

Como mencionei, nasci do Espírito, mas me faltava a revelação do que isso realmente significava. As pessoas podem ser muito ricas, mas se elas acreditam que são pobres, a vida delas não será diferente da vida daqueles que vivem na pobreza. Se as pessoas têm uma grande herança, mas não sabem disso, elas não podem gastá-la.

O versículo de hoje nos diz que Deus tem um plano em mente para nós. A vontade Dele para nós é boa, agradável e perfeita, mas precisamos renovar completamente a nossa mente antes de experimentarmos essa coisa boa que Deus planejou (ver Romanos 12:1-2). Renovamos a nossa mente e adquirimos novas atitudes e novos ideais estudando a Palavra de Deus. Precisamos aprender a pensar como Deus pensa!

A PALAVRA DE DEUS PARA VOCÊ HOJE: pense como Deus pensa!

21 de Maio

Esteja Vivo Espiritualmente

Porque por meio de Cristo Jesus a lei do Espírito de vida me libertou da lei do pecado e da morte. (Romanos 8:2)

Quando tentamos ter um relacionamento com Deus mantendo todas as leis da religião fracassamos miseravelmente e sempre nos sentimos derrotados. Jesus cumpriu a lei perfeitamente em nosso lugar e pagou a dívida que devíamos a Deus pelo nosso pecado e injustiça. Ele abriu um caminho para nós nos aproximarmos de Deus através da fé nele em vez de através das nossas próprias obras.

Jesus disse que se o amarmos, guardaremos e obedeceremos aos Seus mandamentos (ver João 14:15). Ele não disse que se guardássemos todos eles, Ele nos amaria. Deus já nos ama, e Ele quer que respondamos ao Seu amor fazendo de boa vontade o nosso melhor para lhe obedecer. Ele também quer que saibamos que quando cometemos erros podemos ser perdoados de maneira instantânea e completa.

Sob a Velha Aliança, o pecado gerava morte espiritual, mas a lei do amor sob a qual agora vivemos gera vida em nós. O amor de Deus é impressionante, e entender que não estamos sendo pressionados a ter um desempenho perfeito o tempo todo nos permite relaxar na Sua presença e ouvir a Sua voz.

A PALAVRA DE DEUS PARA VOCÊ HOJE: a obra de Jesus na cruz possibilita que você desfrute uma comunhão íntima com Deus.

22 de Maio

Mente e Boca

Pois a boca fala do que está cheio o coração. (Mateus 12:34)

O versículo de hoje me faz lembrar uma mulher que foi a uma de minhas conferências e que compartilhou comigo que ela nunca parava de pensar e falar sobre seus problemas, embora estivesse sendo ensinada a não colocar o foco neles. Ela sabia que precisava parar de pensar em coisas negativas, mas parecia não ter forças para fazer isso.

Aquela mulher havia sofrido abuso, e ela conheceu várias outras mulheres que também compartilhavam daquela mesma dor. Enquanto conversavam, ela percebeu que Deus havia dito a ela tudo que havia dito às outras mulheres, mas elas tinham obedecido, ao passo que ela havia desobedecido. Elas tinham renovado suas mentes com a Palavra de Deus, enquanto ela havia continuado a enraizar seus problemas cada vez mais no fundo de sua alma ao se recusar a tirá-los de sua mente.

Aquilo em que focamos a nossa mente acabará por sair pela nossa boca. Pelo fato daquela mulher ter se recusado a obedecer a Deus e parar de pensar e falar sobre seus problemas, ela estava aprisionada e não conseguia escapar. Buscamos as coisas ao pensar e falar sobre elas. Ela poderia ter usado seus pensamentos e palavras para buscar a Deus, mas os usou para buscar mais daquelas mesmas coisas que estava tentando superar.

Eu o encorajo a buscar a Deus pensando e falando sobre as coisas de Deus e pedindo ao Espírito Santo para encher a sua mente e a sua boca com as coisas nas quais Ele quer que você coloque o seu foco.

A PALAVRA DE DEUS PARA VOCÊ HOJE: pense hoje nas coisas que o deixam feliz, e não nas coisas que o deixam triste.

23 DE MAIO

Deus Habita em Nós

Quanto ao bom depósito, guarde-o por meio do Espírito Santo que habita em nós.
(2 TIMÓTEO 1:14)

No tempo do Antigo Testamento, Adão e Eva andavam com Deus no Jardim do Éden e Moisés encontrou-o no Monte Sinai. Hoje, Deus não nos encontra nos nossos jardins ou nas montanhas próximas onde podemos interagir com Ele apenas mediante o Seu convite. Ele não escolhe viver em uma tenda, como fez quando os filhos de Israel viajavam pelo deserto. E Ele não vive em um prédio feito por mãos humanas.

Quando aceitamos a Cristo, o Espírito Santo vem habitar em nós (ver João 14:17). Deus escolhe se mudar para o nosso espírito — bem no centro das nossas vidas — onde Ele pode estar mais perto de nós que qualquer outro ser vivo. Quando o Espírito de Deus se muda para dentro do nosso coração, o nosso espírito se torna um lugar de habitação para Ele (ver 1 Coríntios 3:16-17) e se torna santo porque Deus está ali. O estado de santidade no qual nós, como crentes, somos colocados, é então desenvolvido em nossa alma e no nosso corpo e Deus quer que esta operação seja evidente na nossa vida diária. Ela ocorre como um processo, e as fases de mudança pelas quais passamos se tornam o nosso testemunho para aqueles que nos conhecem. Na verdade, estamos aprendendo a viver de dentro para fora! Deus fez uma obra maravilhosa no nosso espírito e o

Espírito Santo está nos ensinando a viver de tal maneira que possamos ser uma testemunha para o mundo que precisa Dele.

A PALAVRA DE DEUS PARA VOCÊ HOJE: viva de dentro para fora!

24 DE MAIO

O Nosso Maior Desejo

Não terão fome nem sede; o calor do deserto e o sol não os atingirão. Aquele que tem compaixão deles os guiará e os conduzirá para as fontes de água.
(ISAÍAS 49:10)

Deus não quer que desejemos nada além Dele. A questão não é que não devamos querer coisas, mas sim que não deveríamos desejá-las mais do que o desejamos. Ele quer que vivamos na realidade da Sua presença todos os dias de nossas vidas e que estejamos completamente satisfeitos com quem Ele é.

O versículo de hoje fala de uma miragem. Na verdade, temos sede de Deus, mas se não entendermos que Ele é aquele por quem ansiamos, podemos ser facilmente iludidos, assim como uma miragem ilude os viajantes sedentos no deserto. Satanás pode nos enganar fazendo com que coloquemos o foco em coisas que nunca nos satisfarão de verdade. Nada pode nos satisfazer exceto Deus, então devemos estar determinados a buscá-lo. Se dermos a Ele o primeiro lugar nos nossos desejos, pensamentos, conversas, e escolhas, nossa sede será realmente saciada e não seremos desencaminhados.

Temos necessidades legítimas, e Deus quer satisfazê-las. Se buscarmos a Sua face (presença), descobriremos que a Sua mão está sempre aberta para nós. Entretanto, se buscarmos as coisas podemos ser facilmente enganados, e podemos descobrir que desperdiçamos muito de nossa vida sendo dirigidos por miragens — coisas que pareciam ser o que precisávamos, mas que não eram absolutamente nada.

A PALAVRA DE DEUS PARA VOCÊ HOJE: Deus tem tudo o que você precisa.

25 DE MAIO

Seja Renovado

Arrependei-vos, pois, e convertei-vos, para que sejam apagados os vossos pecados, e venham assim os tempos do refrigério pela presença do Senhor. (ATOS 3:19)

Deus manifesta a Sua presença de muitas maneiras. Na maior parte do tempo não podemos vê-lo, mas, assim como o vento, podemos ver a obra que Ele faz em nós. Se eu estiver cansada, esgotada, frustrada ou incomodada com alguma coisa, e for renovada depois de passar um tempo com Deus, então sei que o vento do Espírito soprou sobre mim.

Deus quer trazer um refrigério para a sua vida. Não fique frustrado ou esgotado na sua alma quando a resposta está vivendo dentro de você. Se você está ocupado demais para passar tempo com Deus, você simplesmente está ocupado demais, portanto, faça alguns ajustes no seu horário. Não fique esgotado, irritado, aborrecido e estressado quando existem tempos de refrigério disponíveis para você.

Aprenda a se retirar do ativismo da vida para passar tempo com Deus assim como Jesus fazia. Você não pode esperar que as pessoas que o cercam aprovem o tempo que você precisa passar com Deus. Alguém sempre encontrará alguma coisa que acha que você precisa fazer! Separe um tempo na primeira hora da manhã se for possível e depois tente tirar várias "miniférias espirituais" ao longo do dia. Pare o que estiver fazendo por dois ou três minutos; respire fundo para ajudá-lo a relaxar e simplesmente diga a Deus o quanto você o ama e precisa Dele. Aquiete-se na presença Dele pelo restante do tempo e você será renovado de uma maneira impressionante.

A PALAVRA DE DEUS PARA VOCÊ HOJE: não fique esgotado ou estressado; separe um tempo para ser renovado na presença do Senhor.

26 DE MAIO

Faça Boas Obras

Porque somos criação de Deus realizada em Cristo Jesus para fazermos boas obras, as quais Deus preparou de antemão para que nós as praticássemos.

(EFÉSIOS 2:10)

Há anos, quando comecei a andar mais intimamente com Deus, eu costumava esperar por alguma confirmação especial Dele para tudo que eu queria fazer — até que aprendi que o Espírito de Deus habita em mim para fazer boas obras. Nos primeiros anos de caminhada com Deus, senti em meu coração o desejo de dar dez dólares a uma mulher necessitada. Abriguei esse desejo no meu coração por três semanas até que finalmente orei: "Deus, é *realmente* o Senhor que está me dizendo para dar o dinheiro a esta pessoa? Eu o farei se for realmente o Senhor!"

Dez dólares era muito dinheiro naquela época e eu não queria abrir mão deles a não ser que tivesse uma direção clara de Deus.

Ele falou comigo muito claramente e respondeu: "Joyce, ainda que não fosse realmente eu, não vou ficar zangado com você se você abençoar alguém!".

Um dos frutos do fato de que o Espírito de Deus habita dentro de nós é a bondade (ver Gálatas 5:22-23). Portanto, temos o desejo de ser bons para as pessoas. Deus disse a Abraão que Ele ia abençoá-lo para que ele pudesse ser uma bênção para outros (ver Gênesis 12:2). Imagine que tremendo seria chegar ao ponto de simplesmente vivermos para fazer os outros felizes como uma forma de servir a Deus.

O mundo está cheio de pessoas com necessidades. Há sempre alguém, em algum lugar, que precisa de uma palavra de encorajamento. Alguém precisa de uma babá, de ajuda com o transporte ou de ajuda financeira. Percebo que quando passo tempo com Deus sinto um forte desejo de ajudar alguém, e aprendi que esse desejo é Deus falando comigo. Deus é bom, e quando passamos tempo com Ele queremos fazer coisas boas pelos outros. Peça a Deus todos os dias para lhe mostrar quem você pode abençoar e lembre-se de que onde o amor está, Deus habita (ver 1 João 4:12).

A PALAVRA DE DEUS PARA VOCÊ HOJE: aproveite todas as oportunidades que você tiver para fazer algo de bom.

27 DE MAIO

Qualquer Pessoa Pode Entrar

Portanto, irmãos, temos plena confiança para entrar no Santo dos Santos pelo sangue de Jesus, por um novo e vivo caminho que ele nos abriu por meio do véu, isto é, do seu corpo. (HEBREUS 10:19-20)

Quando Jesus morreu, o véu do templo que separava o Santo Lugar do Santo dos Santos foi rasgado de alto a baixo (ver Marcos 15:37-38). Isso abriu o caminho para que qualquer pessoa entre na presença de Deus. Antes da morte de Jesus, somente o sumo sacerdote podia entrar na presença de Deus e somente uma vez por ano com o sangue de animais mortos, para cobrir e expiar os pecados dele e os pecados do povo.

É significativo que o rasgar do véu do templo tenha sido de alto a baixo. O véu, ou cortina, era tão alto e tão grosso que nenhum ser humano poderia tê-lo rasgado — ele foi rasgado sobrenaturalmente pelo poder de Deus, mostrando que Deus estava abrindo um novo e vivo caminho para o Seu povo se aproximar Dele, como lemos nos versículos de hoje. Desde o princípio, Deus desejou ter comunhão com o homem; esse foi o propósito Dele ao nos criar. Ele nunca quis afastar as pessoas da Sua presença, mas sabia que a Sua santidade era tão poderosa que ela destruiria qualquer coisa não santa que se aproximasse dela. Assim, a maneira de os pecadores serem completamente purificados teve de ser suprida antes que o homem tivesse acesso à presença de Deus.

Estamos no mundo, mas não devemos ser do mundo (ver João 17:14-16). O nosso mundanismo e os nossos caminhos terrenos nos separam da presença de Deus e podem nos impedir de ouvir a Sua voz. A não ser que recebamos constantemente pela fé o sacrifício do sangue de Jesus para nos manter limpos, não podemos desfrutar a intimidade e ter uma comunhão adequada com Ele.

A PALAVRA DE DEUS PARA VOCÊ HOJE: Deus quer ter comunhão com você; entre livremente na Sua presença hoje.

28 DE MAIO

Socorro!

Pois eu sou o Senhor, o seu Deus, que o segura pela mão direita e lhe diz: Não tema; eu o ajudarei. (ISAÍAS 41:13)

Não importa o quanto achamos que governamos bem a nossa vida, a verdade é que precisamos de ajuda em tudo. Precisamos de todo tipo de ajuda na nossa vida diária. Em geral, demoramos muito para perceber quanta ajuda precisamos. Gostamos de acreditar que podemos fazer o que for necessário com independência e sem ajuda, entretanto, o Senhor nos enviou um auxiliador divino, e isso deve ser um sinal de que precisamos de ajuda. O próprio Jesus intercede continuamente por nós enquanto está sentado à direita de Deus (ver Hebreus 7:25; Romanos 8:34), e isso nos diz que precisamos continuamente da intervenção de Deus em nossa vida. Na verdade, somos muito necessitados e totalmente incapazes de lidar com a vida da maneira adequada sozinhos.

Embora possa parecer que administramos bem a nós mesmos e as nossas vidas por algum tempo, mais cedo ou mais tarde alguma coisa acontece e as coisas começam a desmoronar se estivermos vivendo na nossa própria força em vez de recebermos a ajuda divina.

Muitas vezes, vamos bem até que surgem os problemas. Eles podem vir na forma de um casamento rompido, a morte de um ente querido, a perda de um emprego ou alguma outra coisa que é importante para nós. Mas, com o tempo, todos nós chegamos ao ponto em que temos de reconhecer a nossa necessidade.

Se quisermos viver a vida como Deus pretende que vivamos — cheia de justiça, paz e alegria (ver Romanos 14:17), temos de admitir que precisamos de ajuda e temos de recebê-la do Espírito Santo, aquele a quem Deus enviou para nos ajudar.

A PALAVRA DE DEUS PARA VOCÊ HOJE: admita que você precisa de ajuda e confie no Espírito Santo para auxiliá-lo.

29 DE MAIO

Deus Fala com os Seus Amigos

Então o Senhor disse: "Esconderei de Abraão o que estou para fazer?"
(GÊNESIS 18:17)

Talvez ninguém seja citado como "amigo de Deus" com mais frequência do que Abraão. Enquanto a Bíblia se refere a Davi como um "homem segundo o coração de Deus" e a João como "o discípulo a quem Jesus amava", Abraão tem a distinta honra de ser chamado de amigo de Deus em mais de um lugar nas Escrituras.

Quando Deus decidiu exercer juízo sobre a maldade do povo de Sodoma e Gomorra, Ele disse a Abraão o que pretendia fazer.

Em uma amizade, as pessoas dizem umas às outras o que vão fazer. Pelo fato de Deus considerar Abraão Seu amigo, disse a ele o que ia fazer — assim como você diria ao seu amigo. Quando Abraão ouviu falar sobre a devastação que Deus pretendia liberar contra Sodoma e Gomorra, "Abraão aproximou-se dele e disse: 'Exterminarás o justo com o ímpio?'" (Gênesis 18:23). Assim como Deus compartilhou os Seus planos com Abraão porque eles eram amigos, Abraão "aproximou-se" de Deus e falou abertamente e com ousadia sobre os planos Dele — porque eles eram amigos. Eles tinham um relacionamento em que podiam se comunicar livremente; podiam falar abertamente. O tipo de intimidade que Abraão tinha com Deus é fruto da segurança que ele sentia no Seu amor. Deus quer ser seu amigo também — falar com você e ouvir o que você tem a lhe dizer. Comece hoje a aceitar de uma maneira totalmente nova o fato de que você é amigo de Deus e pode se aproximar Dele como tal.

A PALAVRA DE DEUS PARA VOCÊ HOJE: desenvolva um relacionamento com Deus no qual você pode falar livremente com Ele e ouvir com facilidade o que Ele lhe disser.

30 de Maio

Todas as Coisas Cooperam para o Bem

E sabemos que todas as coisas contribuem juntamente para o bem daqueles que amam a Deus, daqueles que são chamados segundo o seu propósito.
(Romanos 8:28)

Quando Deus fala conosco e nós obedecemos, fazemos isso por fé. Em geral não temos nenhuma circunstância na esfera natural que nos faça saber se estamos fazendo a coisa certa ou a coisa errada. É assim que a fé funciona. Temos de agir crendo, sem saber no sentido natural se estamos seguindo a direção de Deus. Temos de agir, crendo que ouvimos a Sua voz. A experiência com Deus é uma excelente professora e em geral nunca saberemos se estamos certos ou não a não ser que "tomemos uma atitude e descubramos".

Algumas vezes podemos estar errados. Podemos cometer um erro. Esse pensamento pode ser assustador, então costumamos pensar: *é melhor ficar parado e seguro, do que vir a se lamentar*. Se fizermos isso, porém, logo nos sentiremos miseráveis se Deus realmente nos disse para seguirmos em frente. Não apenas ficaremos tristes, como também viveremos uma vida monótona e sem acontecimentos especiais. Temos sede de aventura, mas o medo nos impede de conhecermos a alegria que ela proporciona.

Descobri que se o nosso coração estiver reto diante de Deus e fizermos o melhor possível na nossa jornada para aprender a ouvi-lo, Ele honrará os nossos esforços e os nossos passos de obediência. Se avançarmos com a confiança de uma criança para obedecer ao que acreditamos no nosso coração que Ele nos disse para fazer, então, mesmo que não façamos tudo exatamente certo, Deus fará com que até os nossos erros cooperem para o nosso bem.

A PALAVRA DE DEUS PARA VOCÊ HOJE: Deus está fazendo tudo cooperar para o seu bem.

31 de Maio

Tome uma Atitude e Descubra

Porque se abriu para mim uma porta ampla e promissora; e há muitos adversários. (1 Coríntios 16:9)

Às vezes a única maneira de descobrir a vontade de Deus é praticar o que chamo de "tome uma atitude e descubra". Se orei a respeito de uma situação e ainda parece que não sei o que fazer, simplesmente dou um passo de fé. Deus me mostrou que confiar nele é como estar diante de uma porta automática em um supermercado: podemos ficar parados e olhar para a porta o dia inteiro, mas ela não se abrirá até darmos um passo para frente e acionarmos o mecanismo que a abre.

Há momentos na vida em que precisamos dar um passo para frente a fim de descobrirmos, de uma maneira ou de outra, o que devemos fazer. Algumas portas se abrem assim que damos um passo de fé e outras nunca se abrem independentemente do que venhamos a fazer. Quando Deus abrir a porta, passe por ela. Se Ele não a abrir, certifique-se de tomar outra direção. Mas não deixe que o medo o prenda na armadilha da inércia total.

No versículo de hoje, Paulo menciona a porta da oportunidade que estava diante dele, mas também menciona "muitos adversários", então precisamos estar certos de não confundirmos oposição com uma porta fechada. Paulo e seus colaboradores, Silas e Barnabé, não ficaram sentados esperando que um anjo aparecesse ou que recebessem uma visão do céu enquanto estavam buscando a vontade de Deus. Eles deram passos na direção que sentiam ser a certa. Muitas vezes Deus abriu portas para eles, mas houve vezes em que Ele as fechou. Isso não os desanimou, mas eles simplesmente continuaram seguindo em frente por fé, procurando conhecer o que Deus queria que eles fizessem.

A PALAVRA DE DEUS PARA VOCÊ HOJE: passe com ousadia pelas portas que Deus abrir para você e não fique desanimado quando Ele fechar uma porta.

1 DE JUNHO

O Batismo no Espírito Santo

Se vocês, apesar de serem maus, sabem dar boas coisas aos seus filhos, quanto mais o Pai que está no céu dará o Espírito Santo a quem o pedir! (LUCAS 11:13)

O versículo de hoje promete que Deus dará o Espírito Santo àqueles que lhe pedirem. Você pode pedir a Deus para enchê-lo e batizá-lo com o Espírito Santo agora mesmo, aí onde você está. Veja esta oração que você pode querer fazer:

"Pai, em nome de Jesus, peço-lhe que me batize com o Espírito Santo com todas as evidências que acompanham o ser cheio do Espírito. Conceda-me ousadia como o Senhor fez com aqueles que ficaram cheios do Espírito no Dia de Pentecostes, e me dê quaisquer outros dons espirituais que o Senhor deseja que eu possua".

Agora, talvez você queira confirmar a sua fé dizendo em voz alta: "Creio que fiquei cheio do Espírito Santo e nunca mais serei o mesmo". Se você fez a oração acima ou uma oração semelhante, espere em Deus silenciosamente e creia que você recebeu o que pediu. Se você não acredita que recebeu, então mesmo que tenha recebido, será como se não tivesse acontecido. Quero enfatizar mais uma vez a importância de crer pela fé que você recebeu, não permitindo que a sua decisão se baseie no que você está sentindo. Ao longo do dia, medite no fato de que Deus vive em você e que através Dele você pode fazer qualquer coisa que precisar fazer.

Ser cheio do Espírito Santo é uma das coisas mais maravilhosas que podem acontecer a um crente. A Sua presença lhe dá coragem, esperança, paz, alegria, sabedoria e muitas outras coisas maravilhosas. Busque-o de todo o seu coração diariamente.

A PALAVRA DE DEUS PARA VOCÊ HOJE: esteja certo de buscar a Deus por quem Ele é e pela alegria da Sua presença, e não simplesmente pelo que Ele pode fazer por você.

2 DE JUNHO

Um Parceiro na Vida

Eu sei, Senhor, que a vida do homem não lhe pertence; não compete ao homem dirigir os seus passos. (JEREMIAS 10:23)

Jeremias disse a verdade no versículo de hoje. É realmente impossível para nós seres humanos governar adequadamente a nossa vida. Você e eu precisamos de ajuda, e muita dela. Admitir isso é um sinal de maturidade espiritual, e não um sinal de fraqueza. Somos fracos se não extrairmos a nossa força de Deus, e quanto mais depressa encararmos esse fato, melhor para nós.

Você pode ser como eu fui um dia — tentando desesperadamente fazer as coisas darem certo e sempre fracassando. O seu problema não é que você é um fracasso; o seu problema é simplesmente não ter ido à fonte certa para buscar ajuda.

Deus não vai permitir que tenhamos êxito de fato sem Ele. Lembre-se de que o verdadeiro sucesso não é simplesmente a capacidade de acumular riqueza material; é a capacidade de realmente desfrutar a vida e tudo que Deus nos oferece com ela. Muitas pessoas têm posição, recursos, poder, fama e outras coisas semelhantes, mas podem não ter o que realmente importa — bons relacionamentos, uma posição correta diante de Deus, paz, alegria, contentamento, satisfação, boa saúde e a capacidade de desfrutar a vida.

De acordo com o Salmo 127:1, se o Senhor não edificar a casa, em vão trabalham os que a edificam. Podemos ser capazes de construir, mas aquilo que construímos não vai durar se Deus não estiver envolvido. Ele é o nosso parceiro na vida, e como tal, deseja ser parte de tudo que fazemos. Deus está interessado em cada aspecto de nossa vida e quer falar conosco sobre tudo que nos diz respeito. Acreditar nessa verdade é o princípio de uma jornada empolgante com Ele.

A PALAVRA DE DEUS PARA VOCÊ HOJE: deixe Deus ser o Seu parceiro na vida.

3 DE JUNHO

Dependa Dele

Pois temos ouvido falar da fé que vocês têm em Cristo Jesus [o ato de colocar toda a sua personalidade humana na dependência Dele em confiança absoluta no Seu poder, sabedoria e bondade] e do amor [que vocês têm e demonstram] por todos os santos. (COLOSSENSES 1:4, AMP)

Deus quer que dependamos inteiramente Dele e que ouçamos e obedeçamos a Sua voz acima de todas as outras; isso é o que é verdadeiramente a fé. Amo a definição de fé dada no versículo de hoje e o fato de colocarmos tudo que nos diz respeito na dependência do Senhor.

Podemos depender de Deus para nos manter dentro da Sua vontade. Fico contente com isso porque tentar ficar dentro da vontade de Deus através da nossa própria força é difícil demais! Não conheço sequer uma pessoa que possa dizer sinceramente que sabe com 100% de certeza o que fazer a cada dia.

Podemos fazer tudo que sabemos fazer para tomar as decisões certas. Como podemos saber se estamos certos? Não podemos. Temos de confiar em Deus para nos manter dentro da Sua vontade, para endireitar qualquer caminho tortuoso diante de nós, para nos manter no caminho estreito que leva à vida e para nos manter fora do caminho largo que leva à destruição (ver Mateus 7:13).

Precisamos orar: "Deus, que seja feita a Sua vontade na minha vida". Sei algumas coisas sobre a vontade de Deus para a minha vida, mas não sei tudo, portanto aprendi a ficar descansada e em paz dependendo de Deus, comprometendo-me com Ele e orando para que a Sua vontade seja feita em mim e através de mim.

Às vezes pensamos que só as pessoas fracas ou frágeis dependem de alguém, mas aprendi que depender é algo bom se estivermos dependendo de Deus.

A PALAVRA DE DEUS PARA VOCÊ HOJE: dependa de Deus completamente hoje.

4 DE JUNHO

Temos de Pedir

Peça-a, porém, com fé, sem duvidar. (TIAGO 1:6)

Se lermos o livro de Tiago no Novo Testamento, veremos que Tiago inicia dizendo como lidar com os problemas e provações da vida. Há uma maneira natural de lidar com estas coisas, mas também há uma maneira espiritual de lidar com elas.

Em Tiago 1:5-6, Tiago diz basicamente: "Se você está tendo problemas, pergunte a Deus o que fazer". Talvez você não ouça a voz Dele e nem receba uma resposta imediatamente, mas se você pedir com fé descobrirá enquanto executa as suas tarefas de rotina uma sabedoria operando através de você que é divina e que está além do seu conhecimento natural.

No Salmo 23:2, o salmista diz que Deus leva o Seu povo a verdes pastos e a águas tranquilas de descanso. Em outras palavras, Deus sempre nos guiará a um lugar de paz e segurança se o buscarmos.

Releia o versículo de hoje e observe que temos de pedir com fé. Muitas vezes não recebemos ajuda porque não pedimos por ela. O Espírito Santo é um cavalheiro; Ele espera até que o convidemos para entrar nas nossas situações. Não podemos supor e presumir; temos de pedir!

A PALAVRA DE DEUS PARA VOCÊ HOJE: quando você precisar de alguma coisa, peça-a a Deus.

5 DE JUNHO

Seja um Verdadeiro Adorador

No entanto, está chegando a hora, e de fato já chegou, em que os verdadeiros adoradores adorarão o Pai em espírito e em verdade. São estes os adoradores que o Pai procura. (JOÃO 4:23)

O mundo muitas vezes pensa em adoração como "religião", o que não poderia estar mais longe do conceito bíblico de adoração. Quando as pessoas perguntam "Onde você adora?" Em geral elas querem apenas saber qual igreja nós frequentamos. Quando lemos sobre adoração na Bíblia, estamos lendo sobre um relacionamento pessoal com um Deus com quem podemos falar e que fala conosco. Estamos lendo a respeito de intimidade espiritual e expressões apaixonadas de devoção de pessoas que amam e adoram a Deus de todo o coração. Isso é a verdadeira adoração — o tipo de adoração que brota de dentro de nós quando temos zelo e entusiasmo por Deus em nossas vidas.

De acordo com o versículo de hoje, Deus está buscando verdadeiros e genuínos adoradores que realmente o adorem de todo o coração.

Sempre me entristeci com o fato de que Deus precisa buscar verdadeiros adoradores. Creio que deveria haver uma abundância deles! Mas acho interessante Ele não querer simplesmente qualquer pessoa para adorá-lo; Deus quer *verdadeiros* e *genuínos* adoradores. Não está procurando pessoas que o adorem por medo ou por obrigação, mas por causa de um relacionamento de amor.

A verdadeira adoração é muito mais que frequentar um culto de igreja e cantar canções. Devemos adorar a Deus com toda a nossa vida, fazendo tudo que fazemos para Ele e através Dele. A adoração sincera vem da intimidade com Deus e nos torna sensíveis para ouvirmos a Sua voz.

A PALAVRA DE DEUS PARA VOCÊ HOJE: não adore por medo; adore por amor.

6 DE JUNHO

Faça das Pessoas uma Prioridade

E longe de mim esteja pecar contra o Senhor, deixando de orar por vocês.
(1 SAMUEL 12:23)

Uma chave para a oração eficaz é colocar o foco nos outros e não ficar obcecado com as nossas próprias necessidades. Podemos certamente orar por nós mesmos e pedir a Deus para suprir as nossas necessidades, mas precisamos evitar orar por nós mesmos o tempo todo. As orações de autocomplacência — egoístas e egocêntricas — não são eficazes, de modo que precisamos realmente nos certificar de passarmos tempo orando por outras pessoas também. É comum eu ficar sabendo a respeito de quatro ou cinco pessoas que precisam de oração, e quando algumas dessas orações são atendidas, tomo conhecimento de outras pessoas para orar. A sua vida provavelmente é semelhante à minha. Você ouve falar de alguém que perdeu um ente querido recentemente, alguém que precisa de um emprego, alguém que precisa de um lugar para morar, alguém que acaba de receber um diagnóstico negativo do médico, alguém cujo filho está doente ou cujo cônjuge saiu de casa.

As pessoas têm todos os tipos de necessidades e precisam das nossas orações. Deus quer que oremos uns pelos outros com sincero amor e compaixão. Quando oramos por outras pessoas estamos semeando sementes que trarão uma colheita em nossas próprias vidas. Lembro-me de uma mulher que me disse que assistiu a uma de minhas conferências em que orei para que as pessoas enfermas fossem curadas. Embora ela tivesse leucemia, começou a orar para que outros fossem curados e nem pensou em orar por si mesma. Na semana seguinte, ela tinha uma consulta médica e depois de um *check-up* e de um exame de sangue, ficou sabendo que embora eles não entendessem o que havia acontecido, ela não tinha mais a doença.

A PALAVRA DE DEUS PARA VOCÊ HOJE: quanto mais você estende a mão para os outros, mais Deus estende a mão para você.

7 DE JUNHO

Apegue-se à Esperança

Pois tudo o que foi escrito no passado, foi escrito para nos ensinar, de forma que, por meio da perseverança e do bom ânimo procedentes das Escrituras, mantenhamos a nossa esperança. (ROMANOS 15:4)

Todos nós precisamos ser encorajados. Às vezes precisamos de encorajamento para nos levantar do poço do desânimo, mas em todo o tempo podemos usar uma palavra de afirmação, um raio de esperança ou uma mensagem que nos diz: "Você consegue!".

O próprio Deus é a melhor fonte de encorajamento que conheço e deveríamos buscar encorajamento e esperança nele. Ele nos encoraja através do Seu Espírito, mas também nos encoraja através da Sua Palavra. Muitas vezes, quando preciso ser encorajada ou fortalecida com esperança, busco a Bíblia. Tenho diversas passagens favoritas que leio ou nas quais medito quando preciso de força, apoio ou encorajamento. A Palavra de Deus está cheia de encorajamento e desde que tenhamos uma Bíblia, temos uma receita para o encorajamento. Uma tradução afirma que a Palavra de Deus é o remédio de que precisamos.

Procure a Palavra de Deus quando precisar ser encorajado — quando você estiver sofrendo, frustrado, decepcionado, confuso ou cansado. Deixe que as Suas palavras penetrem fundo no seu coração e na sua mente enquanto você espera na Sua presença. Deus nunca lhe faltará e você pode sempre depender da Sua Palavra, principalmente quando precisar de esperança e encorajamento.

A PALAVRA DE DEUS PARA VOCÊ HOJE: independentemente do que você faça hoje, continue apegando-se à esperança.

8 DE JUNHO

Você Tem Um Advogado

Quem fará alguma acusação contra os escolhidos de Deus? É Deus quem os justifica. (ROMANOS 8:33)

O Espírito Santo é o nosso advogado. Se investigarmos a palavra advogado quanto ao seu significado original no grego bíblico, veremos que o Espírito Santo é chamado para vir em nosso auxílio; Ele é indicado por Deus para nos auxiliar, para vir em nossa defesa ou para defender a nossa causa.

O Espírito Santo é literalmente chamado para o nosso lado para nos dar ajuda de todas as formas. Quando precisamos ser defendidos, Ele nos defende, agindo como um assessor legal faria por um cliente. É bom saber que não temos de nos defender quando somos acusados de alguma ação ou motivação errada. Podemos pedir ajuda àquele que é Santo e esperar recebê-la porque Ele é o nosso advogado. Esse pensamento por si só deveria nos dar consolo e encorajamento.

A maioria de nós perde muito tempo e energia tentando se defender, defender a sua reputação, posição, ações, palavras e decisões. Estamos realmente desperdiçando o nosso tempo. Quando os outros nos julgam, podemos depois de muito esforço convencê-los da pureza do nosso coração. Mas o problema é que se eles forem críticos por natureza ou por caráter, logo encontrarão mais alguma coisa pela qual nos julgar. O melhor curso de ação é orarmos e deixar que o Espírito Santo faça o seu trabalho e seja o nosso Advogado e a nossa Defesa.

A PALAVRA DE DEUS PARA VOCÊ HOJE: o Espírito Santo é o seu Advogado e a Sua Defesa.

9 DE JUNHO

Pense Primeiro

Acalmem-se e não façam nada precipitadamente. (ATOS 19:36)

Comprometer-se a fazer alguma coisa sem perguntar a Deus a respeito e sem esperar que Ele fale conosco não é sábio; nem é sábio entrar de cabeça nas coisas sem pensar primeiro no que estamos nos preparando para fazer. Muitas vezes nos comprometemos com coisas demais e terminamos exaustos e esgotados. Deus certamente nos fortalece através do Seu Espírito, mas Ele não nos fortalece para fazermos coisas que estão fora da Sua vontade. Ele não nos fortalecerá para sermos tolos! Quando nos comprometemos em fazer alguma coisa, Deus espera que cumpramos a nossa palavra e que sejamos pessoas íntegras, por isso o conselho Dele para nós no versículo de hoje é: "pense antes de falar". No nosso pensamento, devemos perguntar a Deus o que Ele acha sobre o assunto que estamos estudando.

Esta certamente é uma lição que tive de aprender. Eu costumava permitir que o entusiasmo me vencesse e dizia sim a coisas sem pedir o conselho de Deus e depois acabava reclamando dos meus horários apertados. Deus teve de me mostrar que se eu o tivesse buscado primeiro e seguido a Sua direção, poderia ter evitado a frustração e o estresse.

Estou certa de que você tem muitas oportunidades de se envolver com coisas de que gosta ou considera importantes. Eu simplesmente o encorajo hoje a não se comprometer com nada sem pensar seriamente a respeito e sem buscar a direção de Deus para saber se Ele quer ou não que você faça essas coisas.

A PALAVRA DE DEUS PARA VOCÊ HOJE: pense antes de falar!

10 DE JUNHO

Olhe Para Jesus

Tendo os olhos fitos em Jesus, autor e consumador da nossa fé. (HEBREUS 12:1-2)

Muitas coisas que queremos e precisamos saber sobre a vontade de Deus estão claras para nós nas páginas da Sua Palavra. Entretanto, há certas questões específicas que podemos ter que não nos são respondidas nas Escrituras. Se estou orando por alguma coisa que não está claramente mencionada na Palavra de Deus, se estou enfrentando uma decisão e não consigo encontrar um capítulo ou um versículo para me orientar, então oro assim:

"Deus, quero isto, mas quero mais a Sua vontade do que a minha. Então, se o meu pedido não está no Seu tempo ou se o que estou pedindo não é o que o Senhor quer para mim, por favor, não me dê isso. Amém". Podemos ser emocionalmente impulsionados a fazer alguma coisa que parece que é de Deus, mas depois de começar a fazê-la podemos descobrir que talvez ela seja apenas uma boa ideia, sem qualquer esperança de sucesso sem a ajuda de Deus. Mas Deus não é obrigado a terminar nada que Ele não tenha começado. Podemos orar pelos projetos que iniciamos, mas não há sentido em ficar zangado com Deus se

Ele não os terminar para nós. Ele não é obrigado a terminar nada que não seja de Sua autoria! Tome muito cuidado ao começar alguma coisa só porque parece ser uma boa ideia. O bom é sempre inimigo do melhor que Deus tem para nós. Quando você tiver uma ideia, dê um tempo para verificar com Deus e ver se o seu espírito testifica antes de realmente entrar em ação.

A PALAVRA DE DEUS PARA VOCÊ HOJE: certifique-se de que suas boas ideias são ideias de Deus!

11 DE JUNHO

Pequenas Coisas, Grandes Coisas

Faze-me ouvir do teu amor leal pela manhã, pois em ti confio. Mostra-me o caminho que devo seguir, pois a ti elevo a minha alma. (SALMOS 143:8)

Uma das formas que aprendi para confiar em Deus e ouvir a Sua voz nos grandes acontecimentos e decisões da minha vida foi ouvindo-o nas pequenas coisas. Certa vez Dave e eu estávamos nos preparando para assistir a um filme com alguns membros da família, mas não conseguíamos encontrar o controle remoto. Não sabíamos como iniciar o filme sem ele, então todos começaram a procurar por ele diligentemente, mas ainda assim não conseguíamos localizá-lo.

Decidi orar. Então, eu disse silenciosamente em meu coração: "Espírito Santo, por favor, me mostre onde está o controle remoto". Imediatamente, pensei no banheiro — e foi lá que o encontramos.

A mesma coisa aconteceu comigo com relação às chaves do carro. Eu havia procurado em toda parte, sem sucesso. Então orei, e no meu espírito vi as chaves no banco da frente do meu carro, e era exatamente ali que elas estavam.

Estas duas histórias são exemplos de um dom do Espírito Santo chamado "palavra de conhecimento" (1 Coríntios 12:8). Deus me deu palavras de conhecimento com relação ao controle remoto e às minhas chaves fora do lugar. Este dom, e outros, estão disponíveis a todos que são cheios do Espírito Santo. Os dons são doações sobrenaturais de poder dadas aos crentes para nos ajudar a viver a nossa vida natural de uma forma sobrenatural.

Deus nos ama. Ele se preocupa o suficiente para falar conosco sobre as pequenas coisas em nossa vida (no meu caso, a maneira de Ele "falar" foi me dar um pensamento sobre o controle remoto e me mostrar uma imagem ou visão das chaves do meu carro). Imagine o quanto Ele deve estar ansioso para falar conosco também sobre as grandes coisas!

A PALAVRA DE DEUS PARA VOCÊ HOJE: lembre-se de que Deus se importa tanto com você que Ele quer falar com você até sobre as pequenas coisas de sua vida.

12 DE JUNHO

Promessas, Promessas

Mesmo assim não duvidou nem foi incrédulo em relação à promessa de Deus, mas foi fortalecido em sua fé e deu glória a Deus. (ROMANOS 4:20)

Em Gênesis 17:16, Deus falou a Abraão e lhe prometeu um herdeiro. Mas o problema era que Abraão e sua mulher Sara eram ambos velhos— *realmente velhos*. Ele tinha cem anos e ela, noventa. Então, os anos de eles gerarem filhos tinham passado há muito tempo! Mas Abraão sabia que Deus havia falado e estava decidido a não colocar o foco na impossibilidade natural de ele e Sara terem um filho. Em vez disso, ele colocou a sua fé na promessa de Deus e se agarrou àquela promessa louvando a Deus, como lemos no versículo de hoje.

Deixe-me dizer de novo que, naturalmente falando, Abraão não tinha absolutamente nenhuma razão para ter esperança. Na verdade, se alguma situação esteve além da esperança, seria a possibilidade de duas pessoas de mais de noventa anos serem capazes de ter um filho biológico. Não obstante, Abraão continuou tendo esperança; ele continuou crendo na promessa de Deus. Olhou para as suas circunstâncias e estava bem consciente das probabilidades que se acumulavam contra ele, mas ele ainda assim não desistiu, embora a Bíblia diga que o corpo dele estava "sem vitalidade" e que o ventre de Sara estava estéril e amortecido. Diante de uma impossibilidade natural genuína, Abraão não cedeu à incredulidade, não vacilou na sua fé nem questionou a promessa de Deus. Em vez disso, ele "foi fortalecido em sua fé" enquanto louvava a Deus.

Se Deus lhe deu promessas e você ainda está esperando que elas se cumpram, seja como Abraão: lembre-se do que Deus disse e continue louvando-o.

A PALAVRA DE DEUS PARA VOCÊ HOJE: louve a Deus enquanto você está esperando que as promessas Dele se cumpram.

13 de Junho

Deus Nos Ajuda a Crescer

Não sejamos presunçosos, provocando uns aos outros e tendo inveja uns dos outros. (Gálatas 5:26)

O relacionamento de cada pessoa com Deus e sua capacidade de ouvir a voz de Deus é diferente, portanto, sinta-se livre para buscar se comunicar com Deus da maneira como Ele o conduzir. Um relacionamento com Deus não tem a ver com trabalhar ou se esforçar para tentar ter um bom desempenho; tem a ver com falar com Ele e ouvir a Sua voz. Não precisamos tentar estar onde outra pessoa está ou ouvir Deus com a clareza e a precisão que outro indivíduo tem, porque essa pessoa pode estar desfrutando um relacionamento com Deus que levou anos de prática e talvez não estejamos tão longe na nossa caminhada com Deus quanto esse indivíduo está. Não há problema em sermos "mais jovens" que outros espiritualmente; Deus ainda nos ouve e nos responde, independentemente da extensão da nossa experiência. Se nos compararmos com outros apenas ficaremos infelizes. Deus está feliz simplesmente porque estamos aprendendo e crescendo.

Comparar-se com outros impedirá o seu crescimento espiritual. Deus conhece você intimamente e Ele tem um plano personalizado para o seu progresso. Ele conhece o seu histórico, o que você passou, as suas decepções e a sua dor. Ele também sabe o que será preciso para torná-lo completamente saudável e você pode ter certeza de que Ele está trabalhando em você, contanto que você o esteja buscando.

Tenho quatro filhos que são muito diferentes e não espero que eles sejam nada além do que são. Aprendi que Deus também é assim conosco. Seja você mesmo, divirta-se, e desfrute o nível de crescimento espiritual que você atingiu até agora.

A PALAVRA DE DEUS PARA VOCÊ HOJE: desfrute o lugar onde você está hoje enquanto está a caminho do lugar para onde você está indo.

14 DE JUNHO

Deus Está Ouvindo

Depois aqueles que temiam ao Senhor conversaram uns com os outros, e o Senhor os ouviu com atenção. Foi escrito um livro como memorial na sua presença acerca dos que temiam ao Senhor e honravam o seu nome. (MALAQUIAS 3:16)

O versículo de hoje diz que Deus gosta de conversas em que falamos sobre o quanto Ele é bom. Quando Ele as ouve, pega o Seu livro de memórias e as registra. Ele não registra a nossa murmuração, os nossos resmungos ou as nossas reclamações, mas registra as palavras que dizemos quando o louvor está nos nossos lábios.

Pense simplesmente em como você se sentiria se ouvisse por acaso os seus filhos dizerem: "Nossa mãe é maravilhosa. Temos a melhor mãe do mundo. Não é verdade que temos um pai e uma mãe incríveis? Eles são os melhores pais que conheço!" Estou certa de que se você testemunhasse uma conversa assim entre seus filhos, mal poderia esperar para abençoá-los.

Mas, por outro lado, e se você entrasse em um quarto e seus filhos estivessem dizendo: "Estou tão cansado da mamãe e do papai. Nunca fazem nada por nós. Eles são cheios de regras. Não querem que a gente se divirta. A mamãe sempre implica conosco e obriga a gente a fazer o dever de casa. Se nossos pais realmente nos amassem, eles nos dariam o que queremos e não o que eles acham que é melhor".

Nossas vidas com Deus não são diferentes dos dois cenários que descrevi acima. Somos filhos de Deus! Ele ouve tudo o que dizemos e sabe o que está no nosso coração mesmo quando não dizemos. O que Ele quer nos ouvir dizendo? O quanto Ele é grande! O quanto Ele é tremendo! As coisas maravilhosas que Ele fez, que Ele pode fazer e que Ele fará! Fale bem de Deus, de todo o coração, e você criará uma atmosfera propícia para Deus falar com você.

A PALAVRA DE DEUS PARA VOCÊ HOJE: diga hoje coisas que irão alegrar a Deus quando Ele as ouvir.

15 DE JUNHO

O Espírito Santo Intercede Por Você

E da mesma maneira também o Espírito ajuda as nossas fraquezas; porque não sabemos o que havemos de pedir como convém, mas o mesmo Espírito intercede por nós com gemidos inexprimíveis. (ROMANOS 8:26)

A Palavra de Deus nos ensina que só o Espírito de Deus conhece os pensamentos de Deus com precisão, e por esse motivo precisamos que Ele interceda por nós e nos conduza na nossa intercessão e nas nossas orações. Se quisermos orar de acordo com a vontade de Deus — e acredito que você quer fazer isso — precisamos saber o que Deus está pensando e o que Ele quer. Muitas vezes, não conseguimos perceber essas coisas, mas o Espírito Santo consegue, então Ele intercede a nosso favor. Faço o melhor que posso em oração, mas sou muito grata por saber que o Espírito Santo é o meu parceiro de oração e que Ele está orando por mim. Também sabemos pela Palavra de Deus que independentemente do que aconteça em nossa vida, podemos confiar em Deus para fazer com que as coisas cooperem para o bem, desde que continuemos orando, amando a Deus e desejando a Sua vontade.

O versículo de hoje, Romanos 8:26, é seguido por Romanos 8:28, que diz: "E sabemos que todas as coisas contribuem juntamente para o bem daqueles que amam a Deus, daqueles que são chamados segundo o seu propósito". Que consolo saber que Deus enviou o Seu Espírito Santo para nos ajudar em tudo, inclusive na oração. Não há nenhuma situação que Ele não possa fazer cooperar para o bem. Quando você orar hoje, peça ao Espírito Santo para ajudá-lo. Mesmo que você esteja sofrendo tanto que tudo o que consegue fazer é gemer, o Espírito Santo pode até articular isso da forma adequada para Deus e trazer a sua resposta. Você tem um Auxiliador Divino que está com você o tempo todo, portanto, certifique-se de chamar por Ele com frequência.

A PALAVRA DE DEUS PARA VOCÊ HOJE: você pode confiar no Espírito Santo para interceder perfeitamente por você.

16 DE JUNHO

A Fonte da Sua Força

O Senhor é a minha força e a minha canção; ele é a minha salvação! Ele é o meu Deus e eu o louvarei, é o Deus de meu pai, e eu o exaltarei! (Êxodo 15:2)

Precisamos ser como Moisés e os israelitas, sobre os quais lemos no versículo de hoje. Quero ressaltar que Deus não apenas lhes *deu* a força (vemos isso ao longo do Antigo Testamento), mas Ele próprio *era* a força deles. O versículo de 1 Samuel 15:29 se refere a Deus como "a Força de Israel". Houve um tempo em que Israel sabia que Deus era a força deles, mas depois eles se esqueceram disso. Quando se esqueciam dessa verdade vital, eles sempre começavam a vacilar e a fracassar como nação e a vida deles passava ser destruída. Quando se voltavam novamente para Deus como sua força, as coisas sofriam uma reviravolta a favor deles.

Mesmo que você saiba que Deus é a sua força, ainda precisa receber isso pela fé. Começo todos os dias dizendo a Deus que não posso fazer nada separada Dele e que dependo inteiramente Dele para me capacitar e me fortalecer. Ele nos fortalece dizendo uma palavra que nos encoraja ou nos dando direção e percepção. Ele também nos fortalece fisicamente nos dando energia sobrenatural quando estamos cansados ou esgotados e Ele nos dá forças para suportar pessoas e situações difíceis.

Confie em Deus para ser a sua força em vez de tentar fazer as coisas sozinho. Você pode ter muitas pessoas dependendo de você e só poderá ajudá-las à medida que depender de Deus e contar com Ele. Receba-o hoje pela fé como a força da sua vida e você ficará impressionado com o que poderá realizar com facilidade.

A PALAVRA DE DEUS PARA VOCÊ HOJE: deixe Deus ser a sua força.

17 DE JUNHO

Um Coração Obediente

O Senhor, o seu Deus, lhes ordena hoje que sigam estes decretos e ordenanças; obedeçam-lhes atentamente, de todo o seu coração e de toda a sua alma.

(DEUTERONÔMIO 26:16)

Uma das melhores maneiras de garantir uma amizade profunda com Deus é ter um coração que deseja lhe obedecer. Quando o nosso coração é puro, sensível à Sua direção e ávido por responder obedientemente, estamos em uma posição tremenda para experimentar a amizade de Deus e ouvir a Sua voz. Deus sabe que não chegaremos a um ponto de perfeição enquanto estivermos nesta terra, mas podemos e devemos ter um coração perfeito para com Ele, um coração que busque e anseie por fazer o que é certo para agradar e glorificar a Deus.

À medida que você crescer na sua amizade com Deus, nunca se esqueça de que o seu relacionamento deve se basear em quem Ele é e não no que Ele pode fazer por você. Continue buscando a Sua presença, não os Seus presentes; continue buscando a Sua face e não as Suas mãos, porque um dos impedimentos para uma amizade vibrante e crescente com Deus é nos permitirmos focar nos benefícios da amizade com Deus em vez de focarmos *nele* como nosso amigo. Como seres humanos, não gostamos de descobrir que certas pessoas querem ser nossas amigas porque temos a capacidade de conseguir alguma coisa que elas desejam; nós nos sentimos valorizados quando sabemos que as pessoas têm a atitude correta no coração para conosco e que elas querem ser nossas amigas simplesmente por causa de quem nós somos e porque gostam de nós. O mesmo princípio se aplica a Deus.

A PALAVRA DE DEUS PARA VOCÊ HOJE: baseie o seu relacionamento com Deus em quem Ele é, e não no que Ele pode fazer por você.

18 DE JUNHO

De Quem é a Voz que Você Está Ouvindo?

Portanto, irmãos, rogo-lhes pelas misericórdias de Deus que se ofereçam em sacrifício vivo, santo e agradável a Deus; este é o culto racional de vocês.

(ROMANOS 12:1)

A fim de obedecer ao versículo de hoje, temos de escolher dar ao Senhor os nossos "membros e faculdades". Em outras palavras, oferecemos a Ele o nosso corpo, a nossa mente, as nossas capacidades e as nossas emoções. Precisamos tomar cuidado para não deixar o diabo usar a nossa mente. A mente humana é o campo de batalha favorito dele e ele dispara pensamentos contra nós o dia inteiro, pensamentos que abafam a voz de Deus se escolhermos dar ouvidos a eles. Os pensamentos que o diabo nos envia geralmente são dissimulados, sutis e enganosos, de modo que achamos fácil acreditar neles. Ele mente e acusa e nos diz qualquer coisa que consiga pensar para roubar a nossa alegria, a nossa paz e fazer com que nos sintamos envergonhados, culpados e indignos. Não podemos impedi-lo de enviar pensamentos em nossa direção, mas podemos resistir a eles no poder de Cristo. Então podemos deliberadamente voltar os nossos pensamentos para Deus e para as coisas que Ele nos diz.

Para ser sincera, há dias em que tenho de expulsar uma dúzia de pensamentos só durante o tempo que levo para fazer a minha maquiagem! Mas, graças a Deus, sei como fazer isso. Você também pode fazer isso. Pense nisso deste modo: duas vozes estão competindo pela sua atenção. Você pode se concentrar em uma ou na outra. Escolha ouvir a voz de Deus e pensar nas coisas que Ele diz, e não nas coisas que o inimigo diz. Quando enchemos os nossos pensamentos com as coisas certas, as coisas erradas não têm espaço para entrar.

A PALAVRA DE DEUS PARA VOCÊ HOJE: entregue sua mente a Deus e concentre-se nos pensamentos que Ele lhe diz.

19 DE JUNHO

Escolha se Entregar

Pois aqueles que de antemão conheceu, também os predestinou para serem conformes à imagem de seu Filho, a fim de que ele seja o primogênito entre muitos irmãos. (ROMANOS 8:29)

De acordo com o versículo de hoje, um dos objetivos de Deus para nossa vida é fazer com que nos tornemos semelhantes a Jesus. Ele quer que continuemos a nos tornar mais semelhantes a Jesus nos nossos pensamentos, nas nossas palavras, na maneira como tratamos as outras pessoas, na nossa vida pessoal e nos nossos atos. Tornar-se semelhante a Jesus não acontece da noite para o dia; é um processo que temos de escolher seguir. Você se lembra do versículo de ontem, Romanos 12:1: *"Portanto, irmãos, rogo-lhes pelas misericórdias de Deus que se ofereçam em sacrifício vivo..."?* Isso significa que temos de tomar uma decisão deliberada de nos entregarmos a Deus. Ele nos deu o livre arbítrio, e a única maneira de pertencermos a Deus completamente é nos entregando a Ele sem restrições. Deus nunca nos obrigará a amá-lo ou a servi-lo. Ele falará conosco, nos conduzirá, guiará e nos impulsionará, mas sempre deixará que a decisão de nos entregarmos caiba a nós.

Deus criou seres humanos, não robôs, e Ele não vai tentar nos programar para nos comportarmos de certa maneira porque nos deu a liberdade de fazermos as nossas próprias escolhas — e Ele quer que o escolhamos. Ele quer que coloquemos as nossas vidas voluntariamente diante Dele todos os dias e digamos: "Deus, que seja feita a Sua vontade e não a minha". Essa oração curta e simples é extremamente poderosa quando realmente somos sinceros, e ela representa o tipo de rendição total que Deus deseja. Se Deus tem falado com você ou tem tratado com você com relação a alguma coisa, eu o encorajo a não adiar mais a sua entrega.

Escolha obedecer à Sua voz e se entregar hoje. Peça-lhe para ser a sua força e lembre-se de que através Dele você pode fazer todas as coisas.

A PALAVRA DE DEUS PARA VOCÊ HOJE: escolha se entregar a Deus.

20 DE JUNHO

Ore em Concordância; Viva em Concordância

Bem-aventurados os pacificadores, pois serão chamados filhos de Deus.
(MATEUS 5:9)

A oração de concordância é eficaz somente quando aqueles que concordam em oração estão vivendo em concordância nas suas vidas naturais diárias. Viver em concordância não significa ter a nossa própria opinião, mas significa que existe harmonia, respeito mútuo e honra nos nossos relacionamentos. Significa a ausência das coisas que geram divisão e contenda — como egoísmo, ira, ressentimento, ciúmes, amargura ou discriminação. Viver em concordância é como estar no mesmo time de futebol — todos trabalham juntos, apoiam e encorajam uns aos outros, acreditam uns nos outros e confiam uns nos outros enquanto todos perseguem o mesmo objetivo e compartilham a vitória.

A oração de concordância é muito poderosa, mas ela pode ser usada com eficácia apenas por aqueles que fazem o possível para viver em concordância. Por exemplo, se Dave e eu discutíssemos e estivéssemos em contenda na maior parte do tempo, mas quiséssemos orar em concordância quando tivéssemos uma necessidade urgente, isso não daria certo. Não há poder na concordância ocasional; precisamos viver em concordância. Viva com os outros respeitosa e pacificamente. Adapte-se e ajuste-se às pessoas e coisas a fim de ser um criador e um mantenedor da paz (ver Romanos 12:16).

Manter a unidade e a harmonia realmente requer esforço, mas o poder liberado quando as pessoas que vivem em concordância oram vale esse esforço.

A PALAVRA DE DEUS PARA VOCÊ HOJE: é mais fácil não ficar irritado do que se acalmar depois que você já se irritou.

21 DE JUNHO

Siga a Lei do Amor

Irmãos, vocês foram chamados para a liberdade. Mas não usem a liberdade para dar ocasião à vontade da carne; pelo contrário, sirvam uns aos outros mediante o amor. (GÁLATAS 5:13)

Às vezes, enquanto passamos pela vida, ferimos as pessoas sem sequer saber que estamos fazendo isso. Sou uma pessoa muito direta e essa é uma boa qualidade, mas também tive de aprender a ser sensível ao que os outros estão enfrentando quando converso com eles. O que dizemos em um momento pode ser totalmente inadequado em outro. Fomos realmente libertos por Cristo e temos o direito de sermos nós mesmos, mas a lei do amor exige que a nossa liberdade não seja usada como uma desculpa para sermos egoístas.

Só porque sentimos vontade de dizer ou fazer alguma coisa não significa que ela seja a melhor coisa para a situação em que nos encontramos. Se você estivesse falando com uma pessoa que esteve doente por muito tempo, essa não seria a melhor hora para dizer a ela o quanto você sempre se sente bem. Ou, se você estivesse falando com uma pessoa que tivesse acabado de perder o emprego, esse não seria o melhor momento para lhe contar sobre o seu aumento de salário e sobre a promoção que você acaba de ganhar. Jesus morreu para que pudéssemos ter liberdade, mas Ele também deixa claro na Sua Palavra que devemos servir uns aos outros mediante o amor.

A PALAVRA DE DEUS PARA VOCÊ HOJE: se fizer os outros felizes, você será mais feliz.

22 DE JUNHO

O Que Você Quer, Deus?

Quem, pois, está disposto a fazer oferta voluntária, consagrando-se hoje ao Senhor? (1 CRÔNICAS 29:5 NKJV)

Os cristãos passam a ser perigosos para o inimigo quando começam a viver vidas consagradas que são totalmente dedicadas e rendidas a Deus. Esse tipo de devoção significa que oferecemos tudo o que somos e o que temos a Deus; não podemos reter nada. Quando nos consagramos, convidamos Deus a falar conosco e a tratar conosco sobre qualquer área que Ele escolha abordar em nossa vida.

Se realmente levarmos a sério o fato de sermos separados para sermos usados por Deus, precisamos perguntar a nós mesmos se existem áreas em nossa vida que estamos nos recusando a entregar a Deus. Que pequenos lugares secretos temos no nosso coração? Quais são as coisas sobre as quais dizemos "Bem, Deus, o Senhor pode fazer tudo, menos *aquilo*", ou "Ah, não, Deus! Não estou pronto para *isso!*" ou "Deus, só não toque nesse relacionamento ainda", ou "Senhor, só não me peça para parar de fazer *isso!*"? Consagração total não é dizer "Senhor, vou ler a minha Bíblia todos os dias"; "Vou decorar versículos e esconder a Sua Palavra no meu coração e orar muitas horas por dia, mas, por favor, não me peça para abrir mão do meu único vício favorito!" Na verdade, consagração total é dizer de todo o coração e com sinceridade: "Eu me entrego — inteiramente — ao Senhor, meu Deus. Fale comigo e me diga o que o Senhor quer".

Não estou tentando dizer que devemos esperar que Deus tire tudo o que gostamos de nós, porque Ele não vai fazer isso. Mas tudo deve estar disponível para Ele. Ele precisa fazer as escolhas quanto ao que realmente é bom para nós e o que não é; nossa função é confiar nele completamente.

A PALAVRA DE DEUS PARA VOCÊ HOJE: esteja inteiramente disponível para Deus, não lhe negando nada.

23 DE JUNHO

Você Quer Conhecer a Vontade de Deus?

Deem graças em todas as circunstâncias, pois esta é a vontade de Deus para vocês em Cristo Jesus. (1 TESSALONICENSES 5:18)

Um dos principais motivos pelos quais muitas pessoas querem ouvir a voz de Deus é que elas querem que Ele lhes diga qual é a vontade Dele para suas vidas. Às vezes as pessoas tratam a vontade de Deus como o mistério mais complicado do mundo e dizem coisas do tipo: "Bem, se pelo menos eu soubesse qual é a vontade de Deus, eu obedeceria" ou "Eu realmente quero seguir a Deus; apenas não tenho certeza de qual é a Sua vontade".

Não posso dizer se a vontade de Deus é que você se mude para outra cidade ou não, que mude de emprego ou fique com o papel principal na peça de Páscoa na igreja, mas posso lhe dar uma maneira absolutamente certa de conhecer e obedecer à vontade de Deus para a sua vida: seja grato. Seja grato — o tempo todo, independentemente do que lhe aconteça. Isso mesmo; simplesmente mantenha um coração grato em todas as circunstâncias e ele abrirá o caminho para uma direção mais clara em todas as outras coisas. Às vezes a gratidão vem facilmente e às vezes ela é difícil, mas se você desenvolver e mantiver uma *atitude* de gratidão, estará dentro da vontade de Deus. Observe que o versículo acima não nos instrui apenas a sermos gratos *por* tudo; ele nos diz para sermos gratos *em* tudo. Por exemplo, digamos que você abra a geladeira um dia e veja que a luz está apagada e os seus alimentos não estão tão gelados quanto deveriam estar. Você não precisa começar a agradecer a Deus porque a geladeira está quebrada, mas pode ser grato porque tem uma geladeira e porque tem alimentos para colocar dentro dela. Significa ser grato porque ela pode ser consertada e manter um coração grato enquanto espera que ela seja consertada. Eu o encorajo a praticar a gratidão à medida que você passa pelo dia hoje e todos os dias.

A PALAVRA DE DEUS PARA VOCÊ HOJE: dê graças em tudo.

24 DE JUNHO

Precisamos do Espírito Santo

A graça do Senhor Jesus Cristo, o amor de Deus e a comunhão do Espírito Santo sejam com todos vocês. (2 Coríntios 13:14)

Antes de morrer na cruz, Jesus falou aos Seus discípulos e tentou prepará-los para a vida sem Ele. Ele lhes disse que quando fosse embora, o Pai enviaria outro Consolador, o Espírito Santo, que viveria neles — aconselhando, ajudando, fortalecendo, intercedendo, sendo um advogado, convencendo do pecado e convencendo da justiça. O Espírito Santo entraria em comunhão íntima com eles, guiando-os a toda a verdade, e lhes transmitindo tudo que era deles como coerdeiros com Jesus Cristo (ver João 16:7-15; Romanos 8:17).

Como você pode ver, a intenção de Deus ao nos enviar o Espírito Santo era para que desenvolvêssemos um relacionamento íntimo com Ele e pudéssemos receber tudo que Ele nos oferece. Se quisermos permitir que Ele nos console, aconselhe, ensine e faça todas as outras coisas que Deus prometeu que Ele fará, temos de ouvir a Sua voz porque parte da forma que Ele nos ministra, nos orienta e nos ajuda é falando conosco. Precisamos do Espírito Santo em nossas vidas e Deus o deu a nós. A nossa comunhão com Ele pode ser tão íntima e profunda quanto desejarmos que seja. Tudo que temos a fazer é separar tempo para estar com Ele, pedir-lhe que fale conosco e abrir o nosso coração às Suas palavras.

A PALAVRA DE DEUS PARA VOCÊ HOJE: o seu relacionamento com Deus pode ser tão profundo e íntimo quanto você deseja que seja.

25 DE JUNHO

Silêncio, Por Favor

Confia ao SENHOR as tuas obras, e teus pensamentos serão estabelecidos.
(Provérbios 16:3, ARC)

Deus intervém nas nossas vidas quando lhe pedimos isso. Quando paramos de tentar fazer as coisas do nosso jeito, Ele assume o comando. Quando Deus realmente começa a falar conosco intimamente e poderosamente? Quando paramos de falar e começamos a ouvir. Em vez de tentar resolver os nossos próprios problemas, nos preocuparmos e nos irritarmos com eles, deveríamos calmamente ouvir o que Deus tem a dizer. O versículo de hoje menciona as nossas "obras". Muitas vezes, as nossas obras são as coisas que "trabalhamos" na nossa mente

— a nossa mania de racionalizar, analisar e as nossas tentativas de entender o que está acontecendo ou o que deveríamos fazer. Deus diz que se entregarmos as nossas obras a Ele, os nossos pensamentos serão estabelecidos. Em outras palavras, se conseguirmos fazer com que a nossa mente se acalme, teremos uma mente clara e Deus poderá nos dar ideias e falar conosco sobre estratégias e direções inovadoras.

Certa vez eu estava irritada e preocupada com o que fazer a respeito de um problema para o qual não estava encontrando resposta. Por fim, eu me aquietei e perguntei a Deus o que devia fazer, e Ele simplesmente disse: "Faça o que você diria a outra pessoa para fazer se ela viesse lhe pedir um conselho nesta mesma situação". Instantaneamente eu soube o que fazer e a minha paz voltou. Deus tem respostas para nós se simplesmente ficarmos quietos e ouvirmos.

A PALAVRA DE DEUS PARA VOCÊ HOJE: mantenha a mente e a boca quietas para que Deus possa falar com você e estabelecer os seus pensamentos.

26 DE JUNHO

O Consolador

"Eu, eu mesmo, sou quem o consola". (ISAÍAS 51:12)

Os vários nomes do Espírito Santo descrevem o Seu caráter e o Seu ministério em nossa vida. Ele é o nosso mestre, o nosso ajudador, o nosso intercessor, o nosso advogado, o nosso fortalecedor e o nosso auxiliador. Esses nomes revelam o que o Espírito Santo quer fazer pelos crentes. Hoje quero colocar o foco nele como o nosso Consolador (ver João 14:16).

Durante muitos anos eu costumava ficar zangada regularmente com meu marido porque ele não queria me consolar quando eu sentia que precisava de consolo. Estou certa de que ele tentava, mas agora entendo que Deus não permitia que Dave me consolasse porque eu precisava buscar consolo no Espírito Santo. Ele teria me dado todo o consolo que eu precisava, se eu simplesmente pedisse isso a Ele.

Deus permitirá que as pessoas façam apenas certa dose de coisas por nós, e não mais. Até as pessoas que nos são extremamente próximas não podem nos dar tudo que precisamos o tempo todo. Quando esperamos que os outros façam por nós o que somente Deus pode fazer, as nossas expectativas estão no lugar errado e ficaremos sempre decepcionados.

O consolo de Deus é muito melhor que o de qualquer outra pessoa. Uma pessoa nunca pode nos dar o que realmente precisamos a não ser que Deus designe e unja essa pessoa para nos ministrar, o que Ele muitas vezes faz. Não obstante, Deus é a única fonte de verdadeiro consolo, e quando precisarmos devemos ir até Ele para recebê-lo da maneira que Ele considerar adequado. Se você está sofrendo hoje, eu o encorajo a pedir a Deus o consolo divino.

A PALAVRA DE DEUS PARA VOCÊ HOJE: busque e receba o consolo de Deus.

27 DE JUNHO

Seja Corajoso!

O ímpio foge, embora ninguém o persiga, mas os justos são corajosos como o leão.
(PROVÉRBIOS 28:1)

Uma das principais razões pelas quais as pessoas não oram e relutam em pedir a Deus o que precisam e desejam é porque não se sentem dignas. Elas não se sentem bem consigo mesmas; não sentem que são espirituais o bastante, então não acreditam que Deus as ouviria. Todos nós cometemos erros e quando fazemos isso devemos receber o perdão e a misericórdia de Deus, o que permite que as bênçãos Dele fluam mesmo quando cometemos erros no passado.

Quando falamos com Deus e fazemos pedidos a Ele, precisamos entender a nossa posição como filhos e filhas de Deus que foram justificados através do sangue de Jesus. De outro modo, podemos não ouvir a Sua voz claramente ou perceber as Suas respostas com precisão. De fato, costumamos pensar que a nossa justiça se baseia em fazer as coisas "certas" — em dizer as palavras "certas", nos comportarmos da maneira "certa" ou ter a atitude "certa". A verdade é que não podemos nos tornar justos. A verdadeira justiça bíblica não se baseia no que fazemos de certo, mas no que Jesus fez por nós. A Sua justiça se torna nossa pela fé, e logo que acreditamos nisso, então, passamos a ter um comportamento cada vez mais certo. Mas precisamos sempre nos lembrar de que Deus responde às nossas orações porque Ele é bom, e não porque nós somos bons. Podemos nos aproximar Dele com ousadia em oração e esperar ouvi-lo diariamente.

A PALAVRA DE DEUS PARA VOCÊ HOJE: Deus transformará os seus erros em milagres se você confiar nele e orar com ousadia.

28 de Junho

Sem Limites

Pois a verdade é que Deus fala, ora de um modo, ora de outro, mesmo que o homem não o perceba. (Jó 33:14)

Todos nós precisamos ouvir Deus todos os dias com relação a muitos problemas diferentes, mas há momentos críticos em nossa vida nos quais precisamos especialmente saber que estamos ouvindo claramente a voz de Deus. Deus quer falar conosco, mas temos de tomar cuidado para não desenvolvermos uma mentalidade fechada sobre a forma como Ele fala. Não precisamos dizer: "Vou deixar Deus falar comigo através da Sua Palavra, mas não vou deixar que Ele fale comigo através de um sonho". Não devemos dizer: "Vou deixar Deus falar comigo através do meu pastor, mas não através dos meus amigos". Como mencionei, Deus pode escolher entre muitas maneiras para falar conosco, mas independentemente de qual maneira Ele escolha, podemos contar com Deus para dirigir o nosso caminho porque Ele promete fazer isso.

Nem sempre é fácil saber se estamos ouvindo Deus ou se estamos ouvindo o nosso próprio raciocínio mental ou emocional. Algumas pessoas dizem que levaram anos para aprender como ouvir Deus, mas creio que isso aconteceu porque elas não tiveram um ensinamento claro sobre como Deus se comunica com o Seu povo. Deus quer que saibamos que Ele está disposto a nos conduzir e a nos guiar como um bom pastor dirige as suas ovelhas.

Deus fala de muitas maneiras, portanto peça a Ele para falar com você hoje e permita que Ele o conduza da maneira que Ele escolher. Certa vez Deus falou com um profeta através de uma mula, então queremos ter uma mente aberta com relação à maneira como Ele pode escolher falar conosco.

A PALAVRA DE DEUS PARA VOCÊ HOJE: mantenha uma mente aberta sobre como Deus fala com você.

29 de Junho

Deus Fala Através das Portas de Oportunidade

Estas são as palavras daquele que é santo e verdadeiro, que tem a chave de Davi. O que ele abre ninguém pode fechar, e o que ele fecha ninguém pode abrir.
(Apocalipse 3:7)

Às vezes Deus fala abrindo e fechando uma porta para alguma coisa que queremos fazer. Paulo e Silas tentaram ir para a Bitínia com o intuito de pregar o evangelho e ministrar ao povo dali, mas o Espírito de Jesus os impediu de fazer isso (ver Atos 16:6-7). Não sabemos exatamente como isso aconteceu; é possível que eles simplesmente tenham perdido a paz. Sinto que eles realmente tentaram ir àquela província, e Deus de alguma forma os impediu de chegar lá.

Dave e eu sabemos por experiência própria que Deus pode abrir portas de oportunidade que ninguém pode fechar, e Ele também pode fechar portas que simplesmente não podemos abrir. Oro para que Deus abra somente as portas através das quais Ele quer que eu passe. Posso sinceramente pensar que alguma coisa é certa, quando na verdade ela pode ser errada; portanto, dependo de Deus para fechar as portas através das quais estou tentando passar se na verdade estiver cometendo um erro.

Passei anos da minha vida tentando fazer as coisas que eu queria fazer acontecerem. O resultado foi frustração e decepção. É muito mais tranquilo e agradável fazer a minha parte e depois simplesmente confiar em Deus para abrir as portas que estão de acordo com o Seu plano para a minha vida e fechar firmemente aquelas que não estão. Deus o ama e você pode ter certeza de que na hora certa, Ele abrirá a porta certa para você.

A PALAVRA DE DEUS PARA VOCÊ HOJE: não tente fazer nada acontecer por si mesmo. Confie em Deus para abrir as portas certas e fechar as portas erradas para você.

30 DE JUNHO

O Amigo Justo de Deus

Deus tornou pecado por nós aquele que não tinha pecado, para que nele nos tornássemos justiça de Deus. (2 CORÍNTIOS 5:21)

Não consigo pensar em nada mais incrível do que ser amigo de Deus. Não há nada que eu preferiria mais ouvir Deus dizer a "Joyce Meyer é minha amiga". Não quero que Ele diga: "Joyce Meyer sabe todos os princípios de oração e pode citar dezenas de versículos bíblicos; ela é muito eloquente quando ora, mas realmente não me conhece nem um pouco e não somos realmente amigos". Quero saber que Deus pensa em mim como Sua amiga, e creio que você anseia que Ele pense o mesmo de você também. Por meio de Jesus Cristo, temos o direito de estar à vontade com Deus, ouvir a Sua voz, e entrar com ousadia perante o trono da graça para obtermos toda a ajuda de que precisamos, a tempo de termos as nossas necessidades e as necessidades de outros atendidas (ver Hebreus 4:16).

Uma das melhores coisas que você pode fazer é desenvolver a sua amizade com Deus. Jesus o justificou através do sangue que derramou na cruz, então não há razão para você não poder se aproximar de Deus com tanta ousadia e naturalidade quanto você se aproximaria do seu melhor amigo na terra. Lembre-se de que a amizade com Deus requer um investimento de tempo e energia para ser desenvolvida. Mas lembre-se também de que à medida que a sua amizade se aprofunda, sua capacidade de ouvir a voz de Deus aumenta. Uma amizade crescente, vibrante e cada vez mais íntima com Deus levará naturalmente a uma comunicação cada vez mais eficaz com Ele.

A PALAVRA DE DEUS PARA VOCÊ HOJE: faça um esforço para desenvolver uma amizade cada vez mais íntima com Deus hoje.

1 DE JULHO

Seja um Inspetor de Frutos

Assim, pelos seus frutos vocês os reconhecerão! (MATEUS 7:20)

Eu o encorajo a examinar os seus próprios frutos e os frutos de outros. Não examine os outros para julgá-los e criticá-los, mas simplesmente para determinar se eles são o que afirmam ser. Esta é uma maneira de tentarmos "testar os espíritos" e ficar longe de problemas. A maioria de nós teve a experiência dolorosa de ser ferido por alguém que nos enganou. Pensávamos que conhecíamos a pessoa, mas no final das contas ela não era o que parecia ser. Podemos aprender com estas experiências a não nos deixarmos impressionar tanto com o que as pessoas dizem, mas a observar o tipo de fruto que elas demonstram. Uma pessoa pode parecer ser religiosa e até citar capítulos inteiros da Bíblia, mas se ela é rude com as pessoas, gananciosa e egoísta, então ela não é o que parece ser.

Ser uma cristã genuína é muito importante para mim. Quero dar os frutos daquilo que afirmo ser e estou certa de que você sente o mesmo. Gosto de olhar diariamente para os frutos em minha própria vida. Não faz sentido julgar os frutos de outras pessoas se não estou disposta a olhar para os meus. Estou sendo paciente? Sou generosa? Realmente me importo com as outras pessoas e estou disposta a me sacrificar para ajudá-las? Sou imediatamente obediente à direção do Espírito Santo? Nós nos enganaremos pensando que somos alguma coisa que não somos se não dedicarmos tempo para examinar os frutos em nossa vida.

Davi pediu a Deus para examiná-lo e Paulo disse aos Coríntios para examinarem, provarem e avaliarem a si mesmos para ver se eles estavam firmes na fé e demonstrando os frutos adequados dessa fé (ver Salmos 26:2; 2 Coríntios 13:5-6). Vamos testar e examinar os nossos caminhos e pedir a Deus para podar os maus frutos a fim de que toda a árvore não fique doente.

A PALAVRA DE DEUS PARA VOCÊ HOJE: separe um tempo diariamente para examinar os frutos em sua vida!

2 DE JULHO

Fé Sim, Sentimentos Não

Porque vivemos por fé, e não pelo que vemos. (2 CORÍNTIOS 5:7)

A Bíblia nos ensina a viver pela fé e não pelo que vemos e sentimos; entretanto, há momentos em que Deus usa as circunstâncias para falar conosco. Por exemplo, quando Dave e eu começamos a sentir que Deus estava falando conosco sobre termos um programa de televisão, nós dois certamente não sabíamos como produzir um programa e não podíamos levá-lo ao ar sem dinheiro. Não tínhamos como conseguir dinheiro suficiente sozinhos, então Deus teve de suprir os recursos necessários. Se tivéssemos escrito para os nossos amigos e parceiros e não tivéssemos recebido a ajuda financeira, poderíamos não ter dado mais nenhum passo. Independentemente de quanta fé tivéssemos para termos um programa de televisão, também precisávamos do dinheiro. Acreditávamos que Deus havia falado no nosso coração, mas também precisávamos que Ele falasse através das circunstâncias. Precisamos saber a diferença entre fé, tolice e presunção. Seria tolo entrarmos em dívidas para ter um programa na televisão.

Suponhamos que uma mulher ore e sinta que deve ir trabalhar para ajudar nas despesas da família. Ela decide conseguir um emprego, mas tem dois filhos pequenos. Se ela não conseguir encontrar uma babá de confiança, não pode ir trabalhar. Esta é uma circunstância que Deus precisa cuidar para que ela siga em frente. Se Deus não conseguir uma babá, então ela terá de questionar seus pensamentos acerca de ir trabalhar fora. Talvez Deus esteja mostrando a ela que ficar em casa com sua família naquele momento da vida é melhor que trabalhar fora.

Andamos por fé, mas precisamos pedir a Deus para nos dar sabedoria para saber quando devemos ignorar totalmente as circunstâncias e quando devemos prestar atenção a elas, porque Deus está usando as circunstâncias para falar conosco e nos guiar.

A PALAVRA DE DEUS PARA VOCÊ HOJE: viva por fé, mas não seja tolo.

3 DE JULHO

Separe um Tempo para Deus

Mas aqueles que esperam no Senhor renovam as suas forças. Voam bem alto como águias; correm e não ficam exaustos, andam e não se cansam. (ISAÍAS 40:31)

Vivemos em um mundo pressionado pelo tempo e quase tudo que fazemos parece ser urgente. O inimigo tem sido extremamente bem-sucedido no seu esquema para impedir as pessoas de orar e de passar tempo com a Palavra, mantendo-as extraordinariamente ocupadas. Vivemos sob uma pressão incrível e corremos de uma coisa para outra e para mais outra — até o ponto em que costumamos negligenciar as coisas que são realmente importantes na vida: Deus, a família e outros relacionamentos, a nossa saúde e a edificação da nossa vida espiritual. Então, ficamos cada vez mais estressados — e a única maneira de lidar com isso e colocar a vida em ordem de novo é buscar a Deus e ouvir o que ele nos diz. É verdade; realmente não podemos lidar com a vida sem Ele. Não podemos lidar com a pressão, a confusão e o estresse sem Ele. Nossos casamentos sofrerão, nossos filhos sofrerão, nossas finanças ficarão um caos, nossos relacionamentos não florescerão — se não passarmos tempo com a Palavra e em oração. Deus nos fortalecerá e nos capacitará a lidar com a vida calma e sabiamente se começarmos a orar pelas coisas em vez de simplesmente tentarmos atravessar o dia. Quando separamos um tempo para Deus e ouvimos a Sua voz, Ele renova as nossas forças e nos capacita a lidar com a vida sem nos cansarmos. Mas temos de começar usando o tempo que temos com sabedoria sempre colocando Deus em primeiro lugar.

A PALAVRA DE DEUS PARA VOCÊ HOJE: separe um tempo para ouvir a voz de Deus todos os dias.

4 DE JULHO

Os Pensamentos de Deus Não São os Pensamentos do Homem

"Pois os meus pensamentos não são os pensamentos de vocês, nem os seus caminhos são os meus caminhos", declara o Senhor. (ISAÍAS 55:8)

Certa vez nosso filho David, que dirige o nosso departamento de missões, me procurou querendo um conselho sobre quem contratar para preencher uma vaga de trabalho. Ele sentia que Deus queria que ele oferecesse o emprego a alguém que ele não escolheria naturalmente. Ele tentou preencher a vaga com várias pessoas aparentemente qualificadas, apenas para ver cada uma delas recusar o emprego. Ele disse: "Parece que Deus quer a pessoa que eu não escolheria".

Deus diz no versículo de hoje: "Os meus pensamentos não são os pensamentos de vocês, nem os seus caminhos são os meus caminhos" (Isaías 55:8). A pessoa que Deus colocou no coração de David era a única que estava genuinamente interessada no emprego. Sabíamos que este era outro exemplo de Deus nos ajudando a ouvir a Sua voz através das portas abertas e das portas fechadas. Deus nem sempre dá um emprego ou uma tarefa à pessoa mais qualificada. Muitas vezes, a atitude do coração de uma pessoa é mais importante que sua experiência ou credenciais, principalmente em cargos de ministério.

Descobri que o que Deus escolhe fazer nem sempre faz sentido para nós; nem sempre se encaixa na nossa razão. A nossa mente nem sempre entende as direções espirituais que recebemos de Deus. Os pensamentos Dele realmente estão acima dos nossos! Todos os caminhos Dele são retos e certos.

A PALAVRA DE DEUS PARA VOCÊ HOJE: deixe o seu espírito tomar a direção e não seja guiado pela sua cabeça.

5 DE JULHO

Tenha Expectativa

Ó minha alma, espera silenciosa somente em Deus, porque dele vem a minha esperança. (SALMOS 62:5)

O poder de Deus é liberado quando oramos com fé, confiando e crendo nele, porque a fé agrada a Deus. A expectativa é um atributo da fé que tem o seu próprio tipo de poder — o poder da esperança. A fé estende-se para a dimensão espiritual e espera que o poder sobrenatural de Deus apareça e faça o que nenhuma pessoa na Terra poderia fazer. A dúvida, por outro lado, tem medo de que nada aconteça; não agrada a Deus e não é algo que Ele pode abençoar. Somos impotentes quando vivemos com dúvida, decepção e falta de confiança em Deus.

Apenas pense em um tempo em que você não tinha realmente certeza de que Deus viria em seu socorro. Você não conseguia fazer orações muito poderosas, não é mesmo? Agora se lembre de um tempo em que o seu coração confiava completamente em Deus e você realmente acreditava que Ele viria em seu socorro. Você conseguia orar então com certa sensação de poder, não é? Esse é o poder da expectativa na oração. Mesmo que as coisas não saiam exatamente da maneira que você esperava que saíssem, confie em Deus, pois Ele sabe o que é melhor. Continue esperando que Ele faça grandes coisas.

A PALAVRA DE DEUS PARA VOCÊ HOJE: espere que Deus faça grandes coisas na sua vida e ore com ousadia.

6 DE JULHO

Por Favor, Não Seja Religioso

"Ai de vocês, mestres da lei e fariseus, hipócritas! Vocês limpam o exterior do copo e do prato, mas por dentro eles estão cheios de ganância e cobiça." (MATEUS 23:25)

Jesus costumava corrigir os líderes religiosos do Seu tempo porque embora eles fizessem muitas obras boas, eles as faziam pelos motivos errados. Uma abundância de obras religiosas nem sempre significa que a pessoa que as está realizando está próxima de Deus. Creio que a atividade religiosa pode nos impedir de ter um relacionamento íntimo com Deus e de ouvi-lo falar conosco.

Jesus morreu para abrir o caminho para termos intimidade com Deus, e isso deve sempre vir antes de qualquer boa obra. É realmente possível fazer coisas religiosas enquanto nossos corações estão longe de Deus. Deveríamos frequentemente fazer uma "verificação dos nossos motivos". No que se refere a obras religiosas, Deus está mais preocupado com o porquê fazemos as coisas do que com o que fazemos. Ele disse que a verdadeira religião é visitar, ajudar e cuidar das viúvas e dos órfãos nas suas aflições (ver Tiago 1:27). Deus quer que amemos e nos importemos de forma genuína com as pessoas que sofrem muito mais do que deseja que tentemos impressionar uns aos outros com orações longas e eloquentes.

As pessoas religiosas fazem muitas coisas para aumentar a sua reputação em vez de simplesmente servirem a Deus. Elas podem se empenhar em todo tipo de boas obras, mas raramente ou nunca se empenham em realmente partilhar seus corações com Deus ou permitir que Ele partilhe o Seu com elas. Essas pessoas raramente ouvem realmente a voz de Deus ou desfrutam uma comunhão profunda com Ele.

A PALAVRA DE DEUS PARA VOCÊ HOJE: coloque o foco no seu relacionamento com Deus, e não em ser religioso.

7 DE JULHO

Busque a Deus e depois Sirva a Deus

"E você, meu filho Salomão, reconheça o Deus de seu pai, e sirva-o de todo o coração e espontaneamente." (1 Crônicas 28:9)

Jesus tem empatia por pessoas que sofreram abuso pela lei religiosa e que foram oprimidas por uma liderança religiosa endurecida. Ele quer ver as pessoas curadas e restauradas para que possam saber que Deus é bom, que Ele é cheio de misericórdia e é longânimo, tardio em irar-se e pronto para perdoar. Deus dá graça — o Seu poder para nos ajudar a fazer o que não conseguimos fazer sozinhos — liberalmente. Quando Ele nos diz para fazermos algo, não nos deixa impotentes; Ele nos dá o que precisamos para fazê-lo.

Quando disse: "Venham a mim, todos os que estão cansados e sobrecarregados" (Mateus 11:28) Jesus estava falando com pessoas que estavam sofrendo de esgotamento espiritual. Ele quer consolar aqueles que estão esgotados por tentarem servir e se sentirem fracassados. Existem milhares de pessoas na igreja hoje que trabalham em excesso e que estão subnutridas espiritualmente. Pessoas que querem ter um relacionamento poderoso com Deus e fizeram tudo que a suposta religião lhes disse para fazer e, no entanto, ainda se encontram vazias.

No seu desejo de agradar a Deus, elas substituíram o *buscar* a Deus e ouvir a Sua voz por *trabalhar* para Deus sem terem uma direção específica Dele. Ele quer que façamos as obras do Reino, que são as coisas que Ele nos dirige a fazer; mas não quer que fiquemos demasiadamente ocupados com a atividade religiosa, pensando que Ele está satisfeito com o nosso sacrifício — um sacrifício que Ele sequer nos pediu para fazermos. Como as pessoas podem fazer as obras de Deus se elas não tiram um tempo para ouvir Dele se deveriam fazê-las?

A PALAVRA DE DEUS PARA VOCÊ HOJE: pergunte a Deus o que Ele quer que você faça, e depois faça de todo o seu coração.

8 DE JULHO

Vinde a Mim

Venham a mim, todos os que estão cansados e sobrecarregados, e eu lhes darei descanso. (Mateus 11:28)

Um dos maiores impedimentos para ouvir Deus é tentar chegar até Ele através das obras em vez de através de um relacionamento pessoal, nascendo de novo e tendo comunhão regular com Ele. Deus lhe dará a força e o poder que você precisa para servi-lo em justiça e santidade. Jesus não é um capataz duro, como vemos no versículo de hoje. Neste versículo, Jesus estava dizendo: "Eu sou bom. O meu sistema é bom — não é duro, cruel, rígido ou exigente". Você pode ficar sobrecarregado facilmente tentando fazer tudo que acha que se espera de você, mas Jesus está lhe dizendo hoje: "Eu não vou sobrecarregar você com fardos e exigir coisas de você que vão esgotá-lo. O meu plano para você é apropriado, gracioso e agradável".

Quando Deus nos dá algo para fazer Ele sempre nos ajuda a fazer isso. Ele nos dá capacidade, força, paz e alegria. Quando estamos fazendo a vontade de Deus, Ele nos renova enquanto trabalhamos. Se você se sente sobrecarregado, pode estar fazendo coisas que Deus não lhe pediu para fazer ou pode estar tentando fazê-las na sua própria força. Pergunte a Ele o que quer que você faça e não faça, e seja ousado o bastante para eliminar qualquer coisa que Ele não esteja abençoando.

A PALAVRA DE DEUS PARA VOCÊ HOJE: elimine do seu programa qualquer coisa que não esteja dando bons frutos.

9 DE JULHO

Filhos e Filhas de Deus

Suportem as dificuldades, recebendo-as como disciplina; Deus os trata como filhos. Pois, qual o filho que não é disciplinado por seu pai? (HEBREUS 12:7)

Se quisermos ser guiados pelo Espírito de Deus, precisamos estar dispostos a crescer e a nos tornarmos filhos e filhas maduros de Deus. Não devemos permitir que os nossos desejos carnais, os nossos apetites naturais, o diabo, os nossos amigos, as nossas emoções, ou simplesmente o que pensamos nos dirija; confiamos apenas no Espírito de Deus para termos liderança e direção.

Quanto mais conhecemos a Palavra de Deus, mais entendemos que Ele não nos fará desviar nem nos dirigirá para nada que não seja bom para nós. Até as coisas que podem parecer perturbadoras no começo finalmente se transformarão em grandes bênçãos em nossas vidas se simplesmente seguirmos a direção do Espírito Santo. Aprender a segui-lo faz parte da maturidade espiritual.

A Bíblia se refere a nós como "filhos de Deus". Há uma diferença entre ser uma criança e ser um filho maduro. Embora ambos sejam igualmente amados, os filhos e filhas maduros desfrutam liberdades, privilégios e responsabilidades que as crianças ainda não são crescidas o bastante para desfrutar.

Entramos no Reino de Deus como bebês; passamos por um tempo em que somos crianças; e depois aprendemos a nos comportar como filhos e filhas de Deus e coerdeiros com Cristo. Deus quer fazer coisas maravilhosas por nós, mas precisamos crescer nele a fim de recebê-las. Eu o encorajo a fazer tudo que puder para buscar a maturidade espiritual. Comece hoje a pedir a Ele para ajudá-lo neste processo.

A PALAVRA DE DEUS PARA VOCÊ HOJE: esteja disposto a crescer em maturidade em Deus.

10 DE JULHO

Faça o Sacrifício

Por meio de Jesus, portanto, ofereçamos continuamente a Deus um sacrifício de louvor, que é fruto de lábios que confessam o seu nome. (HEBREUS 13:15)

Costumamos interpretar o "sacrifício de louvor" mencionado no versículo de hoje como se não significasse nada além de louvar a Deus quando não sentimos vontade de louvá-lo, e este pode certamente ser um tipo de sacrifício. Mas acredito que o escritor de Hebreus está na verdade fazendo referência ao sistema de sacrifícios do Antigo Testamento que exigia que o sangue de animais fizesse expiação pelos pecados do povo.

Nós, entretanto, vivemos no tempo do Novo Testamento, quando não precisamos mais colocar ovelhas, bodes e touros mortos sobre um altar. Em vez disso, o sacrifício — a oferta — que Deus quer de nós hoje é ouvir as palavras certas saindo de nossos lábios. Assim como a fumaça e o aroma dos sacrifícios de animais subiam diante do Seu trono sob a Antiga Aliança, o louvor dos nossos corações sobe como um sacrifício perante Ele hoje. Em Hebreus 13:15, o Senhor estava realmente dizendo: "O sacrifício que quero agora é o fruto dos seus lábios reconhecendo-me com gratidão". Precisamos aplicar esta Escritura às nossas vidas diárias, nos certificando de declararmos louvores a Deus em toda oportunidade que tivermos. Precisamos falar às pessoas sobre todas as grandes coisas que Ele tem feito por nós; precisamos agradecer a Ele e dizer-lhe que o amamos. No nosso coração e com os nossos lábios, devemos dizer continuamente: "Deus, eu te amo. Obrigado por tudo que o Senhor está fazendo em minha vida. Pai, eu te louvo por cuidar de tudo que diz respeito a mim hoje". Precisamos ser pessoas que louvam, reconhecendo Deus "constantemente e em todo o tempo", oferecendo-lhe continuamente o sacrifício de louvor.

A PALAVRA DE DEUS PARA VOCÊ HOJE: louve a Deus com tanta frequência quanto possível hoje.

11 de Julho

Estamos no Mundo, Mas Não Somos do Mundo

Dei-lhes a tua palavra, e o mundo os odiou, pois eles não são do mundo, como eu também não sou. (João 17:14)

O versículo de hoje nos ensina que como crentes, estamos no mundo, mas não somos do mundo, o que significa que não podemos ter uma visão mundana das coisas. Precisamos de vigilância constante para não nos tornarmos como o mundo nos nossos caminhos e atitudes. Assistir imagens de violência excessiva como entretenimento, como acontece com o mundo, pode cauterizar ou endurecer a nossa consciência e reduzir a nossa sensibilidade à voz de Deus. Muitas pessoas no mundo hoje estão insensíveis às agonias que as pessoas reais sofrem porque assistem a tragédias retratadas com muita frequência na televisão.

A mídia frequentemente transmite relatos negativos ou histórias trágicas de uma forma direta e sem emoção, e costumamos ver e ouvir estas coisas sem sentir. Ouvimos falar sobre tantas coisas terríveis que não reagimos mais à tragédia com as emoções adequadas de compaixão ou indignação que deveríamos demonstrar.

Creio que estas coisas são parte do plano geral de Satanás para o mundo. Ele quer que o nosso coração se endureça e que não nos envolvamos emocionalmente quando tomamos ciência dos acontecimentos terríveis que ocorrem à nossa volta. Ele não quer que nos importemos com as pessoas que são afetadas por essas coisas. Mas, como cristãos, devemos nos importar, devemos sentir e devemos orar. Sempre que ouvimos falar do que está acontecendo no mundo, devemos perguntar a Deus qual é a perspectiva Dele e procurar saber como Ele quer que reajamos. Então precisamos ouvir a Sua resposta e agir de acordo com ela. Esta é uma maneira de estarmos no mundo, mas não sermos do mundo.

A PALAVRA DE DEUS PARA VOCÊ HOJE: tome uma posição a favor dos valores divinos e nunca faça concessões.

12 DE JULHO

Abra o Seu Coração

Jesus chorou. (João 11:35)

Muitas pessoas não sentem emoções de piedade porque passaram por tanta dor no passado que simplesmente "desligaram" seus sentimentos. As pessoas que se recusaram sentir qualquer coisa por um longo período têm medo de começar a sentir de novo porque tudo que elas conseguem se lembrar sobre os sentimentos é da dor.

Com o tempo, a dor emocional precisa ser encarada a fim de permitir que as emoções divinas fluam em nossas vidas outra vez. Permitir a nós mesmos sentir outra vez transformará um coração duro em um coração sensível, mas isso requer paciência e a disposição de trabalhar com Deus para fazer com que esses sentimentos sejam "ligados" novamente.

Independentemente do que causou a sua dor ou do quanto ela foi terrível, não fique no cativeiro da dureza de coração. Isso apenas tratará dos sintomas e não das raízes da sua dor. Isso não protegerá você contra mais dor, mas impedirá sua capacidade de ouvir a voz de Deus. A dureza de coração não provém de Deus; Ele nos criou para termos sentimentos. De acordo com o versículo de hoje, até Jesus chorou.

Toda vez que você se permitir sentir, estará vulnerável à dor, mas será diferente quando você tem Jesus, aquele que cura, vivendo dentro de você. Toda vez que você for ferido, Ele estará bem ali para cuidar da ferida.

Se você "desligou" as suas emoções, por favor, entenda que comprometeu a sua capacidade de ouvir a voz de Deus. Abra o seu coração para Ele; peça-lhe para colocar ternura no seu coração e curá-lo para que você possa ouvir a Sua voz e desfrutar uma comunhão íntima com Ele.

A PALAVRA DE DEUS PARA VOCÊ HOJE: se construir muros para manter as pessoas fora de sua vida, você viverá atrás desses muros em uma prisão construída por você mesmo.

13 DE JULHO

A Amargura Nos Impede de Ouvir

Livrem-se de toda amargura, indignação e ira, gritaria e calúnia, bem como de toda maldade. (Efésios 4:31)

Ficar amargurado com Deus é um impedimento certo a ouvir a Sua voz. Toda vez que a amargura tentar se apossar de você, não permita. Muitas vezes, o diabo tenta nos fazer pensar que somos os únicos que temos dificuldades. Não quero parecer alguém sem compaixão, mas por pior que sejam os nossos problemas, alguém tem sempre um problema pior.

O marido de uma mulher que trabalhava para mim abandonou-a depois de trinta e nove anos de casamento. Ele simplesmente deixou um bilhete e partiu. Aquilo foi uma tragédia para ela! Fiquei muito orgulhosa dela quando me procurou depois de algumas semanas e disse: "Joyce, por favor, ore por mim para que eu não fique irada com Deus. Satanás está me tentando terrivelmente para fazer com que eu fique irada com Ele. Não posso ficar irada com Deus. Ele é o único amigo que tenho. Eu preciso Dele!".

A amargura estava tentando criar raízes no coração da minha amiga porque a vida dela não havia saído da maneira que ela queria. Quando somos magoados, precisamos entender que todas as pessoas têm o livre arbítrio e que não podemos controlar esse livre arbítrio — nem mesmo através da oração. Podemos orar para que Deus fale com as pessoas que nos magoaram; podemos pedir-lhe que as conduza a fazer o que é certo em vez do que é errado, mas o ponto principal é que Ele precisa deixá-las fazer suas próprias escolhas. Se alguém faz uma escolha que nos fere, não devemos colocar a culpa em Deus e ficar amargurados com Ele.

A PALAVRA DE DEUS PARA VOCÊ HOJE: se você foi magoado, nunca culpe a Deus. Ele é o melhor amigo que você tem.

14 DE JULHO

Aonde Quer Que Ele Nos Conduza

Jesus perguntou a Simão Pedro: "Simão, filho de João, você me ama realmente mais do que estes?" Disse ele: "Sim, Senhor, tu sabes que te amo." (JOÃO 21:15)

No versículo de hoje, vemos que Jesus perguntou a Pedro: "Você me ama?" Na verdade, Jesus fez essa mesma pergunta a Pedro por mais duas vezes. Na terceira vez, Pedro ficou triste por Jesus continuar fazendo a mesma pergunta. Ele disse: "Sim, Senhor, Tu sabes que Te amo".

Então, em João 21:18, descobrimos a razão pela qual Jesus estava perguntando a Pedro se ele o amava: "Digo-lhe a verdade: Quando você era mais jovem, vestia-se e ia para onde queria; mas quando for velho, estenderá as mãos e outra pessoa o vestirá e o levará para onde você não deseja ir". Deus me desafiou com este texto bíblico porque eu tinha o meu próprio plano e estava seguindo o meu próprio caminho. Se realmente queremos a vontade perfeita de Deus, Ele pode nos pedir para fazermos coisas que não queremos fazer. Se realmente o amamos, faremos o que Ele nos disser para fazer e deixaremos que Ele faça aquilo que quiser em nossas vidas.

Quando Jesus disse as palavras de João 21:18, creio que Ele estava nos mostrando que quando somos cristãos novos e menos maduros, vamos para onde queremos ir. Como cristãos bebês, fazemos o que queremos fazer. Mas à medida que amadurecemos, devemos estender nossos braços e nos entregarmos a Deus. Devemos estar dispostos a segui-lo a lugares que talvez não queiramos ir.

Vamos ser rápidos em segui-lo, aonde quer que Ele nos conduza.

A PALAVRA DE DEUS PARA VOCÊ HOJE: você vai dizer um eterno "sim" a Deus hoje, mesmo que não saiba para onde isso pode levá-lo?

15 DE JULHO

Autoridade Espiritual

Obedeçam aos seus líderes e submetam-se à autoridade deles. Eles cuidam de vocês como quem deve prestar contas. Obedeçam-lhes, para que o trabalho deles seja uma alegria e não um peso, pois isso não seria proveitoso para vocês.

(HEBREUS 13:17)

A nossa sociedade moderna está absolutamente cheia de rebelião e a rebelião nos impede de ouvir a voz de Deus. Observei que muitas, realmente muitas pessoas têm problemas com relação à autoridade. Isso acontece nos casamentos, nas famílias, nas escolas, nos negócios, nas atividades cívicas e em toda a nossa cultura. A submissão à autoridade espiritual é praticamente inexistente.

Muitas vezes, quando um pastor tenta trazer algum tipo de correção, as pessoas tendem a ficar irritadas e querem deixar a igreja — e isso não está certo. Paulo corrigia o povo com frequência; isso era parte do seu trabalho como líder espiritual e continua sendo uma responsabilidade dos líderes espirituais de hoje. Paulo disse: "Não que tenhamos domínio sobre a sua fé, mas cooperamos com vocês para que tenham alegria" (2 Coríntios 1:24). Se quisermos entender e crer que a autoridade espiritual existe para promover a nossa alegria nós a aceitaremos, e quando fizermos isso, a nossa alegria aumentará — e também a nossa capacidade de ouvir a voz de Deus.

O espírito de rebelião que está em operação no mundo hoje é o espírito do anticristo, de acordo com 1 Tessalonicenses 2:7-8, um espírito que não está disposto a se submeter a ninguém. As pessoas hoje dizem que estão exigindo os seus direitos, mas na verdade elas geralmente estão apenas resistindo a qualquer autoridade a não ser a delas.

A PALAVRA DE DEUS PARA VOCÊ HOJE: seja submisso à autoridade como um serviço ao Senhor, e Ele o abençoará e o fará prosperar.

16 DE JULHO

O Legalismo Está Acabado

Tendo-o provado, Jesus disse: "Está consumado!" Com isso, curvou a cabeça e entregou o espírito. (JOÃO 19:30)

Quando Jesus falou na cruz, dizendo "Está consumado", Ele queria dizer que o sistema do legalismo estava acabado, que agora, não apenas os sumos sacerdotes religiosos podiam entrar na presença de Deus, mas que todas as pessoas podiam desfrutar da Sua presença, falar com Ele e ouvir a Sua voz.

Antes de Jesus morrer por nós, a única maneira de receber as promessas de Deus era vivendo uma vida perfeita e sem pecado (sendo muito legalista) ou oferecendo um sacrifício de sangue pelo pecado, o sacrifício de animais mortos. Quando Jesus morreu e pagou pelos pecados da humanidade com o Seu próprio sangue, Ele abriu um caminho para cada pessoa desfrutar da presença de Deus. Quando Jesus disse "Está consumado", Ele nos convidou a uma vida de liberdade em vez de medo. Uma vida em que podemos ser guiados pelo Espírito Santo em vez de por regras e regulamentos. Pessoas comuns que não fazem tudo certo o tempo todo podem agora entrar livremente na presença de Deus.

A libertação do legalismo não é um chamado à ilegalidade ou à preguiça. É uma responsabilidade dada a cada um de nós de aprendermos a Palavra de Deus e ouvirmos Deus por nós mesmos, pois foi isso que Deus sempre quis desde o princípio dos tempos.

A PALAVRA DE DEUS PARA VOCÊ HOJE: Deus o ama e quer que você desfrute a sua vida.

17 DE JULHO

O Poder do Espírito Santo

Mas receberão poder quando o Espírito Santo descer sobre vocês. (ATOS 1:8)

O Espírito de Deus dá poder àqueles que querem ouvir a Sua voz e servi-lo. Uma pessoa pode desejar fazer alguma coisa e não ter o poder para fazê-la, mas esse poder pode vir através do batismo no Espírito Santo.

Você deve se lembrar de que Jesus foi batizado por imersão na água, mas Ele também foi batizado no Espírito Santo. Em outras palavras, Ele foi imerso em poder, o que o capacitou a realizar a tarefa que Seu Pai o havia enviado para fazer. Atos 10:38 diz: "Deus ungiu a Jesus de Nazaré com o Espírito Santo e poder", e que "ele andou por toda parte fazendo o bem e curando todos os oprimidos pelo diabo, porque Deus estava com ele" (NKJV).

Antes de o ministério público de Jesus começar, Ele foi ungido com o Espírito Santo e com poder. Quando somos cheios do Espírito Santo, somos capazes de ouvir a voz de Deus mais claramente e somos equipados para o serviço no Reino de Deus porque podemos extrair do poder (capacidade, eficácia e força) do Espírito Santo que recebemos quando Ele veio sobre nós para sermos Suas testemunhas. Este poder nos capacita a fazer o que Deus quer que façamos.

É importante observar que Jesus não fez nenhum milagre ou outros atos poderosos até ter sido revestido de poder pelo Espírito Santo. Se Jesus precisou do poder do Espírito Santo, nós certamente também precisamos. Peça a Ele para enchê-lo com o poder do Seu Espírito hoje e todos os dias.

A PALAVRA DE DEUS PARA VOCÊ HOJE: você tem acesso ao poder — acenda a luz!

18 DE JULHO

Peça, Busque, Bata

"Peçam, e lhes será dado; busquem, e encontrarão; batam, e a porta lhes será aberta." (MATEUS 7:7)

Jesus disse para pedir, buscar e bater. Se ninguém bater, nenhuma porta se abrirá. Se ninguém buscar, ninguém encontrará. Se ninguém pedir, ninguém receberá.

Pelo fato de que precisamos pedir para receber, as nossas petições são muito importantes. Ao fazermos pedidos a Deus, porém, devemos nos certificar de que as nossas petições não excedam o nosso louvor e as nossas ações de graças, porque não precisamos pedir mais do que as coisas pelas quais somos gratos. Lembre-se de que Filipenses 4:6 nos instrui "Não estejais inquietos por coisa alguma; antes as vossas petições sejam em tudo conhecidas diante de Deus pela oração e súplica, com ação de graças". Quando os nossos pedidos estão equilibrados com o nosso louvor e a nossa gratidão, pedir a Deus é maravilhoso e empolgante. De verdade. É tremendo pedir a Deus alguma coisa, acreditar que Ele a fará e depois vê-lo fazer aquilo acontecer em nossa vida. Podemos saber no nosso coração que recebemos a resposta e nunca precisar mencionar aquilo para Deus novamente ou podemos sentir que temos de perseverar em oração; de uma forma ou de outra, podemos ter certeza de que Deus ama dar; Ele ama atender às nossas orações, na Sua sabedoria e no Seu tempo e do Seu jeito. Portanto, não hesite em pedir, buscar e bater!

A PALAVRA DE DEUS PARA VOCÊ HOJE: nunca deixe que a petição exceda o louvor e as ações de graças.

19 DE JULHO
Papai Sabe o Que É Melhor

Busquem, pois, em primeiro lugar o Reino de Deus e a sua justiça, e todas essas coisas lhes serão acrescentadas. (MATEUS 6:33)

Deus quer que busquemos a justiça, a paz e a alegria, que são o Seu Reino (ver Romanos 14:17). Ele quer que desejemos profundamente ter um comportamento correto e que façamos todo o possível para alcançar essa meta, e quando conseguirmos isso Ele promete acrescentar as coisas que precisamos e desejamos. Ele quer que o busquemos, e quando fazemos isso, Ele tem prazer em nos abençoar.

Quando temos um desejo, devemos simplesmente pedir a Deus e confiar nele completamente; entretanto, devemos evitar cobiçar alguma coisa. Creio que estamos cobiçando quando queremos tanto alguma coisa que sentimos que não podemos ser felizes sem ela. Certa vez ouvi uma mulher dizer que ela simplesmente não podia ser feliz se Deus não lhe desse filhos. Também ouvi mulheres solteiras fazerem o mesmo comentário com relação ao seu desejo de se casar. Atitudes como essas são erradas e ofensivas a Deus. Qualquer coisa que sentimos que precisamos ter para sermos felizes além de Deus é algo que o inimigo pode usar contra nós, portanto, certifique-se de manter os seus desejos em equilíbrio.

É muito melhor orar e deixar Deus suprir do que se atormentar tentando fazer as coisas acontecerem por si mesmo. Lembre-se sempre de que Deus é bom e quer ser bom para você, portanto mantenha os olhos nele e no Seu Reino e aguarde ansiosamente que Ele supra as coisas que são certas para você.

A PALAVRA DE DEUS PARA VOCÊ HOJE: qualquer coisa que você precisa ter para ser feliz é algo que o diabo pode usar contra você.

20 DE JULHO

Mantenha os Seus Desejos Sob Controle

Senhor, diante de ti estão todos os meus anseios; o meu suspiro não te é oculto.

(SALMOS 38:9)

Deus diz na Sua Palavra que se nos deleitarmos nele, Ele nos concederá os desejos secretos e as petições do nosso coração (ver Salmo 37:4). Gosto desse plano porque eu certamente passei muitos anos frustrada tentando conseguir as coisas que eu queria por mim mesma. No processo de buscar as coisas, costumamos falhar em buscar a Deus e em nos deleitarmos em conhecê-lo. Há muitos anos, eu deixei isso acontecer por causa do meu forte desejo de estar no ministério. Achava que a coisa mais importante do mundo era ministrar para Deus, mas precisei aprender que isso não era tão importante quando o próprio Deus.

Você está mantendo seus desejos em equilíbrio e se deleitando em Deus acima de qualquer coisa? Se não, você pode facilmente fazer um ajuste se lembrando do que é realmente importante. Coloque todos os seus desejos diante de Deus, como a passagem bíblica de hoje nos ensina a fazer, confiando nele para remover qualquer um deles que não representem a Sua vontade perfeita para você.

Nem todos os desejos procedem de Deus, consequentemente nem todos os desejos que temos serão atendidos, mas podemos confiar em Deus para atender àqueles que cooperarão para o nosso bem. Deus quer que você saiba que se pedir algo e não receber, pode ser porque Ele tenha algo muito melhor em mente para você. Portanto relaxe, deleite-se em Deus e deixe que Ele cuide do resto.

A PALAVRA DE DEUS PARA VOCÊ HOJE: os planos de Deus para você são melhores do que os seus planos para si mesmo.

21 DE JULHO

Alguém Está Orando por Você

Eu rogo por eles. (JOÃO 17:9)

Sabemos que Jesus ora por nós. Em Lucas 22:32, Ele diz a Pedro: "Mas eu orei por você". No versículo de hoje, Ele diz sobre os Seus discípulos: "Eu rogo por eles". Também em João 17, Ele continua dizendo: "E não rogo somente por estes, mas também por aqueles que pela sua palavra hão de crer em mim", e isso significa você e eu (v. 20).

O que um intercessor faz? Um intercessor ora pelos outros, ficando na brecha que existe entre Deus e o indivíduo. Todos nós temos uma brecha entre Deus e nós. Em outras palavras, não somos tão santos quanto Ele é, mas Jesus está bem ali, nessa brecha, unindo Deus e eu — ou Deus e você — para que possamos ter comunhão com Ele e para que Ele possa atender às nossas orações. Não é tremendo saber que desde que o nosso coração seja reto e desde que creiamos em Jesus, Ele interceptará, consertará e cuidará de cada coisa imperfeita que fizermos? Quero que você imagine Jesus diante do trono de Deus orando por você em seu favor. Ao fazer isso, você poderá confiar que as suas imperfeições estão sendo cuidadas através da intercessão Dele por você.

A PALAVRA DE DEUS PARA VOCÊ HOJE: Jesus está orando por você.

22 DE JULHO

É Como Ir ao Banco

Por causa da nossa fé nele, ousamos ter a coragem (confiança) de ter livre acesso (uma aproximação sem reservas de Deus com liberdade e sem medo).
(EFÉSIOS 3:12)

Não devemos nunca nos sentir inseguros quando nos aproximamos de Deus em oração. Ele conhece todas as nossas fraquezas e nos ama assim mesmo. Deus quer nos dar mais do que o suficiente, não aquilo que mal nos basta, mas precisamos pedir com ousadia.

Aproximar-se de Deus com ousadia em oração pode se assemelhar a ir a um banco fazer uma retirada. Se eu sei que tenho cinquenta reais no banco porque os depositei na semana passada, não hesitarei em ir ao caixa e descontar um cheque de cinquenta reais. Sei que tenho o dinheiro; ele é meu e posso retirá-lo do banco se quiser. Quando apresento o meu cheque, espero receber os meus cinquenta reais. Precisamos nos aproximar de Deus com o mesmo tipo de ousadia, não por causa da nossa própria justiça, mas por causa do privilégio de sermos coerdeiros com Jesus. Precisamos entender o que está disponível para nós por causa de Jesus e precisamos orar com confiança, com plena expectativa de receber o que nos pertence. Deus disponibilizou uma provisão tremenda para nós em Cristo, e precisamos simplesmente pedir no nome de Jesus as bênçãos que Ele já conquistou para nós. Quando nos debatemos com sentimentos de desmerecimento, devemos ir à Palavra de Deus e deixar que ela nos lembre dos nossos privilégios como filhos de Deus. Peça ao Espírito Santo para nos ajudar a entrar com ousadia na presença de Deus e receber a ajuda de que precisamos, porque "o próprio Espírito testemunha ao nosso espírito que somos filhos de Deus. Se somos filhos, então somos herdeiros; herdeiros de Deus e coerdeiros com Cristo" (Romanos 8:16-17). Ele falará conosco e nos lembrará de que pertencemos a Deus.

A PALAVRA DE DEUS PARA VOCÊ HOJE: você é filho de Deus e Ele está observando e desejando ardentemente ser bom para você.

23 DE JULHO

O Primeiro Lugar

Filhinhos, guardem-se dos ídolos (falsos deuses) — [de toda e qualquer coisa que ocupe o lugar no seu coração que é devido a Deus, de qualquer tipo de substituto para Ele que possa ocupar o primeiro lugar na sua vida]. (1 João 5:21)

Como uma pessoa que deseja ouvir Deus, é muito importante que você dê a Deus o primeiro lugar na sua vida. Até que o nosso desejo por mais de Deus seja mais forte do que o nosso desejo por outras coisas, o diabo levará vantagem sobre nós. Logo que percebamos a verdade, ele perderá a sua posição de vantagem, e nós estaremos na posição de fazer um progresso radical no nosso relacionamento e na nossa comunhão com Deus. A maioria de nós leva muito tempo até aprender de uma vez por todas que o que precisamos não é o que Deus pode nos dar, mas o próprio Deus.

Se você é diligente em buscar a Deus e em se guardar de todos os outros ídolos, você o está honrando e Ele o honrará. Ele se revelará a você e o abençoará de uma maneira que você jamais poderia imaginar. Pergunte a si mesmo sinceramente se existe algo ou alguém na sua vida que você está colocando antes de Deus. Se você descobrir que existe, apenas peça a Deus para perdoá-lo e faça um ajuste nas suas prioridades. Ele é a nossa prioridade número um e nada mais funcionará adequadamente até que venhamos a lhe dar o lugar que Ele merece.

A PALAVRA DE DEUS PARA VOCÊ HOJE: mantenha Deus em primeiro lugar na sua vida.

24 DE JULHO

Descanse no Dom

Visto que nos foi deixada a promessa de entrarmos no descanso de Deus, temamos que algum de vocês pense que tenha falhado. (HEBREUS 4:1)

Quando ensino justiça, gosto de usar a seguinte ilustração, e peço que você experimente fazer o mesmo. Sente-se em uma cadeira, depois *tente* se sentar na cadeira. Sei que isso parece tolice, porque você já está sentado na cadeira. Uma vez que você está na cadeira, você não pode se sentar nela mais do que já está. A mesma ideia se aplica à justiça. Jesus nos justificou diante de Deus através do Seu sacrifício e não podemos fazer nada para nos tornar mais justos do que Ele nos fez. Nosso comportamento pode melhorar, mas não até aceitarmos plenamente a nossa justiça através de Jesus. Jesus nos coloca no trono de justiça e precisamos aprender a relaxar e parar de tentar ser aquilo que já somos. Nenhuma ação correta pode nos tornar justos diante de Deus se estamos separados de Cristo. Afirmando isso, o apóstolo Paulo orou para que ele fosse achado e conhecido como quem estava em Cristo, não tendo justiça própria, mas apenas aquela posição de retidão que vem por meio da fé em Cristo (ver Filipenses 3:9).

Quando realmente entendemos que não podemos fazer nada para nos tornarmos justos e que não temos de provar nada para Deus, podemos descansar no dom da justiça que Jesus nos dá — e isso nos tornará ousados nas nossas petições e confiantes no desejo de Deus de nos responder. Sei que Deus não ouve nem responde às minhas orações porque sou boa; Ele ouve e responde porque Ele é bom!

A PALAVRA DE DEUS PARA VOCÊ HOJE: ame quem você é porque Deus o criou com a Sua própria mão.

25 DE JULHO

Você Tem Uma Missão

Ó Senhor dos Exércitos, Deus de Israel, tu mesmo o revelaste a teu servo, quando disseste: "Estabelecerei uma dinastia para você". Por isso o teu servo achou coragem para orar a ti. (2 SAMUEL 7:27)

Deus às vezes fala conosco e nos dá "missões de oração". O rei Davi acreditava que havia recebido a missão de construir uma casa para Deus e ele estava comprometido em orar por isso até que acontecesse. Existem muitas pessoas ou situações pelas quais oro uma vez, e isso é tudo. Mas acredito que Deus fala conosco e nos dá a missão de orar por pessoas até que aquilo que Ele quer fazer nelas ou por elas se realize. Orei por uma pessoa, literalmente, por vinte e cinco anos e continuarei a fazer isso até morrer ou até Deus me liberar, ou até que a pessoa morra, ou até que o que precisa acontecer aconteça. Realmente há ocasiões em que fico cansada de orar por esta pessoa, mas não importa como eu me sinta, ainda me vejo orando por ela. Sei que Deus me deu esta missão e não vou desistir! Creio que Deus está usando minhas orações para ajudar a moldar o destino dessa pessoa.

Há outras vezes em que sinto que eu "deveria" estar orando por alguém mais do que oro, mas não importa como eu me sinta, essas pessoas simplesmente não vêm à minha mente quando oro. Posso até tentar orar, mas não tenho o desejo ou não consigo encontrar muito para dizer e mesmo o que digo é seco e sem vida.

Se Deus falar com você e lhe der uma missão de orar por alguém ou por alguma coisa, você não terá de "tentar" gerar um desejo de orar; você encontrará essa pessoa ou esse algo no seu coração e na sua mente e orar será algo fácil. Você pode até descobrir que está orando por eles sem sequer planejar conscientemente fazer isso. Quando alguém estiver no seu coração e na sua mente, creia que você está ouvindo a Deus e ore!

A PALAVRA DE DEUS PARA VOCÊ HOJE: você não pode fazer tudo e fazer bem, portanto descubra qual é a sua missão e entre no descanso de Deus.

26 DE JULHO

O Poder da Persistência

Então o homem disse: "Deixe-me ir, pois o dia já desponta". Mas Jacó lhe respondeu: "Não te deixarei ir, a não ser que me abençoes." (GÊNESIS 32:26)

Às vezes, você ora dizendo algumas palavras ou algumas frases uma vez e nunca mais pensa naquilo. Outras vezes, porém, uma pessoa ou uma situação continua voltando ao seu coração e você simplesmente sabe que não terminou de orar por aquilo. Quando o Espírito Santo o faz sentir algo incessantemente, Ele provavelmente está atraindo você a continuar a orar persistentemente, para que você faça orações que se recusam a desistir.

Na minha vida, houve coisas que sei que são da vontade de Deus porque Ele falou claramente sobre elas na Sua Palavra. Quando oro por elas e não há um progresso, vou direto a Deus e digo: "Eis-me aqui outra vez. E, Deus, não quero parecer desrespeitosa, mas não vou ficar quieta até ter algum progresso nisto". Às vezes digo: "Estou pedindo novamente, Senhor, e vou continuar pedindo até ter vitória nesta área". Outras vezes, simplesmente agradeço a Deus por estar trabalhando e lembro a Ele que estou esperando a vitória. Precisamos ser como Jacó e dizer: "Não Te deixarei ir, a não ser que me abençoes". Deus realmente abençoou Jacó e disse que fez isso porque Jacó era um homem que sabia como prevalecer com os homens e com Deus. Em outras palavras, Jacó era persistente e não desistia (ver Gênesis 32:24-28)!

Quando sei qual é a vontade de Deus, posso orar de acordo com ela e me recusar a desistir. Deus tem prazer em uma pessoa determinada e nos encoraja na Sua Palavra a não desanimar nem nos cansarmos. A perseverança recompensa, então, persevere nos seus objetivos em toda a vida, inclusive nas suas missões de oração. Por causa da determinação, Jacó prevaleceu com Deus e com o homem e foi recompensado com um novo nome e com um novo começo na vida.

A PALAVRA DE DEUS PARA VOCÊ HOJE: Deus tem prazer na persistência respeitosa.

27 de Julho

Como uma Criança

Eu lhes asseguro que, a não ser que vocês se convertam e se tornem como crianças, jamais entrarão no Reino dos céus. (Mateus 18:3)

O versículo de hoje descreve as crianças como cheias de confiança, humildes, amorosas e perdoadoras. Pense simplesmente o quanto desfrutaríamos mais a nossa vida e o nosso relacionamento com Deus e com outras pessoas se simplesmente agíssemos a partir dessas quatro virtudes. Obviamente, Jesus pensa que estas qualidades são extremamente importantes porque Ele diz que não podemos entrar no reino dos céus sem elas. Não podemos desfrutar os benefícios do Reino de Deus e manter más atitudes ao mesmo tempo.

Quando penso em ouvir a voz de Deus, percebo que ser como uma criança é muito importante porque as crianças acreditam no que lhes é dito. Algumas pessoas afirmam que as crianças são ingênuas, querendo dizer que elas acreditam em qualquer coisa, não importa o quão ridícula pareça. Mas não creio que as crianças sejam ingênuas; acho que elas apenas confiam. Deus certamente não quer que sejamos ingênuos ou crédulos; Ele quer que confiemos. Às vezes somos traídos por pessoas que amamos e em quem confiamos e somos tentados então a desconfiar de todos, mas não podemos fazer com que todos paguem pelo que uma pessoa nos fez.

Há pessoas no mundo que não são dignas de confiança, mas também há muitas pessoas boas e precisamos nos recusar a viver com um espírito de desconfiança.

Deus quer que você venha a Ele como uma criança, confiando nele completamente e acreditando em tudo o que Ele lhe diz — porque Ele é totalmente confiável.

A PALAVRA DE DEUS PARA VOCÊ HOJE: não permita que uma ou duas experiências negativas governem toda a sua vida.

28 DE JULHO

O Que Você Está Esperando?

O Senhor é bom para com aqueles cuja esperança está nele, para com aqueles que o buscam. (LAMENTAÇÕES 3:25)

Depois que oramos e pedimos a Deus o que queremos, precisamos ou desejamos, devemos aguardar com expectativa. Precisamos estar cheios de esperança, que significa ter uma expectativa alegre e confiante de que algo bom aconteça. Depois de anos de decepção na minha infância e nos primeiros anos da minha vida adulta, desenvolvi o que a Bíblia chama de "maus pressentimentos" (ver Provérbios 15:15). Isso significa que na maior parte do tempo eu estava esperando más notícias. Creio que muitas pessoas caem na armadilha de terem medo de esperar algo de bom porque não querem se decepcionar novamente. Deus quer que todos esperem ousadamente coisas boas Dele porque Ele é bom.

Por outro lado, também não seja passivo. Uma pessoa passiva é alguém que quer que boas coisas aconteçam, mas não faz nada além de esperar para ver o que acontece. Embora o versículo de hoje nos diga para esperar, ele diz para esperar *com expectativa*. Gosto de confessar as passagens bíblicas em voz alta enquanto estou esperando que Deus trabalhe a meu favor. Elas me fazem lembrar as Suas promessas e me mantêm encorajada. A Palavra de Deus está cheia de poder criativo e, quando dita com fé, é como plantar uma semente que produzirá uma colheita.

Se você orou e está esperando uma resposta por mais tempo do que havia planejado, agradeça a Deus por estar trabalhando quando você for tentado a ficar impaciente. Diga a Deus o que você está esperando e aguarde com ansiedade uma reviravolta em sua vida. Também não caia na armadilha de reclamar e murmurar enquanto espera. Confie alegremente que a sua resposta está a caminho.

A PALAVRA DE DEUS PARA VOCÊ HOJE: não desanime. Deus está trabalhando e você verá os resultados em breve.

29 DE JULHO

Mantenha o Seu Receptor Livre do Enganador

O Soberano Senhor deu-me uma língua instruída, para conhecer a palavra que sustém o exausto. Ele me acorda manhã após manhã, desperta meu ouvido para escutar como alguém que é ensinado. O Soberano Senhor abriu os meus ouvidos, e eu não tenho sido rebelde; eu não me afastei. (ISAÍAS 50:4-5)

O primeiro passo para ouvir a voz de Deus é acreditar que podemos ouvi-lo. Muitas pessoas querem ouvir Deus, mas não esperam realmente ouvi-lo. Elas dizem: "Simplesmente não consigo ouvir Deus. Ele nunca fala comigo". Pessoas assim têm muita interferência nos seus "receptores" e por isso não conseguem ouvir a Deus claramente. Os ouvidos delas estão entulhados com mensagens em excesso vindas de outras fontes e não de Deus. Consequentemente, elas têm dificuldade em discernir o que Deus está realmente lhes dizendo.

Não adianta nada Deus falar conosco se não acreditamos que o estamos ouvindo. O enganador, o diabo, não quer que pensemos que podemos ouvir Deus. Ele não quer que acreditemos, então, manda pequenos demônios para ficar ao nosso redor e para mentir para nós noite e dia, nos dizendo que não podemos ouvir a voz de Deus. Mas podemos responder: "Está escrito: Deus me deu a capacidade para ouvi-lo e obedecer-lhe" (ver Salmos 40:6). A Palavra de Deus declara que todos os crentes têm a capacidade de ouvir e obedecer a Deus e de serem guiados pelo Espírito Santo. Jesus ouvia claramente a voz do Pai o tempo todo. Muitas pessoas que estavam em volta de Jesus quando Deus falou com Ele ouviram apenas o que pensaram ser um trovão (ver João 12:29). Se você está tendo dificuldade para ouvir a Deus, eu o encorajo a tirar alguns momentos todos os dias para confessar a sua fé em ouvir a voz Dele. À medida que você confessar aquilo que crê no seu coração, sua mente será renovada e você começará a ter expectativa de ouvir a voz de Deus.

A PALAVRA DE DEUS PARA VOCÊ HOJE: em vez de se sentir pressionado para ouvir Deus, apenas confie que Ele falará com você.

30 de Julho

Dedique Tempo, Crie Tempo

Pare e reflita nas maravilhas de Deus. (Jó 37:14)

Ouvi muitas pessoas dizerem: "Deus nunca fala comigo". Mas estou convencida de que é mais provável que elas nunca tentem escutá-lo, não saibam como ouvi-lo ou tenham se tornado insensíveis à Sua voz. Deus faz muitas tentativas de falar conosco através da Sua Palavra, de sinais naturais, de revelação sobrenatural e de confirmação interior, coisas sobre as quais escrevi neste devocional.

Às vezes pensamos que não podemos ouvir a voz de Deus porque existem certos obstáculos no nosso coração ou na nossa vida que nos impedem de ouvi-lo claramente. Uma dessas coisas é simplesmente estar ocupado demais. Ficamos tão ocupados que não temos tempo para esperar em Deus ou ouvir a Sua voz. Podemos até ficar tão ocupados com atividades espirituais, como a igreja ou o ministério, que não temos lugar na nossa agenda para Deus. Lembro-me de um tempo em que eu estava trabalhando tanto *para* Deus que não tinha tempo para passar com Ele; isso acontece *com* muita gente.

O que fazemos para Deus deve sempre vir depois do nosso relacionamento pessoal com Ele. O tempo é nosso para usá-lo como quisermos, então devemos escolher com sabedoria o que fazer com ele. Cada pessoa recebe diariamente a mesma quantidade de tempo, e depois que o usamos, não podemos tê-lo de volta. Organize a sua agenda em torno de Deus em vez de tentar encaixar Deus nela.

A PALAVRA DE DEUS PARA VOCÊ HOJE: use o seu tempo com sabedoria porque depois que o gastar, você nunca poderá tê-lo de volta.

31 de Julho

Precisamos do que Jesus Tem

O Espírito do Senhor repousará sobre ele, o Espírito que dá sabedoria e entendimento, o Espírito que traz conselho e poder, o Espírito que dá conhecimento e temor do Senhor. (Isaías 11:2)

Deus está procurando pessoas que demonstrem a glória da Sua presença em suas vidas. Elas serão pessoas que lhe obedecem em cada pequena coisa. A obediência nos impede de contaminar a nossa consciência e nos mantém vivendo para a glória de Deus.

Sabemos que o versículo de hoje é uma profecia sobre Jesus, mas se o Espírito de Jesus está habitando em nós e vivendo através de nós, então desfrutaremos tudo que está sobre Ele. Teremos sabedoria, entendimento, conselho, poder e conhecimento.

Os problemas desaparecem na presença destas virtudes. Não temos de viver em confusão se formos obedientes à direção do Espírito. O Senhor nos dará rapidamente conselho, sabedoria, entendimento e poder se formos reverentes e submissos a Ele.

As pessoas que querem ter entendimento, que querem ouvir Deus e desejam receber Sua sabedoria e o conhecimento, precisam ter um temor reverente e um assombro diante de Deus. Temor reverente é saber que Deus é Deus e que Ele fala sério. Ele nos chamou de Seus amigos, até mesmo de Seus filhos e filhas, mas devemos respeitá-lo e honrá-lo com uma obediência reverente.

A PALAVRA DE DEUS PARA VOCÊ HOJE: qualquer coisa que Deus lhe peça para fazer é para o seu próprio bem, portanto seja rápido em obedecer hoje e todos os dias.

1 DE AGOSTO

Deus Fala de Forma Específica

Se lhe obedecerem e o servirem, serão prósperos até o fim dos seus dias e terão contentamento nos anos que lhes restam. (Jó 36:11)

Dave e eu precisamos ouvir Deus regularmente sobre muitas coisas. Precisamos ouvi-lo com relação a como lidar com pessoas, circunstâncias e inúmeros acontecimentos e situações específicas. A nossa oração constante é: "O que devemos fazer a respeito disto? O que devemos fazer a respeito daquilo?".

Parece que uma centena de coisas acontece todas as semanas para as quais Dave e eu precisamos ter um entendimento rápido e tomar decisões movidas por Deus. Se não obedecermos a Deus na segunda-feira, nossa semana pode estar um caos na sexta-feira. Por isso, estamos decididos a não viver em desobediência.

Muitas pessoas se preocupam com a vontade específica de Deus para suas vidas, imaginando o que Ele quer que elas façam. Por exemplo: "Deus, devo aceitar este emprego ou o Senhor quer que eu procure outro emprego? O Senhor quer que eu faça isto ou quer que eu faça aquilo?" Creio que Deus quer nos dar a direção específica pela qual ansiamos, mas Ele está ainda mais preocupado com a nossa desobediência à Sua vontade geral para nossa vida. Nós podemos encontrar a vontade geral de Deus para nossa vida na Sua Palavra — coisas como ser grato em todo o tempo e em toda situação, sem nunca reclamar, estar sempre contente, demonstrar o fruto do Espírito e perdoar aqueles que nos magoam ou decepcionam.

Se não estamos obedecendo às diretrizes que Ele já nos deu na Bíblia, teremos dificuldade em ouvir o que Ele tem a dizer sobre a Sua vontade específica para nós. À medida que você se esforça para ouvir a Deus de uma maneira cada vez mais clara e seguir a Sua vontade para a sua vida, lembre-se de fazer com que a prioridade seja conhecer e obedecer à vontade geral de Deus, permanecendo enraizado na Sua Palavra. Depois, você poderá ouvi-lo com mais facilidade quando Ele falar com você de forma específica.

A PALAVRA DE DEUS PARA VOCÊ HOJE: continue fazendo o que você sabe fazer e quando não souber o que fazer, Deus lhe mostrará.

2 DE AGOSTO

Como Adquirir Sabedoria

Se acatarem a minha repreensão, eu lhes darei um espírito de sabedoria e lhes revelarei os meus pensamentos. (PROVÉRBIOS 1:23)

Precisamos orar e obedecer à direção de Deus quando Ele falar conosco. A obediência não deve ser um acontecimento ocasional para nós; deve ser o nosso modo de vida. Há uma grande diferença entre as pessoas que estão querendo obedecer a Deus diariamente e aquelas que fazem isso apenas com o intuito de se livrarem de problemas. Deus certamente mostra às pessoas como se livrarem dos problemas, mas Ele concede bênçãos abundantes àqueles que decidem viver para Ele de todo o coração e que fazem da obediência a Deus um estilo de vida. O único caminho para a verdadeira paz é a obediência a Deus.

Muitas pessoas obedecem a Deus nas grandes questões, mas não estão cientes de que a obediência nas pequenas coisas faz a diferença no Seu plano para sua vida. A Bíblia diz claramente que se não formos fiéis no pouco, nunca governaremos sobre o muito (ver Lucas 19:17). Não há motivo para Deus nos confiar uma responsabilidade maior se não vamos ser fiéis em fazer as pequenas coisas que Ele nos pediu para fazer. Quero encorajá-lo firmemente a ser obediente a Deus até nas menores coisas. Um monge do século XVI chamado Irmão Lawrence era muito conhecido por andar continuamente na presença de Deus. Ele disse que tinha prazer em pegar um pedaço de palha do chão em obediência a Deus e porque ele o amava.

No versículo de hoje, Deus diz que fará as Suas palavras serem conhecidas por nós se o ouvirmos quando Ele nos corrigir. Se seguirmos a Sua direção e tivermos prazer em fazer cada pequena coisa que Ele nos pedir, então Ele abrirá a Sua sabedoria para nós e teremos mais revelação do que podemos imaginar.

A PALAVRA DE DEUS PARA VOCÊ HOJE: se você for fiel nas pequenas coisas, Deus o fará governar grandes coisas.

3 DE AGOSTO

Deus Tem Muito a Dizer

Jesus fez também muitas outras coisas. Se cada uma delas fosse escrita, penso que nem mesmo no mundo inteiro haveria espaço suficiente para os livros que seriam escritos. (João 21:25)

Deus tem muitas coisas que quer revelar a nós como Seus filhos. Se quisermos fazer do ato de ouvir a Deus um modo de vida, precisamos lhe ser obedientes quando Ele falar conosco. Todas as vezes que ouvimos e obedecemos, isso aumenta a nossa sensibilidade à voz e ao coração de Deus. Temos a oportunidade de ser o que gosto de chamar de *eternos aprendizes*. Quero aprender alguma coisa todos os dias da minha vida. Nossa caminhada com Deus é uma jornada contínua e incessante na qual precisamos aprender a ouvir Deus e a ser guiados pelo Seu Espírito. O Espírito Santo tem algo a ensinar a você hoje e todos os dias. Não leia a Bíblia apenas para sentir que cumpriu com o seu dever para aquele dia, mas aproxime-se dela com o desejo de aprender algo que você não sabia. O Espírito Santo é o nosso Mestre, e creio que Ele tem algo especial para nós a cada dia se abrirmos o nosso coração e ouvirmos. Que o clamor do seu coração seja: "Deus, quero aprender cada vez mais sobre o Senhor e sobre os Seus caminhos, e quero lhe obedecer imediatamente".

A PALAVRA DE DEUS PARA VOCÊ HOJE: você está aprendendo e crescendo em Cristo o tempo todo. Olhe para a distância que você já percorreu, e não para a distância que ainda precisa caminhar.

4 DE AGOSTO

Você O Ama? Obedeça a Ele

Se vocês me amam, obedecerão aos meus mandamentos. (João 14:15)

No versículo de hoje, Jesus diz que demonstramos o nosso amor por Ele obedecendo ao que Ele diz. Sempre que penso em ouvir Deus, volto ao fato de que não o ouviremos claramente se não obedecermos a Ele naquilo que já sabemos que devemos fazer. Sem obediência, ficamos com a consciência culpada. Enquanto tivermos essa consciência culpada, não podemos ter fé e confiança (ver 1 João 3:20-24).

Os objetivos de um cristão devem ser muito diferentes dos objetivos de um incrédulo. Aqueles que não estão servindo a Deus querem dinheiro, posição, poder e coisas, mas como cristãos, o nosso objetivo principal deve ser obedecer e glorificar a Deus. Frequentei a igreja por muitos anos sem pensar muito em obedecer a Deus. Eu estava seguindo uma fórmula religiosa esperando que isso me tornasse aceitável para Deus, mas não havia assumido um compromisso total de ser guiada diariamente pelos Seus princípios. Abra a sua vida inteira para Deus e convide o Espírito Santo para ser o seu Mestre na vida. Faça o seu melhor para obedecer às Suas instruções, e quando falhar, peça perdão e comece de novo. Não perca tempo e energia se sentindo culpado, porque em Cristo sempre podemos ter um novo começo. Ore a respeito da obediência, estude-a e busque-a ativamente todos os dias. Desta forma, demonstramos o nosso amor a Deus.

A PALAVRA DE DEUS PARA VOCÊ HOJE: por mais que tentemos o contrário, todos nós cometemos erros, mas contanto que nos recusemos a desistir, atingiremos os nossos objetivos.

5 DE AGOSTO

Deus Vê o Seu Coração

Mas, graças a Deus, porque, embora vocês tenham sido escravos do pecado, passaram a obedecer de coração à forma de ensino que lhes foi transmitida.

(ROMANOS 6:17)

Quando recebemos Cristo como nosso Salvador, Deus nos dá um novo coração — um coração que quer fazer o que é certo. Entretanto, leva um tempo até que o nosso comportamento acompanhe o nosso novo coração, e isso muitas vezes é frustrante. Uma parte de nós quer fazer o que é certo, mas a outra parte de nós luta contra isso. Esta é a guerra entre a carne e o espírito que Paulo menciona em Gálatas 5:17.

No novo nascimento, Deus nos equipa interiormente com tudo o que precisamos para viver uma vida santa e obediente. Fomos feitos novas criaturas em

Cristo; as coisas velhas passaram e todas as coisas se tornaram novas (ver 2 Coríntios 5:17). Gosto de dizer que fomos feitos de um novo barro espiritual e que passamos a nossa vida deixando que o Espírito Santo nos molde à imagem de Cristo (ver Romanos 8:29). Precisamos agradecer a Deus por termos um novo coração, um coração que quer ser obediente.

Celebre o seu progresso e não desanime porque Deus vê o seu coração. Se nos esquecermos do que ficou para trás e continuarmos prosseguindo para o lugar de obediência total, Deus ficará satisfeito. Estamos aprendendo a andar com Deus e andar é a forma mais lenta de viagem que existe. Talvez você não esteja onde quer estar, mas agradeça a Deus porque você tem um coração obediente.

A PALAVRA DE DEUS PARA VOCÊ HOJE: ponha o foco em Jesus hoje, e não nos seus erros.

6 DE AGOSTO

Não Apague o Espírito

Não apaguem o Espírito. (1 Tessalonicenses 5:19)

O versículo de hoje nos diz para não apagarmos o Espírito Santo. Creio que uma forma de apagarmos o Espírito é por meio da reclamação. Precisamos que o Espírito Santo opere nas nossas vidas, e quanto mais optarmos por parar de reclamar e por ser gratos (o oposto da reclamação), mais liberdade o Espírito Santo tem para trabalhar nas situações que nos afligem. É natural reclamar; é sobrenatural dar graças quando somos testados e provados em meio às circunstâncias da vida.

As pessoas que resmungam e reclamam não ouvem a Deus, porque para ouvi-lo precisam parar de reclamar! Levei anos para descobrir esta verdade! Eu resmungava, reclamava, murmurava e criticava tudo e todos, e depois ficava com ciúmes porque todos que me cercavam estavam ouvindo a Deus e eu não!

"Por que nada de bom está acontecendo comigo?" Eu resmungava. Dave sempre me dizia: "Joyce, não vão acontecer coisas boas em nossas vidas até que você pare de ficar irritada toda vez que as coisas não saem do seu jeito".

Então eu ficava zangada com ele por me dizer isso e retrucava: "Você simplesmente não sabe nem se importa com como eu me sinto!".

O problema era que eu me importava demais com como eu me sentia e não me importava o suficiente com a promessa de Deus de me ajudar. Deus se oferece para nos ajudar nos nossos problemas e nos mostrar o que fazer se permanecermos pacientes (tivermos uma atitude positiva) durante as nossas provações. Reclamar não é sinal de paciência, mas a gratidão e as ações de graças, sim. Quando aprendi a viver segundo a Palavra de Deus em vez de viver de acordo com os meus sentimentos, passei a ouvir a voz de Deus mais claramente. Reclamar abre a porta para o inimigo, mas as ações de graças e a gratidão abrem a porta para Deus.

A PALAVRA DE DEUS PARA VOCÊ HOJE: não apague o Espírito Santo com as suas reclamações.

7 de Agosto

Entregue Tudo

Consagre ao Senhor tudo o que você faz, e os seus planos serão bem-sucedidos.
(Provérbios 16:3)

Se quisermos ter um relacionamento íntimo com Deus e viver vidas que sejam realmente comprometidas com Ele, temos de pegar tudo que nos diz respeito e dizer a Ele: "Deus, eu lhe entrego isto. Eu lhe entrego este problema. Eu lhe dou esta situação. Eu lhe entrego este relacionamento. Eu libero completamente e tiro as minhas mãos disto. É demais para mim. Vou parar de me preocupar e de tentar entender tudo — e vou deixar que o Senhor cuide disto. Deus, eu também me entrego ao Senhor porque não posso fazer nada por mim mesmo. Eu lhe entrego *tudo*. Eu lhe dou a minha força e as minhas fraquezas. Quero mudar, mas o Senhor precisas me mudar". Foi um grande dia para mim quando finalmente aprendi que me transformar era trabalho de Deus e que o meu trabalho era crer!

O Salmo 37:5 diz: "Entregue o seu caminho ao Senhor; confie nele, e ele agirá". O que significa entregar os nossos caminhos ao Senhor? Significa entregá-los a Ele, tirando-os de nós mesmos e passando-os para Ele. Quando entregamos os nossos problemas e racionalizações humanas a Deus, o que significa confiá-los completamente a Ele, então Ele muda os nossos pensamentos e faz com que eles fiquem de acordo com a Sua vontade. Em outras palavras, os pensamentos Dele se tornam os nossos pensamentos para que possamos querer o que Ele quer. Quando isso acontecer, os nossos planos terão sucesso porque estarão em pleno acordo com os planos de Deus. Libere a si mesmo e todos os seus cuidados hoje e relaxe para poder ouvir Deus falar com você.

A PALAVRA DE DEUS PARA VOCÊ HOJE: entregue todos os seus problemas a Deus.

8 de Agosto

Siga com Fé

Farei de você um grande povo, e o abençoarei. Tornarei famoso o seu nome, e você será uma bênção. (Gênesis 12:2)

Obedecer à voz de Deus não foi fácil para mim quando Ele me chamou para deixar a segurança do meu emprego e começar o meu próprio ministério. Mas o versículo de hoje foi um versículo que Deus usou para falar comigo e me encorajar nos planos que Ele tinha para mim. É fácil ler este versículo e pensar: *Sim! Quero ser abençoado. Isto parece tremendo!* Contudo, precisamos nos lembrar de que Deus exigiu um sacrifício de obediência de Abraão antes que aquela grande promessa se cumprisse.

Abraão teve de deixar tudo que lhe era confortável e familiar e partir para um destino desconhecido. Muitas pessoas achariam isso amedrontador — mas Abraão não achou. Hebreus 11:8 diz: "Pela fé Abraão, quando chamado, obedeceu e dirigiu-se a um lugar que mais tarde receberia como herança, e ele foi, embora não soubesse, nem inquietasse a sua mente, a respeito de para onde estava indo".

Quando obedecemos a Deus, precisamos ser como Abraão e não permitir que nossa mente fique inquieta. Quando Deus falar conosco e nos dirigir, precisamos seguir com fé, confiando e crendo que Ele abençoará a nossa obediência e cumprirá as Suas promessas feitas a nós.

A PALAVRA DE DEUS PARA VOCÊ HOJE: Deus está cumprindo as promessas Dele feitas para você.

9 de Agosto

Os Puros de Coração Verão a Deus

Bem-aventurados os puros de coração, pois verão a Deus. (Mateus 5:8)

Se tivermos um coração puro, poderemos ouvir Deus claramente. Veremos com clareza o Seu plano para nossa vida e não nos sentiremos sem objetivo ou confusos. O estado do nosso coração é uma das coisas mais importantes para Deus. Se o nosso homem interior for mantido da maneira correta, isso agradará tremendamente a Deus (ver 1 Pedro 3:3-4). A Bíblia diz que devemos guardar o nosso coração com toda a diligência, porque dele fluem todas as fontes da vida (ver Provérbios 4:23). Examine o seu coração, as suas atitudes internas e os seus pensamentos para verificar se existe alguma coisa que Deus não aprova em você. Há amargura ou ressentimento no seu interior? Você permitiu que uma atitude crítica ou julgadora criasse raízes? O seu coração é sensível ou endurecido? Você é aberto às opiniões e ideias dos outros ou fechou o seu coração? A Bíblia diz que temos a responsabilidade de manter e guardar o nosso coração da maneira correta.

O órgão físico do coração é o órgão mais importante do corpo. Se ele estiver doente ou funcionando de forma inadequada, isso pode representar a diferença entre a vida e a morte. Creio que a atitude do nosso coração é também uma das coisas mais importantes às quais devemos prestar atenção. Se deixarmos que ele fique cheio de doenças ou de qualquer coisa imprópria, isso definitivamente afetará a qualidade da nossa vida.

A PALAVRA DE DEUS PARA VOCÊ HOJE: peça a Deus hoje e todos os dias para lhe mostrar qualquer problema de coração (atitudes do coração) que você precisa mudar.

10 DE AGOSTO

Ouça Com Atenção

"Considerem atentamente o que vocês estão ouvindo", continuou ele. "Com a medida com que medirem, vocês serão medidos; e ainda mais lhes acrescentarão."
(MARCOS 4:24)

A Bíblia diz que nos últimos dias muitos falsos profetas se levantarão e dirão às pessoas o que os seus ouvidos desejam ouvir. As pessoas buscarão qualquer pessoa que lhes diga algo agradável e gratificante. Para satisfazer seus próprios desejos, elas se desviarão de ouvir a verdade e se perderão dando ouvidos a mitos e a ficções criadas por homens (ver 2 Timóteo 4:3-4). Elas se voltarão para métodos que podem ser chamados de "espirituais", mas que não são seguros e não pertencem ao Reino de Deus. Esses métodos são "espirituais", mas provêm do espírito errado!

Nunca antes vimos uma enxurrada tão grande de videntes competindo por ouvidos sedentos. A televisão mostra atrações em que médiuns afirmam se comunicarem com os mortos. Estas pessoas na verdade estão se comunicando com espíritos familiares que dizem meias-verdades sobre o passado e mentiras sobre o futuro. Isto é estritamente proibido nas Escrituras (ver Levítico 19:31). Deus diz que Ele voltará o Seu rosto contra qualquer pessoa que recorra aos médiuns e aos espíritas (ver Levítico 20:6-7), mas os cristãos ainda leem horóscopos e consultam videntes — e depois se perguntam por que vivem em confusão e não têm paz.

Precisamos entender que é errado buscar direção para nossa vida por meio de qualquer outro além do próprio Deus. Se você se envolveu em atividades deste tipo, eu o encorajo a se arrepender totalmente; peça a Deus que o perdoe e afaste-se completamente dessas práticas. Somente Deus tem todas as respostas que você precisa.

A PALAVRA DE DEUS PARA VOCÊ HOJE: não brinque com fósforos; eles só vão provocar fogo.

11 de Agosto

Ouça Mais e Fale Menos

Quem tem conhecimento é comedido no falar, e quem tem entendimento é de espírito sereno. (Provérbios 17:27)

Dissemos anteriormente neste devocional que na nossa busca por ouvir a Deus precisamos ser treinados para escutar. Às vezes estamos falando tanto que simplesmente não conseguimos ouvir o que Deus quer dizer. Podemos também perder as coisas importantes que as pessoas nos dizem pelo fato de não estarmos escutando.

Se aprendermos a disciplina de ficarmos calmos e em silêncio, ouviremos as coisas que Deus quer nos dizer. Minha filha Sandra disse que recentemente, depois de ter orado, ela simplesmente se sentou por um instante e perguntou a Deus se Ele tinha algo que queria dizer a ela antes que iniciasse o seu dia. Ela sentiu em seu coração que Ele simplesmente disse: "Vá; Eu estou com você!" Ela se sentiu confortada por esse pensamento, mas Ele continuou a confortá-la de forma especial durante os dias seguintes quando precisou lidar com algumas más notícias inesperadas. A Palavra que Deus lhe havia dado aumentou a sua fé e a fez permanecer estável e calma quando foi necessário enfrentar as provações.

Se não escutarmos, não ouviremos. Dê a Deus regularmente a oportunidade de falar com você. Quando você orar, não precisa ser a única pessoa a falar. Você pode poupar as suas palavras e ser considerado um homem ou uma mulher de Deus cheio de sabedoria.

A PALAVRA DE DEUS PARA VOCÊ HOJE: você tem uma boca e dois ouvidos, isso significa que Deus quer que você ouça duas vezes mais do que fala.

12 de Agosto

O Bom Pastor

Eu sou o bom pastor; conheço as minhas ovelhas; e elas me conhecem.

(João 10:14)

Ouvir Deus falar conosco é nosso direito e privilégio como crentes. Deus nos dá discernimento para conhecermos a Sua voz acima das vozes do engano. Ele faz um paralelo entre esse discernimento e a natureza instintiva das ovelhas que reconhecem a voz do pastor, como lemos no versículo de hoje.

Se realmente pertencemos a Deus, poderemos discernir a Sua voz das vozes que procuram nos desviar. Devemos aprender a examinar a natureza de uma coisa e conhecer o caráter de Deus.

Fico triste quando ouço as pessoas dizerem: "Deus me disse para fazer isso", mas é óbvio que um bom pastor jamais diria a elas para fazer o que estão fazendo. Certa vez conheci uma mulher que ouviu o seu líder espiritual lhe dizer que eles dois estavam destinados por Deus a se casarem. O problema era que ele já era casado. O mais triste foi que ela acreditou nele e encorajou-o a se divorciar de sua mulher para que pudessem ficar juntos. Isso era pecaminoso, uma tolice e nunca poderia ser da vontade de Deus porque vai contra a Sua Palavra.

As pessoas muitas vezes querem saber: "Como posso ter certeza de que estou ouvindo a voz de Deus?" Saberemos a diferença entre a Sua voz e a voz do engano se realmente conhecermos o Seu caráter, a Sua natureza e a história de como Ele conduziu outros antes de nós. Jesus disse de Suas ovelhas: "Elas nunca seguirão um estranho, mas fugirão dele porque elas não conhecem a voz dos estranhos nem reconhecem o seu chamado" (João 10:5).

A PALAVRA DE DEUS PARA VOCÊ HOJE: nunca deixe que as emoções o governem, principalmente se o que estiverem direcionando você a fazer for contrário à Palavra ou ao caráter de Deus.

13 de Agosto

A Chave para a Realização

Agora, assim diz o Senhor dos Exércitos: Vejam aonde os seus caminhos os levaram. (Ageu 1:5)

Deus tem uma vida excelente, maravilhosa e gratificante planejada para você e para mim, mas se formos teimosos ou tivermos o coração duro, perderemos o que Ele tem para nós (ver Êxodo 3:3). A teimosia e a recusa a ouvir e obedecer à voz de Deus nos mantém apegados aos velhos hábitos e incapazes de progredir. Quando estamos neste estado, em geral não paramos e perguntamos a nós mesmos qual é o problema. O versículo de hoje conta sobre um tempo em que o povo de Deus estava insatisfeito e passando por muitos problemas, então Deus disse a eles para considerarem os seus caminhos. Muitas vezes quando as pessoas não são realizadas na vida, elas olham para todos os lados, menos para dentro de si mesmas para encontrar a razão. Se você está frustrado com sua vida, faça como Deus disse ao povo do Antigo Testamento para fazer e "veja onde os seus caminhos o levaram". Peça a Deus para falar com você sobre os "seus caminhos" e preste atenção ao que Ele disser. Tive de fazer isso muitas vezes, e tive de fazer mudanças no meu modo de pensar, nos meus motivos e, consequentemente, no meu comportamento.

À medida que refletia sobre os meus caminhos ao longo do tempo, descobri que eu era teimosa, cabeça dura, voluntariosa, orgulhosa e muitas outras coisas que me impediam de progredir. Mas, graças a Deus, Ele me transformou! Oro para que Ele continue me transformando e nunca pare. Quero tudo que Deus quer que eu tenha e nada que Ele não queira. Pertenço a Ele e você também. Ele quer que você tenha uma vida feliz, abençoada e maravilhosa, cheia de satisfação e realização. Se você não está vivendo esse tipo de vida, separe um tempo para analisar os seus caminhos; peça a Deus para lhe mostrar o que precisa mudar e depois faça o que Ele lhe disser para fazer.

A PALAVRA DE DEUS PARA VOCÊ HOJE: não tenha medo de encarar a verdade sobre si mesmo, porque isso irá libertá-lo.

14 DE AGOSTO

Trate Bem as Pessoas

Quem fecha os ouvidos ao clamor dos pobres também clamará e não terá resposta. (PROVÉRBIOS 21:13)

O versículo de hoje significa que quando não presto atenção às pessoas necessitadas e não faço nada para ajudá-las, então Deus pode não estar inclinado a atender ao meu clamor por ajuda quando eu tiver uma necessidade. Ser bom com as pessoas vai além dos nossos amigos e da nossa família e se estende até à nossa comunidade. Lembro-me de ter lido uma estatística certa vez que dizia que a idade média de uma pessoa sem-teto em minha cidade era de sete anos de idade. Na minha cidade! Há vinte anos, minha reação diante dessa informação poderia ter sido: "Isto é mesmo patético". Mas agora, tomo ciência de realidades como esta e digo: "Vou fazer alguma coisa a respeito disto!" As pessoas podem dizer: "É fácil para *você* dizer isto, Joyce; você tem um grande ministério e tem acesso a muitas pessoas que podem ajudar". Talvez você não tenha alguns dos recursos que temos no nosso ministério, mas você tem a mesma capacidade de orar que eu tenho. Você pode dar uma oferta aos ministérios que estão tentando ajudar e suprir necessidades; pode se oferecer como voluntário e dar um pouco do seu tempo. Todos nós podemos fazer alguma coisa se realmente quisermos.

Creio que muitas das nossas orações ficam sem resposta e que algumas vezes não ouvimos a voz de Deus porque não somos misericordiosos e compassivos com as situações difíceis que nos cercam. A verdade é que podemos receber uma tremenda colheita apenas por sermos bons! É muito importante para Deus que tratemos bem as pessoas. Se você já foi esquecido ou maltratado, então sabe o quanto isso é doloroso. Se você quer fazer orações eficazes — se você quer que os ouvidos de Deus mostrem interesse pelo som da sua voz — você terá de tratar bem as pessoas e ser bom para elas.

A PALAVRA DE DEUS PARA VOCÊ HOJE: uma das melhores coisas que você pode fazer é ajudar alguém que é menos afortunado que você.

15 DE AGOSTO

Siga em Frente

Mesmo quando eu andar por um vale de trevas e morte, não temerei perigo algum, pois tu estás comigo; a tua vara e o teu cajado me protegem. (SALMOS 23:4)

Costumamos falar sobre "o que estamos passando", mas a boa notícia é que se estamos passando significa que estamos seguindo em frente; não estamos presos nos nossos problemas sem qualquer saída. Deus nunca nos promete uma vida sem problemas, mas Ele promete estar conosco e nunca nos deixar nem nos abandonar. Quando Deus nos levar a passar por alguma coisa, Ele sempre nos ensinará lições valiosas que poderemos usar no futuro.

Um dos momentos mais importantes para ouvir Deus é quando precisamos de direção ao passarmos por dificuldades. O que devemos fazer? Quanto tempo o problema vai durar? O Salmo de hoje diz que Deus nos guiará enquanto passarmos por um vale de trevas. Confiar em Deus para nos ajudar nos impedirá de desistir em meio às dificuldades que nos cercam. O livro de Hebreus diz que Deus quer que sigamos até o fim para que possamos entender a certeza da nossa esperança no final (ver Hebreus 6:11). Satanás quer que fiquemos desanimados e desistamos, mas Deus nos dá poder para seguir em frente! Não seja alguém que começa as coisas mas não as termina quando elas ficam difíceis. Quando começamos alguma coisa, devemos calcular os custos a fim de ter certeza de que temos o que é preciso para terminá-la, para não parecermos tolos. Determinação é o que é preciso para terminar — ser capaz de continuar seguindo em frente mesmo depois que todos os bons sentimentos desapareceram e outros desistiram. Se você perseverar até o fim, receberá a recompensa pela sua fé.

A PALAVRA DE DEUS PARA VOCÊ HOJE: à medida que você passar pelos vales da vida e seguir em frente, Deus sempre o guiará e o consolará.

16 de Agosto

Ouvidos Santificados e Circuncidados

A quem falarei e testemunharei, para que ouça? Eis que os seus ouvidos estão incircuncisos e não podem ouvir; eis que a palavra do SENHOR é para eles coisa vergonhosa; não gostam dela. (Jeremias 6:10, ARC)

Toda vez que Deus fala conosco e agimos como se não o ouvíssemos, o nosso coração fica um pouco mais endurecido até chegarmos ao ponto em que é extremamente difícil ouvi-lo. Com o tempo, a nossa teimosia entorpece a capacidade de ouvi-lo completamente. Toda vez que voltamos as costas para o que sabemos que é a coisa certa a fazer, nos tornamos um pouco mais obstinados até que ficamos totalmente surdos à Sua direção.

No versículo de hoje, vemos que Deus queria que Jeremias advertisse o Seu povo da destruição iminente, mas eles não podiam ouvir a Sua voz porque os ouvidos deles eram incircuncisos (não estavam em aliança com Deus). Que coisa trágica!

Em comparação, vemos em João 5:30 que Jesus tinha ouvidos santificados (separados) e circuncidados. Creio que este é um dos versículos mais importantes sobre o assunto de ouvir a Deus na Bíblia: "Nada posso fazer de mim mesmo [independentemente, por vontade própria — mas somente na medida em que sou ensinado por Deus e recebo as Suas ordens]. Assim como ouço, julgo [decido como me é ordenado decidir. À medida que a voz vem a mim, tomo uma decisão], e o meu julgamento é reto, porque não busco ou consulto a minha própria vontade [não tenho o desejo de fazer o que agrada a mim mesmo, aos meus próprios objetivos, aos meus próprios propósitos], mas somente a vontade e o prazer do Pai que me enviou" (AMP).

Jesus não fazia nada a não ser que Ele ouvisse a voz do Pai com relação àquilo. Imagine o quanto nossas vidas seriam diferentes se pedíssemos o conselho de

Deus antes de entrarmos nas confusões que criamos e das quais depois precisamos que Ele nos salve porque não buscamos o Seu conselho!

A PALAVRA DE DEUS PARA VOCÊ HOJE: ouça o seu coração antes de tomar decisões.

17 DE AGOSTO

Deus Quer Você

Portanto, irmãos, rogo-lhes pelas misericórdias de Deus que se ofereçam em sacrifício vivo, santo e agradável a Deus; este é o culto racional de vocês.

(ROMANOS 12:1)

Deus quer você! Ele quer ter a tutela completa do seu coração, e não apenas o direito de visitação. As pessoas costumam reclamar porque oram em nome de Jesus e nada acontece — mas considerando o tempo que elas passam com Ele, é óbvio que estão apenas "namorando-o". Eu não recebi o nome de meu marido até me casar com ele. Jesus quer ter um relacionamento de casamento com a Sua igreja.

A intimidade com Deus encoraja o Seu poder a operar em nossas vidas. Não podemos encarar a intimidade como apenas sorrisos e sentimentos calorosos e reconfortantes. Quando um relacionamento é íntimo, uma pessoa pode corrigir a outra e a honestidade total pode fluir entre elas. Em um relacionamento íntimo com Deus, temos momentos maravilhosos, mas também temos momentos em que Ele nos chama a encararmos com honestidade as coisas que precisam mudar em nossa vida.

Algumas pessoas não aprenderam que a sua própria mudança em direção à paz acontece quando elas se submetem a Deus e obedecem a Ele imediatamente. Elas são como potros não domados que resistem às rédeas e ao freio em sua boca, que poderiam ser usados por Deus para guiá-los a um lugar de segurança e provisão.

Algumas pessoas não estão dispostas a deixar Deus ter as rédeas de suas vidas, mas elas nunca sentirão a segurança ou a paz pela qual tanto anseiam até se renderem completamente ao Espírito Santo. Ele quer você; deixe que Ele tenha tudo de você.

A PALAVRA DE DEUS PARA VOCÊ HOJE: dê a Deus a tutela completa de sua vida.

18 de Agosto

Não Se Esqueça da Promessa de Deus

E foi assim que, tendo esperado por muito tempo e suportado pacientemente, Abraão realizou e alcançou [com o nascimento de Isaque como promessa do que estava por vir] o que Deus lhe havia prometido. (Hebreus 6:15, AMP)

Deus deu a Abraão a promessa de um herdeiro, mas ele teve de esperar por muito mais tempo do que poderia imaginar. A passagem bíblica de hoje diz que Abraão "esperou por muito tempo e suportou pacientemente". Durante esse tempo, estou certa de que ele teve de lembrar a si mesmo a promessa original de Deus muitas e muitas vezes. Longos períodos de espera podem tender a fazer com que duvidemos de que realmente ouvimos a voz de Deus. Talvez você esteja esperando por alguma coisa neste momento e precise lembrar a si mesmo o que Deus falou ao seu coração a princípio.

A dúvida e a incredulidade atacaram Abraão, e quando isso aconteceu, ele ofereceu a Deus ações de graças e louvor. Quando Satanás atacar, não devemos ficar passivos, sem tomar qualquer atitude. Devemos guerrear contra ele e contra as suas mentiras lembrando-lhe da Palavra de Deus e das Suas promessas a nós. Fale-as em voz alta, medite nelas e escreva-as. Quando Habacuque estava esperando em Deus, foi instruído a escrever a visão em tábuas claramente para que todos que passassem pudessem lê-la (ver Habacuque 2:2). Talvez aquela fosse a versão de um *outdoor* do Antigo Testamento!

Combata o bom combate da fé e mantenha com firmeza a sua confissão. Independentemente de como você se sinta neste instante, não desista porque Deus é fiel, e assim como Ele cumpriu a Sua promessa a Abraão no tempo determinado, Ele também cumprirá a Sua Palavra que lhe foi dada.

A PALAVRA DE DEUS PARA VOCÊ HOJE: quando você falar com seus amigos, não fale demais sobre como você se sente; conte o que a Palavra de Deus diz.

19 de Agosto

Creia que Deus Está Dirigindo Você

Assim, quando você por elas seguir, não encontrará obstáculos; quando correr, não tropeçará. (Provérbios 4:12)

Na minha jornada de aprendizagem do ouvir a voz de Deus, entendi com o tempo que precisamos simplesmente crer que Ele está nos conduzindo e nos guiando. Pedimos que Ele guie os nossos passos, e acreditamos pela fé que Ele está fazendo o que lhe pedimos. Há vezes em que ouço uma palavra muito clara de Deus, mas na maior parte do tempo oro pelo meu dia e depois me dedico a ele com fé. Talvez nada aconteça naquele dia que me pareça sobrenatural ou místico; não há visões, vozes, nada de extraordinário, mas sei no meu coração que Deus me manteve em segurança e seguindo o caminho certo.

Deus nos protege de muitas coisas das quais nunca sequer tomamos conhecimento. Eu me pergunto quantas vezes poderia ter sofrido um acidente se não tivesse orado pedindo a direção de Deus naquela manhã. Quantos congestionamentos terríveis eu evitei porque simplesmente *senti* que devia fazer um caminho diferente do que o que costumo fazer geralmente? Quero encorajá-lo firmemente a orar, pedir a direção e a liderança de Deus e depois a dizer ao longo do dia: "Creio que estou sendo guiado por Deus hoje e todos os dias".

O Salmo 139:2 diz que Deus conhece o nosso sentar e o nosso levantar. Se Ele sabe cada vez que nos sentamos ou nos levantamos e dedicou um tempo para nos dizer isso na Sua Palavra, então certamente Ele vê e se importa com tudo o mais.

A PALAVRA DE DEUS PARA VOCÊ HOJE: você pode descansar no conhecimento de que Deus está ocupado com cada um de seus passos.

20 DE AGOSTO

Crescendo em Maturidade

Assim, fixamos os olhos, não naquilo que se vê, mas no que não se vê, pois o que se vê é transitório, mas o que não se vê é eterno. (2 CORÍNTIOS 4:18)

Embora Paulo tenha passado por provações e tribulações tremendas, ele não desanimou porque não olhava para aquilo que é visível, mas para aquilo que é invisível. Precisamos seguir o exemplo de Paulo. Em vez de olharmos para o que vemos ao nosso redor, precisamos olhar para o que o Espírito Santo está fazendo. Ele nos levará a pôr o foco nas respostas de Deus e não nos nossos problemas.

Duas pessoas podem ler a Palavra e a pessoa que tem ouvidos carnais a ouvirá de forma diferente de uma pessoa que tem ouvidos espirituais. Por exemplo, 3 João 1:2 diz: "Amado, oro para que você tenha boa saúde e tudo lhe corra bem, assim como vai bem a sua alma".

Os cristãos menos maduros e carnais (que ainda são seduzidos pelos prazeres e apetites físicos) podem se entusiasmar com a promessa de prosperidade e cura, porque isso é tudo que eles ouvem neste versículo. Eles pensam: *Uau! Glória a Deus! Ele quer que prosperemos e tenhamos boa saúde!*

Mas os crentes maduros que são sensíveis à intenção santa de Deus para as suas vidas também ouvirão a parte do versículo que diz: "assim como vai bem a sua alma". Eles ouvem com o entendimento de que Deus vai lhes dar prosperidade e cura em correlação com a forma como as suas almas estão prosperando.

Ore para que você tenha ouvidos para realmente ouvir o que Deus está dizendo e para que você cresça progressivamente em direção à maturidade à medida que continua a andar com Deus.

A PALAVRA DE DEUS PARA VOCÊ HOJE: peça a Deus para abrir os seus ouvidos espirituais para que você possa ouvir o pleno significado do que Ele quer lhe dizer na Sua Palavra.

21 de Agosto

Ore, e Depois Planeje

Muitos são os planos no coração do homem, mas o que prevalece é o propósito do Senhor. (Provérbios 19:21)

A Palavra de Deus nos mostra claramente que precisamos ouvir a Sua voz e comprometer nossos ouvidos a fazer uma aliança com Ele, deixando que Deus santifique e circuncide nossos ouvidos para que possamos ouvi-lo. Muitas vezes Deus nos mostra claramente o que fazer, mas não fazemos porque não gostamos do Seu plano. Podemos até fingir sofrer de surdez espiritual quando não gostamos do que o ouvimos dizer claramente. Os nossos apetites e desejos carnais podem impedir a nossa aceitação da vontade de Deus.

Podemos ficar face a face com esta verdade e ainda assim não a aceitar. Admito que esta verdade em geral é muito mais fácil de ser aceita quando se refere a outras pessoas e à vida delas do que quando diz respeito a nós e à nossa vida. Temos um plano de como queremos que a nossa vida prossiga e temos uma maneira de executar esse plano. Na maior parte do tempo, queremos que Deus ouça o nosso plano e faça com que ele dê certo em vez de ouvirmos o plano Dele e pedirmos a Ele que faça o que precisa fazer para cumpri-lo por nosso intermédio. Precisamos sempre orar antes e depois fazer planos em vez de fazer planos e orar para que Deus os faça dar certo. Ouça o plano de Deus; siga-o, e você sempre terá êxito.

A PALAVRA DE DEUS PARA VOCÊ HOJE: ouça o plano de Deus antes de fazer os seus próprios planos.

22 de Agosto

Quando Deus Fala...

Pois a palavra de Deus é viva e eficaz, e mais a ada que qualquer espada de dois gumes; ela penetra ao ponto de dividir alma e espírito, juntas e medulas, e julga os pensamentos e intenções do coração. (Hebreus 4:12)

Podemos dizer com segurança que a Palavra de Deus opera em nós. Ela corta de nossas vidas as coisas que estão impedindo o plano de Deus para elas; localiza e isola as coisas que são carnais e remove-as por intermédio do Espírito Santo.

Nos primeiros anos como estudante da Palavra de Deus, eu não tinha experiência suficiente para discernir a diferença entre ouvir a minha própria alma (mente, vontade, emoções) e realmente ser guiada pelo Espírito Santo. Se queria alguma coisa, eu tentava fazê-la acontecer, e se não acontecesse, ficava zangada. Eu era egoísta e carnal, mas com o passar dos anos Deus usou a Sua Palavra para operar em mim e eliminar o meu comportamento errado.

Operações de qualquer tipo nunca são agradáveis, mas são necessárias algumas vezes para manter a boa saúde. Deus está tentando cortar alguma coisa da sua vida? Se você quer o melhor de Deus para ela, precisa deixar que Ele se livre das coisas que estão interferindo no seu crescimento espiritual. Não existem atalhos para a maturidade espiritual.

A PALAVRA DE DEUS PARA VOCÊ HOJE: a longa estrada para o sucesso é aquela em que aprendemos as lições valiosas que nos ensinam sabedoria.

23 de Agosto

Deus Ouve Quando Você Ora

Afastem-se de mim todos vocês que praticam o mal, porque o Senhor ouviu o meu choro. O Senhor ouviu a minha súplica; o Senhor aceitou a minha oração.
(Salmos 6:8-9)

Quando oramos, Deus nos ouve e Ele responde. É importante termos tanta confiança nisto quanto Davi tinha quando escreveu os versículos de hoje. Você pode viver com confiança desde que saiba que Deus está do seu lado e que Ele o ajudará a vencer as suas batalhas na vida. Você não está só, Deus está com você!

Ler os Salmos é uma excelente maneira de ouvir a voz de Deus. Ele fala conosco através da Sua Palavra e os Salmos são especialmente encorajadores em tempos de dificuldades. Ao lê-los, encare-os como algo especialmente dirigido a você. Não medite neles como se fossem para outra pessoa, mas lembre-se de que eles são a carta pessoal de Deus para você. Deus quer que você saiba que Ele tem bons planos para você e que, independentemente do que se levante contra sua vida, Ele está a seu favor. Deus livrou Davi dos seus inimigos e fará o mesmo por você se permanecer confiante nele.

Permaneça em paz e continue agradecendo a Deus porque Ele está trabalhando na sua vida. Posso lhe garantir que Deus não se esqueceu de você. Ele não se atrasará para enviar a resposta à sua oração. Pode ser que Ele não se adiante, mas não vai se atrasar! Mantenha a sua visão diante de você e não desista.

A PALAVRA DE DEUS PARA VOCÊ HOJE: Deus lhe enviará socorro; Ele o apoiará, o renovará e o fortalecerá.

24 DE AGOSTO

Não Ofenda Deus

Assim, meus amados, como sempre vocês obedeceram, não apenas na minha presença, porém muito mais agora na minha ausência, ponham em ação a salvação de vocês com temor e tremor. (FILIPENSES 2:12)

Podemos permitir que o Espírito Santo invada as nossas vidas. Podemos ser tão cheios da Sua presença e do Seu poder que permitimos que Ele tenha acesso a cada aspecto de quem somos e a tudo que fazemos. Ele pode entrar nos nossos pensamentos, emoções e até na nossa vontade e trazer cura e saúde a todo o nosso ser, mas Ele quer ser convidado. Diga ao Espírito Santo que você está pronto para trabalhar com Ele para trazer o que Ele fez em você pela graça de Deus para o primeiro plano de sua vida. "Pôr em ação", que é o tema da nossa passagem bíblica de hoje, significa que precisamos aprender a viver com o Espírito. Precisamos aprender a viver de dentro para fora. Tome cuidado para não ofender Deus cedendo à tentação e ao pecado. Aprenda a viver de tal maneira que a sua consciência esteja inteiramente limpa em todo o tempo.

Você talvez esteja pensando: *Joyce, tudo isso parece difícil e não tenho certeza se tenho o que é necessário.* Mas quero lhe assegurar que você com certeza tem o que é preciso, porque você tem o poder do Espírito Santo em sua vida. Você não pode fazer isso na sua própria força, mas à medida que cooperar com Deus você pode fazer o que for preciso na vida. Não se contente com um tipo de vida de "apenas sobrevivência", quando existe uma vida de abundância esperando por você.

A PALAVRA DE DEUS PARA VOCÊ HOJE: afaste-se de qualquer coisa que ofenda a Deus.

25 DE AGOSTO

Em Espírito e Em Verdade

Deus é espírito, e é necessário que os seus adoradores o adorem em espírito e em verdade. (JOÃO 4:24)

Nós nos comunicamos com Deus por meio do nosso espírito. Jesus disse no versículo de hoje que devemos adorar a Deus em espírito e em verdade. Ser totalmente e completamente verdadeiro com Deus é uma das maneiras pelas quais podemos desenvolver a intimidade com Ele. Ele sabe tudo a nosso respeito de qualquer maneira, então não há motivo para não ser totalmente sincero com Ele. Diga a Deus como você se sente, o que você fez de errado e quais são os seus desejos. Fale com Deus honestamente como você falaria com um bom amigo de sua confiança. Há momentos em que sei que Deus quer que eu faça uma coisa, e digo a Ele sinceramente que não quero fazer aquilo, mas o farei em obediência a Ele e porque eu o amo. Fingimento e um relacionamento íntimo com Deus não dão certo. Uma amiga minha me disse certa vez que embora ela soubesse que devia contribuir financeiramente para o Reino de Deus, ela na verdade não queria fazer isso. Foi sincera com Deus e lhe disse: "Vou fazer isso, mas na verdade não quero, então estou pedindo que o Senhor me dê o desejo de fazer isso". Com o tempo, essa mulher se tornou muito generosa e fazia isso com alegria.

Só a verdade nos liberta (ver João 8:32). A Palavra de Deus é a verdade. Ele fala sério quando diz o que diz, portanto quando fazemos alguma coisa errada devemos ser totalmente sinceros com Deus sobre isso; em outras palavras, devemos chamar pecado de pecado. Se você foi ganancioso, chame de ganância. Se você foi ciumento, chame de ciúmes. Se você mentiu, chame de mentira. Peça perdão a Deus e receba-o pela fé. Quando adoramos a Deus, devemos fazer isso em espírito e com toda a verdade, sinceridade e honestidade. Se sentimos que um amigo não está sendo verdadeiro, costumamos dizer "Fala sério!", e isto quer dizer que estamos lhe pedindo que pare de fingir e apenas seja sincero. Creio que Deus quer a mesma coisa de nós.

A PALAVRA DE DEUS PARA VOCÊ HOJE: Fala sério!

26 de Agosto

A Vida Interior

> *Por meio disso tudo, o Espírito Santo nos ensina, de modo bem claro, que a entrada para o Lugar Santíssimo ainda não foi aberta enquanto a parte da frente, que é o Lugar Santo, continuar sendo usada.* (Hebreus 9:8, NTLH)

O tabernáculo do Antigo Testamento tinha três compartimentos. Consistia em um átrio exterior, um segundo compartimento chamado de Santo Lugar e o Santo dos Santos, que era a câmara interior. Somente o sumo sacerdote podia entrar no Santo dos Santos, pois ele continha a presença de Deus.

Como seres humanos, somos seres trinos, com três compartimentos. Temos um corpo, uma alma e um espírito. O versículo de hoje afirma que enquanto continuamos reconhecendo a parte externa, que é uma analogia ao nosso corpo e alma, o caminho para o Santo dos Santos, que é uma analogia ao nosso espírito, não está aberto. Em termos simples, isto significa que se obedecermos e servirmos à nossa carne, nunca desfrutaremos e habitaremos na presença de Deus. Por exemplo, se estou zangada, não vou desfrutar a presença de Deus.

As nossas partes carnais sempre farão exigências porque a carne é egoísta e quer as coisas do seu jeito, mas não temos de ceder a essas exigências. Podemos simplesmente dizer: "Não reconheço mais você; você não tem autoridade sobre mim". Quando tomamos esta posição e não cedemos às exigências da vida carnal, estamos honrando a Deus e nos tornamos capazes de desfrutar a Sua presença. A mensagem de hoje é fácil: "Diga não a si mesmo e sim para Deus". A Bíblia diz que estamos mortos para o pecado. O pecado não está morto; ele vai sempre tentar nos atrair, mas podemos dizer não!

A PALAVRA DE DEUS PARA VOCÊ HOJE: não viva a vida da carne servindo os apetites e impulsos da sua natureza carnal.

27 DE AGOSTO

Seja Excelente

"Tudo me é permitido", mas nem tudo convém. "Tudo me é permitido", mas eu não deixarei que nada me domine. (1 Coríntios 6:12)

Deus tem um plano tremendo para nos abençoar de forma radical e tremenda, mas para desfrutar plenamente o Seu plano, precisamos lhe obedecer de forma radical e tremenda. Precisamos da ajuda de Deus para permanecer no caminho das Suas bênçãos. Peça-lhe para tratar com você firmemente caso haja alguma área na sua vida que lhe desagrade, e quando Ele fizer isso, reaja com obediência completa e imediata. Deus coloca o Seu Espírito Santo em nós para nos conduzir à perfeita paz. Se estivermos ouvindo a Deus, tomaremos decisões sábias e desfrutaremos a Sua paz. No versículo de hoje, vemos que muitas coisas são permitidas, mas não são boas para nós, e que não é sábio permitirmos que qualquer coisa se torne um fator controlador em nossas vidas. Existem muitas coisas que podemos fazer, mas elas não seriam a melhor escolha nem produziriam o melhor resultado. Paulo disse que devemos escolher e valorizar as coisas mais excelentes (ver Filipenses 1:10). Deus não vai nos dar uma palavra divina sobre cada movimento que fazemos, mas Ele nos dá a Sua Palavra e a Sua sabedoria e espera que vivamos de acordo com elas. Não seja medíocre e espere levar as coisas de qualquer jeito, mas em vez disso, escolha ser excelente e saiba que você está agradando a Deus.

A PALAVRA DE DEUS PARA VOCÊ HOJE: escolhas excelentes produzem recompensas excelentes.

28 DE AGOSTO

Tenha Prazer em Fazer a Vontade de Deus

Tenho grande alegria em fazer a tua vontade, ó meu Deus; a tua lei está no fundo do meu coração. (Salmos 40:8)

Se quisermos ouvir a voz de Deus e obedecer à Sua vontade, creio que a nossa oração todas as manhãs deveria ser algo assim:

"Deus, quero andar na Sua perfeita vontade durante toda a minha vida. Não quero a Sua vontade permissiva; não quero fazer nada sem a Sua aprovação e bênção. Se eu tentar fazer alguma coisa que não seja o Seu melhor para mim, por favor, deixe-me sentir hesitação em meu coração, um freio em meu espírito, para que eu continue no caminho do Seu plano.

Ajude-me a me submeter-me ao Senhor. Ajude-me a não ser cabeça dura. Ajude-me a não ser teimoso.

Ajude-me a não ter o coração duro.

Deus, quero que a Sua vontade opere plenamente em minha vida. Já experimentei o fruto da minha própria vontade por tempo suficiente para saber que se eu fizer as coisas do meu jeito, e não for isso o que o Senhor quer, acabarei tendo um mau resultado. Estou disposto a lhe obedecer, mas, por favor, ajude-me a ouvir claramente o que o Senhor está me dizendo para fazer. Amém".

A PALAVRA DE DEUS PARA VOCÊ HOJE: sussurre para Deus, várias vezes por dia: "Seja feita a Sua vontade".

29 DE AGOSTO

Orações de Petição e Perseverança

Vocês não têm, porque não pedem. (TIAGO 4:2)

Deus providenciou uma maneira simples para termos as coisas que desejamos sem termos de lutar para consegui-las. O versículo de hoje diz que não temos certas coisas porque não as pedimos a Deus. Uma oração não pode ser atendida se não for feita; por isso, precisamos orar e pedir. O tipo de oração que fazemos quando realizamos pedidos chama-se oração de petição — e este tipo de oração é importante porque Deus não faz nada na Terra se alguém não orar e pedir. Nós somos parceiros de Deus por meio da oração. A oração é simplesmente o meio pelo qual cooperamos com Ele e trabalhamos com Ele na esfera espiritual a fim de que as coisas se realizem na esfera natural. A oração traz o poder do céu à Terra.

Se as nossas orações não são atendidas rapidamente, talvez estejamos pedindo alguma coisa que não é a vontade de Deus para nós ou talvez Deus esteja esperando para responder porque está desenvolvendo a nossa fé e nos ajudando a formar os nossos músculos espirituais enquanto aprendemos a ter resistência e paciência.

Precisamos pedir a Deus e fazer com que os nossos pedidos sejam por Ele conhecidos em vez de tentar fazer as coisas acontecerem por nós mesmos. Também precisamos confiar na Sua sabedoria quanto a como e quando Ele vai responder. A oração abre a porta para Deus operar, mas tentar conseguir as coisas com o nosso próprio esforço só nos frustra e impede Deus de agir. Ele está esperando que peçamos e que confiemos no Seu jeito e no Seu tempo. Quando fazemos isso, Ele opera poderosamente em nosso favor.

A PALAVRA DE DEUS PARA VOCÊ HOJE: Deus quer fazer mais por você do que você pode imaginar, portanto comece a pedir com ousadia.

30 DE AGOSTO

Sabedoria e Bom Senso

Como é feliz o homem que acha a sabedoria, o homem que obtém entendimento, pois a sabedoria é mais proveitosa do que a prata e rende mais do que o ouro. É mais preciosa do que rubis... Os caminhos da sabedoria são caminhos agradáveis, e todas as suas veredas são paz. (PROVÉRBIOS 3:13-17)

Quando ouvimos a direção de Deus, tomamos decisões sábias que conduzem à honra, à prosperidade, à satisfação e à paz. Quando Dave e eu oramos para que Deus fale conosco e nos guie, usamos de sabedoria e bom senso nas questões maiores e menores.

A sabedoria sempre o conduzirá ao melhor de Deus. Por exemplo, a sabedoria ensina que você não terá amigos se tentar controlar e dominar tudo que se passa na sua vida e na deles. Você não terá amigos se falar mal deles pelas costas.

O bom senso o guiará nas questões financeiras. Você não entrará em dívidas se não gastar mais dinheiro do que ganha. O Espírito Santo não precisa falar de forma audível para nos dizer que não podemos ter mais dinheiro saindo do que entrando. O bom senso nos diz que se fizermos isso, teremos problemas.

A sabedoria não deixará que comprometamos o nosso tempo em excesso. Por mais ansiosos que estejamos para fazer as coisas, precisamos separar um tempo e esperar em Deus para nos dar paz com relação ao que devemos e o que não devemos fazer. A mulher mencionada em Provérbios 31 considerava a possibilidade de comprar novos campos, mas não faria isso se significasse que ela teria de negligenciar os seus deveres atuais assumindo novas responsabilidades.

A sabedoria é nossa amiga. Ela nos ajuda a não viver lamentando e a fazer escolhas agora que nos trarão felicidade mais tarde.

A PALAVRA DE DEUS PARA VOCÊ HOJE: pratique a sabedoria e o bom senso em todas as suas decisões.

31 de Agosto

Você Pegou Alguma Coisa?

Jesus lhes perguntou: Filhos, vocês têm algo para comer? [Vocês pegaram alguma coisa para comer com o seu pão?] (João 21:5)

João 21 conta a história dos discípulos que pescaram a noite toda, mas não pegaram nada. Você já sentiu que estava fazendo tudo que podia e ainda assim não estava tendo um bom resultado? Se isso já lhe aconteceu, então você sabe como eles deviam estar se sentindo.

Jesus apareceu, chamou-os da praia e perguntou se eles haviam apanhado alguma coisa. Eles disseram que não. Ele lhes disse para lançarem as redes do lado direito do barco e encontrariam peixe. Eles lançaram as redes e pegaram tantos peixes que mal conseguiam recolhê-las. Esta história é um exemplo do que acontece quando seguimos a vontade de Deus, comparado ao que acontece quando seguimos a nossa própria vontade.

Quando Jesus os interrogou, Ele estava basicamente dizendo: "Vocês estão tendo algum resultado no que estão tentando fazer?" Esta é uma pergunta que precisamos fazer a nós mesmos quando não temos frutos para mostrar por todo o esforço que empregamos nos projetos em que estamos trabalhando.

Quando "pescamos" fora da vontade de Deus, é equivalente a pescar do lado errado do barco. Às vezes nos esforçamos, lutamos, trabalhamos e nos estressamos, tentando fazer algo grande acontecer. Tentamos mudar as coisas, as pessoas, a nós mesmos. Tentamos ganhar mais dinheiro em um cargo mais elevado no trabalho. Podemos trabalhar sem parar de todas essas formas e ainda não ter nada para mostrar pelo nosso esforço a não ser o nosso esgotamento.

Você tem apanhado alguma coisa ultimamente? Conseguiu alguma coisa além de ficar esgotado? Se não, talvez você esteja pescando do lado errado do barco.

A PALAVRA DE DEUS PARA VOCÊ HOJE: se você pedir a ajuda de Deus e ouvir a Sua voz, Ele lhe dirá onde você deve lançar a sua rede.

1 de Setembro

Ore Pelos Outros

Antes de tudo, recomendo que se façam súplicas, orações, intercessões e ação de graças por todos os homens. (1 Timóteo 2:1)

Quando oramos, falamos com Deus e ouvimos Deus falar conosco. Um dos tipos de oração é a intercessão, que é simplesmente orar por alguém além de si mesmo. É clamar a Deus em benefício de alguém, levando as necessidades dessa pessoa a Deus em oração, e, às vezes, ouvindo algo da parte de Deus sobre a situação dela. A intercessão é uma das formas mais importantes de oração porque muitas pessoas não oram por si mesmas ou não sabem como fazer isso. Por quê? Porque elas não têm nenhum relacionamento com Deus. Também há momentos em que as circunstâncias estão tão difíceis, o estresse está tão elevado, a dor é tão grande ou as coisas estão tão confusas que as pessoas não sabem como orar por sua situação. E há momentos em que as pessoas oraram sem parar por si mesmas e simplesmente não têm mais forças para orar.

Por exemplo, certa vez visitei uma amiga que estava no hospital sofrendo de câncer. Ela havia combatido um combate corajoso e havia orado como uma guerreira, mas chegou a um ponto em que não tinha forças suficientes para orar como queria, e disse: "Joyce, simplesmente *não consigo* mais orar". Ela precisava que seus amigos orassem por ela — não apenas que *orassem* por ela, mas que realmente orassem *por* ela — que orassem no lugar dela porque ela não podia mais fazer isso.

Estou certa de que existem pessoas na sua vida que precisam de oração, pessoas que precisam que você fale com Deus e ouça a voz Dele em favor delas. Eu o encorajo a pedir a Ele que lhe mostre quem são essas pessoas e a ser fiel em orar por elas.

A PALAVRA DE DEUS PARA VOCÊ HOJE: seja fiel em orar pelas pessoas que Deus lhe mostrar.

2 DE SETEMBRO

Fique na Brecha

E busquei dentre eles um homem que estivesse tapando o muro, e estivesse na brecha perante mim por esta terra, para que eu não a destruísse; porém a ninguém achei. (EZEQUIEL 22:30)

Uma brecha é um espaço entre duas coisas; ela impede que dois objetos, dois espaços, duas instituições ou duas pessoas estejam ligados um ao outro. Quando prego no exterior, há uma brecha entre a audiência e eu. Pode haver uma brecha física se eu estiver em uma plataforma; pode haver uma brecha cultural, mas estou mais preocupada com a brecha do idioma. Se eu quiser que as pessoas me entendam, preciso de um tradutor, alguém para ficar na brecha do idioma por mim para que eu possa transmitir a mensagem com eficácia. O tradutor tem de trabalhar a meu favor para que a brecha possa ser eliminada e as pessoas possam compreender o que estou dizendo.

Ezequiel 22:29-31 fala sobre ficar na brecha. O versículo de hoje encontra-se nessa passagem e é uma das afirmações mais tristes da Bíblia. Nela, Deus estava basicamente dizendo: "Precisei de alguém para orar, e não consegui encontrar ninguém que o fizesse, então tive de destruir a Terra". Tudo que Ele precisava era de uma pessoa para orar, e toda a Terra poderia ter sido poupada. Você vê como a intercessão é importante? Apenas uma pessoa poderia ter feito uma enorme diferença em toda uma comunidade e ter salvado todo o lugar através da oração! Precisamos estar dispostos a orar; precisamos ser sensíveis a esses momentos em que o Espírito Santo está nos direcionando a interceder e precisamos obedecer. Nunca sabemos quando a nossa oração poderá ser exatamente aquela que é necessária para preencher uma brecha e resultar na ligação do poder de Deus com uma situação desesperadora.

A PALAVRA DE DEUS PARA VOCÊ HOJE: diga a Deus que você está disponível para orar pelos outros e faça isso à medida que Ele colocar várias pessoas no seu coração.

3 de Setembro

Nós Podemos Fazer a Diferença

Então o SENHOR arrependeu-se do mal que dissera que havia de fazer ao seu povo. (Êxodo 32:14, ARC)

Você sabia que a oração pode fazer Deus mudar de ideia? Como resultado de alguém simplesmente dedicar um tempo para falar com Ele e ouvi-lo, Deus pode realmente reconsiderar alguma coisa que havia planejado fazer.

Quando Moisés subiu ao Monte Sinai para buscar os Dez Mandamentos, ficou fora por mais tempo do que as pessoas queriam que ele ficasse. Na ausência do seu líder, elas se esqueceram do Senhor, cederam aos seus desejos carnais e decidiram derreter todas as suas joias, fizeram um bezerro de ouro e o adoraram. Deus falou com Moisés na montanha e disse, basicamente: "É melhor você voltar lá para baixo, porque o povo realmente já se desviou. E eu estou irritado com isso". (Graças a Deus, o Salmo 30:5 diz que a ira Dele dura apenas um instante, mas a Sua misericórdia é eterna!)

Moisés começou a interceder pelas pessoas porque se importava muito com elas. Deus já havia lhe dito: "Deixe-me em paz, pois essas pessoas são teimosas e obstinadas" (ver Êxodo 32:9-10). Mas Moisés recusou-se a desistir porque a questão não estava resolvida no seu coração. Ele amava aquele povo, conhecia a natureza de Deus e conhecia o caráter de Deus. Ainda por cima, ele sabia que Deus realmente amava o povo e não queria realmente deixá-los desamparados.

Moisés pediu a Deus para mudar de ideia (ver Êxodo 32:12) e de acordo com o versículo de hoje, Deus o fez. Nós podemos realmente fazer a diferença quando oramos!

A PALAVRA DE DEUS PARA VOCÊ HOJE: quando você ora, Deus ouve e responde!

4 DE SETEMBRO

Ouça com o Seu Espírito

O Espírito dá vida; a carne não produz nada que se aproveite. As palavras que eu lhes disse são espírito e vida. (JOÃO 6:63)

Às vezes a nossa própria mente, vontade ou emoções interferem na nossa capacidade de ouvir a voz de Deus. Quando tentamos ouvir e obedecer a Deus, os pensamentos negativos podem nos bombardear a ponto de termos vontade de desistir. Mas se aquietarmos nossa mente e examinarmos o que está no nosso coração, Deus nos dará confirmação do que Ele está dizendo. Sentiremos a sua resposta surgindo com paz e confiança do fundo do nosso coração, onde o Espírito Santo habita.

Certa vez, eu havia terminado uma reunião na qual trabalhara muito para garantir que a mensagem fosse útil para as pessoas que compareceram. Embora todos parecessem ter gostado, eu ficava ouvindo em minha mente: "Ninguém foi abençoado e a maioria das pessoas preferiria não ter vindo".

Eu me senti um tremendo fracasso, e sabia que esta não era a vontade de Deus para mim, então fiquei quieta e procurei escutar para ver o que o Espírito Santo me diria. Instantaneamente ouvi a voz mansa e suave, aquele conhecimento bem lá no fundo dizer: "Se as pessoas não quisessem estar aqui, não teriam vindo. Se não estivessem gostando, muitas teriam saído. Eu lhe dei a mensagem, e nunca dou nada ruim a alguém para pregar, portanto não permita que Satanás roube a alegria do seu trabalho". Se eu não tivesse procurado escutar, teria continuado a me sentir arrasada, mas a Palavra de Deus trouxe vida para mim.

Ouvimos Deus através do nosso espírito, não através da nossa mente. Lembre-se disso, e dedique sempre um tempo para parar e perguntar a Deus o que Ele realmente está lhe dizendo.

A PALAVRA DE DEUS PARA VOCÊ HOJE: a Palavra de Deus sempre gera vida.

5 DE SETEMBRO

Aprenda a Discernir

Se clamar por entendimento e por discernimento gritar bem alto; se procurar a sabedoria como se procura a prata e buscá-la como quem busca um tesouro escondido, então você entenderá o que é temer o Senhor e achará o conhecimento de Deus. (PROVÉRBIOS 2:3-5)

Discernimento é algo que podemos esperar à medida que nos aproximamos de Deus. Ele permite que penetremos na superfície de algo e percebamos suas áreas profundas. As coisas nem sempre são como parecem ser, portanto o discernimento é uma coisa valiosa. Se tivermos uma mente e um coração cheios de discernimento, evitaremos muitos problemas. Eu o encorajo a orar por discernimento regularmente.

Se tomarmos as nossas decisões de acordo com a aparência das coisas, de acordo com o que pensamos ou com o que sentimos, tomaremos muitas decisões erradas. Uma coisa pode parecer ser boa, mas lá no fundo você sente que precisa tomar cuidado e não ir em frente com aquilo. Se isso acontecer, você precisa esperar e orar um pouco mais, pedindo a Deus que o direcione pelo Seu Espírito, dando-lhe discernimento no seu espírito. Nunca faça nada se você não sentir paz a respeito ou se não parecer correto no seu espírito.

O versículo de hoje nos encoraja a entender o temor do Senhor. Tomar cuidado para não ir contra o que você sente no seu coração é praticar o temor do Senhor, é demonstrar reverência pelo que você acredita que Ele está lhe mostrando embora a sua mente possa não entender absolutamente nada. Aprender a ser guiado pelo Espírito é aprender a desenvolver e respeitar a maneira como Deus costuma falar, que é através do discernimento, por isso continue orando e se exercitando nesta área.

A PALAVRA DE DEUS PARA VOCÊ HOJE: não tome decisões apenas de acordo com o seu conhecimento mental. Faça uma verificação interna e veja o que o discernimento quer lhe dizer.

6 DE SETEMBRO

Apenas Faça a Sua Parte

O Senhor ouviu a minha súplica; o Senhor aceitou a minha oração. (SALMOS 6:9)

Todo crente é chamado a falar com Deus e ouvir a Sua voz por meio da oração, mas nem todos são chamados para exercer o ofício espiritual de intercessor. Por exemplo, creio que Deus chamou Dave como intercessor pelos Estados Unidos. Ele parece ter uma missão "oficial" do Senhor de orar pelo nosso país, um verdadeiro peso por problemas e assuntos nacionais, um anseio por ver o avivamento na nossa terra e um interesse profundo e prolongado pelas coisas que dizem respeito aos Estados Unidos. Ele estuda diligentemente a história norte-americana e se mantém informado sobre o que está acontecendo no governo do país. Suas orações são acompanhadas também de um fervor extraordinário. É isso que quero dizer quando me refiro a uma pessoa que atua no ofício de um intercessor. Desde 1997, tenho observado Dave orar, chorar e bombardear os céus em favor dos Estados Unidos. Não choro pela nossa nação como ele chora, mas isso não significa que não me importo ou que não oro pelos líderes do meu país. Significa simplesmente que não posso me obrigar a ter a paixão de Dave, porque essa paixão foi dada por Deus. Significa também que Deus está usando Dave e eu como uma equipe; Ele colocou Dave jogando em uma posição e eu jogando em outra. Se começar a me perguntar o que está errado comigo porque eu não intercedo como Dave intercede, acabarei dando vazão a um sentimento de condenação — e isso me impedirá de cumprir o que Deus me chamou para fazer. Mas se ficar confiante na minha posição e colocar o foco em ser excelente nela, o nosso time vencerá todas as vezes. Deus não dá todas as missões para todos. O Espírito Santo divide as coisas como lhe apraz e tudo que precisamos fazer é fazer a nossa parte.

A PALAVRA DE DEUS PARA VOCÊ HOJE: relaxe e ore conforme a direção de Deus.

7 DE SETEMBRO

Sim e Não

Qual de vocês, se seu filho pedir pão, lhe dará uma pedra? Ou se pedir peixe, lhe dará uma cobra? (MATEUS 7:9-10)

Nem sempre somos espertos o bastante para saber quais são as coisas certas para pedir, mas o versículo de hoje promete que se pedirmos pão, Deus não nos dará uma pedra, e se pedirmos peixe, Ele não nos dará uma cobra. Há vezes em que achamos que estamos pedindo pão, quando na verdade, estamos pedindo uma pedra. Em outras palavras, podemos estar pedindo alguma coisa que realmente achamos que é certa, mas Deus sabe que atender a esse pedido seria a pior coisa que Ele poderia nos dar.

Temos a capacidade de, com toda inocência, pedir alguma coisa que é potencialmente perigosa ou má para nós, sem sequer percebermos. Nesse caso, precisamos ficar satisfeitos por Deus não nos atender! Em tais casos, mal sabemos que se Deus dissesse "sim" a esse pedido seria como deixar uma cobra entrar em nossa casa. Temos de confiar nele o suficiente para dizer: "Pai, tenho confiança para lhe pedir qualquer coisa. Mas não quero nada que não seja a Sua vontade para mim. E eu confio no Senhor, Deus. Se não receber o que pedi, saberei que este não é o tempo ou que o Senhor tem algo melhor para mim e que eu simplesmente não pensei em lhe pedir ainda". Nunca se permita ter uma atitude negativa porque Deus não lhe dá tudo o que você quer.

Deus quer que sejamos abençoados. Ele quer que tenhamos não apenas o que queremos, mas o que é melhor para nós. Se realmente confiamos em Deus, precisamos confiar nele quando Ele diz "não" aos nossos pedidos tanto quanto confiamos quando Ele diz "sim" a eles.

A PALAVRA DE DEUS PARA VOCÊ HOJE: confie em Deus quando Ele disser "não" e quando Ele disser "sim".

8 de Setembro

Uma Oração Muito Poderosa

Mas eu lhes digo: "Amem os seus inimigos e orem por aqueles que os perseguem."
(Mateus 5:44)

Uma das orações mais poderosas que você pode fazer é orar pelos seus inimigos. Se você quiser ver alguém que é poderoso na oração, procure pela pessoa que intercede por um inimigo. Creio que Deus nos abençoa tremendamente quando intercedemos por aqueles que nos ofenderam ou traíram.

Você se lembra de Jó? Ele teve de orar por seus amigos depois de eles terem-no realmente magoado e decepcionado. Mas imediatamente depois que ele orou, Deus começou a restaurar sua vida. Na verdade, Deus lhe devolveu duas vezes mais do que Jó havia perdido (ver Jó 42:10)! Orar por alguém que nos magoou é muito poderoso porque, quando fazemos isso, estamos andando em amor em relação àquela pessoa e estamos obedecendo à Palavra de Deus.

Podemos ouvir a voz de Deus no versículo de hoje. O que Jesus nos diz para fazer neste versículo? Ele nos instrui a orar pelos nossos inimigos. Quando você pensar nas pessoas que o usaram, abusaram, molestaram e falaram mal de você, abençoe-as; não as amaldiçoe. Ore por elas. Deus sabe que abençoar os seus inimigos não é fácil e que você talvez não sinta vontade de fazer isso, mas você não faz isso porque sente vontade; faz isso como sendo para o Senhor. Optar por orar e abençoar em vez de amaldiçoar é muito poderoso na esfera espiritual, e Deus fará grandes coisas na sua vida em consequência disso.

A PALAVRA DE DEUS PARA VOCÊ HOJE: não deixe que pessoas más o façam descer ao nível delas, induzindo-o a agir como elas agem.

9 DE SETEMBRO

A Unidade Gera Bênçãos

Como é bom e agradável quando os irmãos convivem em união! ... É como o orvalho do Hermom quando desce sobre os montes de Sião. Ali o Senhor concede a bênção da vida para sempre. (SALMOS 133:1,3)

Se você tem orado por alguma coisa e não parece estar ouvindo Deus, talvez precise chamar alguém para orar em concordância com você. Esse tipo de unidade é uma dinâmica espiritual poderosa, e de acordo com os versículos de hoje, ela é boa e ordena a bênção de Deus.

Quando duas ou mais pessoas entram em concordância, Jesus promete estar com elas, e a Sua presença exerce mais poder do que podemos imaginar em nossas vidas e nas circunstâncias que nos cercam. Ele diz em Mateus 18:19-20: "Se dois de vocês concordarem na terra em qualquer assunto sobre o qual pedirem, isso lhes será feito por meu Pai que está nos céus. Pois onde se reunirem dois ou três em meu nome, ali Eu estou no meio deles". Deus também está conosco como indivíduos, mas o nosso poder aumenta quando nos reunimos em unidade e concordância. A Bíblia diz que um pode colocar mil para correr e dois podem perseguir dez mil (ver Deuteronômio 32:30). Gosto desse tipo de matemática!

Em função de a bênção de Deus residir na unidade e de Sua presença estar com aqueles que concordam no Seu nome, o inimigo trabalha diligentemente para dividir as pessoas, gerar conflito nos relacionamentos e manter as pessoas em divergência umas com as outras. Precisamos entender o poder da unidade e da concordância, e necessitamos exercitar esse poder falando com Deus e ouvindo a Sua voz junto com os outros.

A PALAVRA DE DEUS PARA VOCÊ HOJE: não deixe de orar com os outros.

10 DE SETEMBRO

Deus Tem As Suas Respostas

Que o Senhor te responda no tempo da angústia; o nome do Deus de Jacó te proteja! (SALMOS 20:1)

Se você já esteve em um relacionamento, tentou administrar o seu dinheiro, teve um emprego, tentou descobrir e cumprir o propósito de Deus para a sua vida, ou tentou crescer espiritualmente — então você provavelmente se deparou com alguns problemas. Os problemas fazem parte da vida e quando você se livra de um, muito provavelmente terá outro logo depois dele! Isso é verdade para todos nós e embora possamos nos desenvolver e amadurecer nas nossas capacidades de confrontar, resistir, ser firmes e viver em vitória, estaremos sempre contendendo com um problema ou outro.

Só Deus tem as soluções para os problemas da vida, e a melhor coisa que podemos fazer com os nossos problemas é entregá-los a Ele. Precisamos parar de revivê-los na nossa mente, parar de falar sobre eles, parar de nos afligir por causa deles e simplesmente liberar as pressões e os problemas da vida para Deus e deixar que Ele resolva tudo. Se aprendermos a entregar o nosso estresse e as nossas situações a Deus, ficaremos mais felizes e mais relaxados.

Deus pode fazer mais em um instante do que nós podemos fazer em toda uma vida de trabalho e esforço. Ele pode falar com você em um instante e transformar completamente uma situação; uma palavra Dele pode resolver tudo. Nada é grande demais para impedir Deus de realizar, e nada é pequeno demais para impedi-lo de se preocupar. Ele se importa com *tudo* que diz respeito a você, portanto entregue os seus problemas a Deus e deixe que Ele lhe dê as soluções que você precisa.

A PALAVRA DE DEUS PARA VOCÊ HOJE: entregue a Deus os seus problemas e permita que Ele lhe dê as soluções.

11 DE SETEMBRO

Um Tipo de Peso Bom

Ainda assim, atende à oração do teu servo e ao seu pedido de misericórdia, ó Senhor, meu Deus. Ouve o clamor e a oração que o teu servo faz hoje na tua presença. (1 REIS 8:28)

Às vezes, quando você está orando pelos outros, sentirá o que alguns chamam de um peso de oração ou um peso de intercessão. Um peso é algo que vem ao seu coração trazendo uma sensação de um fardo importante; é algo que Deus está pedindo que você leve a Ele em oração; é algo de que você não pode se desvencilhar. Às vezes Deus pode falar com você e explicar esse peso. Outras vezes, você nem sabe o que esse peso é ou não o entende totalmente; você só sabe que *precisa* orar.

Algumas pessoas são chamadas a orar muito por certas coisas. Como já compartilhei, meu marido ora muito pelos Estados Unidos. Conheço pessoas que oram por Israel o tempo todo. Certa mulher me disse que orou para que os veteranos voltassem da guerra. Creio que Deus fez com que todas as necessidades do mundo fossem cobertas em oração. Nem todos nós precisamos orar pela mesma coisa porque, se fizéssemos isso, todas as necessidades não seriam cuidadas. Preste atenção ao que Deus está colocando no seu coração e ore por isso.

Uma das maneiras de Deus falar conosco é nos dando fardos de oração pelos outros. Ele faz isso muitas vezes sem palavras, mas com uma sensação de peso e preocupação pelas pessoas no nosso coração. Quando isso acontece, Ele está nos pedindo para orar por elas. Preste atenção aos fardos de oração que Ele lhe der e seja fiel em orar quando Ele lhe pedir para fazer isso.

A PALAVRA DE DEUS PARA VOCÊ HOJE: quando você orar pelos outros, lembre-se de que Deus também tem alguém orando por você.

12 DE SETEMBRO

Traga à Memória de Deus a Sua Palavra

Coloquei sentinelas em seus muros, ó Jerusalém; jamais descansarão, dia e noite. Vocês que clamam pelo Senhor, não se entreguem ao repouso. (ISAÍAS 62:6)

O versículo de hoje nos instrui a lembrarmos a Deus as promessas que Ele nos fez e uma das melhores maneiras de fazer isso é orando a Sua Palavra para Ele.

A Palavra de Deus é extremamente valiosa para Ele e deveria ser também para nós. Afinal, Ele fala conosco claramente através da Sua Palavra e ela é uma maneira confiável de ouvirmos a Sua voz. Na verdade, o Salmo 138:2 diz: "Inclinar-me-ei para o teu santo templo, e louvarei o teu nome pela tua benignidade, e pela tua verdade e fidelidade; pois exaltaste acima de tudo o teu nome e a tua Palavra e engrandeceste a tua Palavra até mesmo acima do teu nome!" Este versículo indica que Deus engrandece a Sua Palavra até mesmo acima do Seu nome. Se Ele a honra a esse ponto, precisamos ter como prioridade conhecer a Sua Palavra, estudar a Palavra, amar a Palavra, ter a Palavra profundamente enraizada no nosso coração, estimar a Palavra mais do que qualquer outra coisa e incorporá-la nas nossas orações.

Quando honramos a Palavra e nos comprometemos com ela como acabei de descrever, estamos "permanecendo" nela (ver João 15:7). Permanecer na Palavra e permitir que a Palavra permaneça em nós está diretamente relacionado com a confiança na oração e em termos as nossas orações respondidas. Quando oramos a Palavra de Deus, é menos provável que oremos por coisas que não são a vontade de Deus para nós. Jesus Cristo é o Verbo vivo (ver João 1:1-4), e, à medida que permanecemos na Palavra, permanecemos nele — e isso traz um poder indizível às nossas orações.

A PALAVRA DE DEUS PARA VOCÊ HOJE: a Palavra de Deus está renovando a sua mente e ensinando-o a pensar como Deus pensa.

13 de Setembro

Uma Força Espiritual

Como poderia um só homem perseguir mil, ou dois porem em fuga dez mil, a não ser que a sua Rocha os tivesse vendido, a não ser que o Senhor os tivesse abandonado? (Deuteronômio 32:30)

Como já mencionei, Deus responde às orações de concordância quando as pessoas que estão orando já expressam concordância em suas vidas diárias. Ele aprecia tanto aqueles que pagam o preço de viver em concordância, unidade e harmonia, que lhes diz, fundamentalmente: "Quando vocês se reúnem assim, o meu poder é liberado entre vocês. O poder da sua concordância é tão dinâmico que vocês irão avançar de forma repentina e rápida — sem dúvida alguma. Eu farei isso".

Veja, a concordância é tão poderosa, que é um princípio de multiplicação e não de soma. É por isso que o versículo de hoje diz que uma pessoa pode colocar mil em fuga e duas, dez mil. Se a concordância se baseasse na soma, uma pessoa colocaria mil em fuga e duas colocariam dois mil. Mas a unidade ordena a bênção de Deus — e a bênção de Deus gera multiplicação. Por esse motivo, a oração de verdadeira concordância é uma força poderosa na esfera espiritual.

Quando estamos divididos nos tornamos fracos e quando estamos unidos somos fortes. Certamente o poder que está disponível para nós vale o esforço necessário para manter a unidade e a harmonia. Independentemente do que qualquer pessoa faça ou não faça, faça a sua parte e Deus o abençoará.

A PALAVRA DE DEUS PARA VOCÊ HOJE: você não pode fazer todos serem agradáveis, mas pode se recusar a deixar que eles o aborreçam.

14 DE SETEMBRO

Receba Força ao Orar

Estando angustiado, ele orou ainda mais intensamente; e o seu suor era como gotas de sangue que caíam no chão. (LUCAS 22:44)

Quando se aproximou a hora de Jesus ir para a cruz, Ele passou por uma grande luta na mente e nas emoções. Precisava da força de Deus para ir até o fim e fazer a vontade de Deus, assim como nós precisamos às vezes. Ele orou e recebeu essa força. A Bíblia afirma que enquanto Jesus orava, anjos vieram e o fortaleciam.

Nunca suponha simplesmente que o que Deus está lhe pedindo para fazer é difícil demais. Se você está disposto a fazer a vontade de Deus e pedir a Deus para fortalecê-lo, Ele o fará. Não desperdice palavras dizendo a Deus e aos outros o quanto a sua tarefa é impossível. Use essa mesma energia para pedir a Deus para lhe dar coragem, determinação e força. Creio que é lindo testemunhar quando Deus entra em parceria com uma pessoa e a capacita a fazer coisas impossíveis.

Muitas coisas são impossíveis ao homem por si mesmo, mas com Deus todas as coisas são possíveis. Talvez você esteja enfrentando uma crise ou uma dificuldade neste instante; se estiver, então eu lhe peço para se lembrar da luta que Jesus enfrentou no jardim. Ele sentiu tanta pressão que o Seu suor se transformou em sangue. Com certeza, se Ele pôde fazer o que fez através da força de Deus, você também pode alcançar a vitória através da oração.

A PALAVRA DE DEUS PARA VOCÊ HOJE: Deus nunca lhe dá nada para fazer que esteja além da sua capacidade com Ele ao seu lado.

15 DE SETEMBRO

Confesse a Palavra

A minha língua falará da tua palavra, pois todos os teus mandamentos são justiça. (SALMOS 119:172)

A Palavra de Deus é um tremendo tesouro. Ela é cheia de sabedoria, direção, verdade e de tudo o mais que precisamos para viver vidas com propósito, poderosas e de sucesso. Precisamos incorporar a Palavra às nossas orações, confessando-a sobre cada circunstância e situação. A palavra confessar significa "dizer a mesma coisa que", então quando confessamos a Palavra, estamos dizendo a mesma coisa que Deus diz; estamos nos colocando em concordância com Ele. Se realmente queremos ter um relacionamento profundo e dinâmico com Deus, precisamos concordar com Ele e nada nos ajudará a fazer isso como confessar a Palavra. A nossa confissão fortalece o nosso conhecimento da Palavra e a nossa fé em Deus, o que aumenta a precisão e a eficácia das nossas orações.

Para confessar a Palavra, precisamos conhecer a Palavra, porque só podemos concordar com Deus quando sabemos o que Ele fez e o que Ele disse. Costumo encontrar pessoas que estão pedindo a Deus para lhes dar algo que elas já têm ou para fazer delas algo que elas já são, e quero dizer: "Parem de orar assim! Deus já completou a obra que vocês estão pedindo que Ele faça". Não há necessidade de pedir a Deus para abençoá-los porque Ele já o fez. Seria melhor dizer: "Deus, obrigado porque de acordo com a Sua Palavra sou abençoado". Orações que pedem a Deus algo que Ele já nos deu são totalmente desnecessárias. Quando oramos a Palavra de Deus ou trazemos a Palavra à memória de Deus, estamos honrando a Sua Palavra e nos lembrando do que ela diz. Toda vez que declaramos a Sua Palavra, o poder é liberado do céu para fazer mudanças na Terra!

A PALAVRA DE DEUS PARA VOCÊ HOJE: a Palavra de Deus saindo da sua boca com fé é uma das forças mais poderosas no céu e na Terra.

16 de Setembro

Aprenda Com as Orações de Jesus

Pai, perdoa-lhes, porque não sabem o que fazem. (Lucas 23:34)

Creio que a maneira como as pessoas oram e as coisas pelas quais elas oram revelam muito sobre o seu caráter e a sua maturidade espiritual. Houve um tempo em que a minha vida de oração não indicava muita maturidade espiritual. Embora eu fosse uma crente nascida de novo, cheia do Espírito Santo e que ensinava a Palavra de Deus, minhas orações eram pateticamente carnais. Quando eu orava, tinha uma lista de pedidos para os quais achava que Deus tinha de dizer sim para que eu pudesse ser feliz — e todos eles eram coisas naturais: "Senhor, faça o meu ministério crescer. Dê-nos um carro novo; faça isto; faça aquilo. Faça Dave mudar. Faça as crianças se comportarem" e daí por diante.

Como resposta, Deus simplesmente me disse: "Quero que você examine as orações de Jesus e as orações de Paulo. Depois falaremos sobre a sua vida de oração". É claro que existem muitas orações ao longo da Bíblia, principalmente nos Salmos, mas Deus me disse para fazer as orações de Jesus, que se encontram nos Evangelhos, e as orações de Paulo, que se encontram nas Epístolas.

Quando comecei a orar da maneira que Jesus orava, descobri que realmente não existe uma maneira mais poderosa de orar do que orar a Palavra de Deus, porque ela nos mostra o que é importante para Ele. Ele fazia orações como as que lemos no versículo de hoje e muitas outras, inclusive a oração pedindo "Santifica-os na verdade; a tua palavra é a verdade" (João 17:17); a oração Dele por unidade entre o Seu povo (ver João 17:23); e a Sua oração por Pedro: "Mas eu orei por você, para que a sua fé não desfaleça. E quando você se converter, fortaleça os seus irmãos" (Lucas 22:32).

Eu o encorajo a ler os Evangelhos e ver como Jesus orava, e depois orar da mesma forma quando você for falar com Deus e ouvi-lo.

A PALAVRA DE DEUS PARA VOCÊ HOJE: ore para que Deus revele o Seu amor por você, e para que você se torne consciente dele.

17 de Setembro

Aprenda com as Orações de Paulo

[Sempre oro] para que o Deus de nosso Senhor Jesus Cristo, o Pai da glória, vos dê em seu conhecimento o espírito de sabedoria e de revelação. (Efésios 1:17)

Hoje quero me concentrar nas orações de Paulo. Quando li estas orações em Efésios, Filipenses e Colossenses, eu me senti mal com a carnalidade da minha vida de oração, e as orações de Paulo me afetaram tão poderosamente que a minha própria vida de oração não foi mais a mesma desde então. Vi que Paulo nunca orava para que as pessoas tivessem uma vida fácil ou ficassem livres das dificuldades. Em vez disso, ele orava para que pudessem suportar o que quer que lhes acontecesse com bom humor, que fossem pacientes, firmes e exemplos vivos da graça de Deus para as outras pessoas. Ele orava pelas coisas que são importantes para Deus e posso lhe garantir por experiência própria que Deus libera um poder tremendo para nós quando oramos assim. Devíamos nos importar mais com a nossa condição espiritual do que em ter todas as coisas que desejamos.

O versículo de hoje é uma das orações de Paulo. Este versículo nos ensina a orar para termos espírito de sabedoria e de revelação — e esse precisa ser um dos nossos pedidos principais. Na verdade, creio que pedir a Deus revelação — percepção e entendimento espiritual — é uma das orações mais importantes que podemos fazer. Revelação significa "descobrir" e precisamos pedir a Deus para descobrir aos nossos olhos tudo que nos pertence em Cristo. Precisamos que Ele nos revele e desvende as verdades da Palavra para que entendamos como orar por nós mesmos e pelos outros. Quando alguém lhe fala sobre um princípio espiritual ou uma verdade espiritual, isso é uma *informação*. Mas quando Deus o ajuda a entendê-la, ela se torna uma revelação — e *revelação* é algo que torna uma verdade tão real para você que nada pode tirá-la de você.

A PALAVRA DE DEUS PARA VOCÊ HOJE: pare um pouco de pedir coisas a Deus, e em vez disso, peça-lhe mais da Sua presença em sua vida.

18 de Setembro

Deus Está Sempre Conosco

Este Deus é o nosso Deus para todo o sempre; ele será o nosso guia até o fim.
(Salmos 48:14)

É confortador acreditar que Deus prometeu nos guiar enquanto estivermos nesta Terra. Nunca estamos sós porque Ele está sempre conosco. Ele está sempre cuidando de nós.

À medida que você desenvolve a sua capacidade de "ouvir" Deus, precisa se lembrar de que a direção divina é uma das principais maneiras de Deus falar. Crie o hábito espiritual de reconhecer Deus em tudo que você faz, pedindo a Sua direção e depois acreditando pela fé que você já a tem. Vou fazer compras mais tarde hoje e vou pedir a Deus para me guiar. Ele pode me guiar até uma liquidação que eu não esperava ou enquanto estou fora Ele pode guiar o meu caminho de tal maneira que eu encontre alguém que precise de encorajamento. Confio que meus passos são ordenados pelo Senhor (ver Salmos 37:23). Confio em Deus para me guiar àquilo que preciso comprar e para me ajudar a não comprar coisas que não preciso. Quero que Ele esteja envolvido em tudo o que faço e espero que você também.

No meu ministério de ensino, costumo ter a experiência da direção divina. Estudo e preparo aquilo que creio que estarei dizendo, mas muitas vezes quando começo a falar, descubro que estou sendo guiada por Deus a uma direção diferente daquela que havia planejado. Ele sabe o que as pessoas da plateia precisam ouvir e é meu trabalho deixar que Ele tome a direção.

Eu o encorajo a se lembrar de que ouvir Deus em geral pode parecer muito natural. Não busque experiências sobrenaturais, mas em vez disso busque a direção divina. O Seu Espírito está em você e Ele tem prazer em estar envolvido em todas as suas atividades. Seja o que for que você faça hoje ou aonde quer que você vá, espere que Ele o guie.

A PALAVRA DE DEUS PARA VOCÊ HOJE: Deus está sempre com você e o guiará em tudo que você fizer hoje.

19 DE SETEMBRO

A Perseverança Guiada pelo Espírito

Então, que farei? Orarei com o espírito, mas também orarei com o entendimento; cantarei com o espírito, mas também cantarei com o entendimento.

(1 CORÍNTIOS 14:15)

Realmente quero encorajar você a fazer orações persistentes, perseverantes, sob a direção do Espírito Santo — não meras orações repetitivas que não vêm do seu coração, mas orações que se recusam a desistir. É possível usar a sua boca para dizer palavras em oração que não tenham qualquer significado, e essas orações não são mais do que obras mortas. Eu poderia citar toda a oração do Pai Nosso enquanto estou pensando em outra coisa, e isso não abençoaria a Deus nem me faria bem algum, mas se sou sincera e oro com o meu coração, Deus ouve e opera em meu favor. Palavras que vêm apenas dos lábios não têm utilidade alguma para Deus nem realiza nada em nossas vidas, então quando oramos pela mesma coisa sem cessar, precisamos tomar cuidado para não cair em uma repetição sem sentido. Em vez disso, precisamos permitir que o Espírito Santo nos conduza por um novo caminho, mesmo quando estamos tratando de um assunto sobre o qual temos orado por muito tempo. Às vezes Ele nos guiará para sermos diligentes e perseverantes com relação a um assunto, mas há uma diferença entre a repetição e a perseverança guiada pelo Espírito.

As palavras ditas em oração que não estão ligadas ao nosso coração são palavras sem poder. Quando oramos devemos focar e nos concentrar no que estamos dizendo. Não devemos meramente verbalizar coisas que memorizamos embora nosso coração esteja longe de Deus. A oração ardente (sincera e contínua) de um justo disponibiliza um poder tremendo (ver Tiago 5:16).

A PALAVRA DE DEUS PARA VOCÊ HOJE: as suas orações sinceras a Deus têm poder e Ele as ouve.

20 DE SETEMBRO

Ore Antes Que Seja Tarde

Chegando ao lugar, ele lhes disse: "Orem para que vocês não caiam em tentação."
(LUCAS 22:40)

Os discípulos estavam sendo tentados de muitas formas enquanto esperavam por Jesus no Jardim do Getsêmani. Eles talvez tenham desejado fugir, se esconder ou fazer como Pedro fez quando negou conhecer Cristo. Jesus não lhes disse para orar para que não fossem tentados, mas Ele disse a eles para orarem para que não caíssem em tentação.

Adoraríamos se nunca nos sentíssemos tentados a fazer coisas erradas, mas isso nunca acontecerá. A Bíblia diz que a tentação precisa vir. Um motivo pelo qual temos fé em Deus é para que possamos resistir à tentação de fazer coisas erradas. Jesus quis que eles orassem antes da hora para que quando a pressão ficasse realmente forte eles já estivessem fortes o suficiente para resistir.

Se uma pessoa tem problemas com o apetite, é melhor orar para ter força para dizer não às escolhas erradas antes mesmo de se sentar à mesa. Por que esperar até que a pressão esteja olhando para ela bem de frente e ela esteja sendo tentada por todos os aromas deliciosos da comida? Realmente creio que se reconhecêssemos as nossas áreas de fraqueza e orássemos para ter força regularmente, veríamos muito mais vitórias. Sei que sou tentada a demonstrar impaciência quando tenho de esperar muito, mas oro antes mesmo de me deparar com este tipo de situação, e isso me ajuda. Deus prometeu nos dar a Sua força, mas precisamos pedir isso a Ele.

A PALAVRA DE DEUS PARA VOCÊ HOJE: você pode fazer todas as coisas através de Cristo, que o fortalece.

21 DE SETEMBRO

O Perdão é Essencial

E quando estiverem orando, se tiverem alguma coisa contra alguém, perdoem-no, para que também o Pai celestial lhes perdoe os seus pecados. (MARCOS 11:25)

Se quisermos ouvir a voz de Deus, devemos simplesmente ter um coração puro ao nos aproximarmos Dele — e uma maneira segura de estar limpo diante Dele é nos assegurando de que perdoamos a todos que nos magoaram ou ofenderam. O perdão não é fácil, mas é um pré-requisito para a oração eficaz, como lemos no versículo de hoje.

Embora os discípulos de Jesus estivessem familiarizados com os Seus ensinamentos sobre perdão, ainda assim o consideravam um desafio. Pedro perguntou a Jesus certo dia: "Senhor, quantas vezes deverei perdoar a meu irmão quando ele pecar contra mim? Até sete vezes?" (Mateus 18:21). Jesus basicamente disse: "Não. Que tal setenta vezes sete?" O número "sete" representa a perfeição ou algo que é completo, então tudo que Jesus estava dizendo na verdade era: "Não coloque qualquer limite para o perdão; simplesmente continue perdoando".

Quando perdoamos, estamos sendo semelhantes a Cristo; estamos agindo como Deus age — porque Ele é um Deus perdoador. Perdão é misericórdia manifesta; é amor em ação — não amor baseado em um sentimento, mas amor baseado em uma decisão, em uma escolha intencional de obedecer a Deus. Na verdade, creio que o perdão é a forma mais elevada de amor. O perdão e o amor andam de mãos dadas e expressá-los honra e glorifica a Deus, nos coloca em concordância com Ele e faz com que obedeçamos à Sua Palavra — o que nos ajuda a ouvir a Sua voz.

A PALAVRA DE DEUS PARA VOCÊ HOJE: certifique-se de perdoar de forma rápida, frequente e completa.

22 DE SETEMBRO

Livre para Seguir o Espírito

Ora, o Senhor é o Espírito e, onde está o Espírito do Senhor, ali há liberdade.
(2 CORÍNTIOS 3:17)

Embora eu já tenha mencionado neste devocional o assunto do legalismo como algo que detém uma vida direcionada pelo Espírito, quero desenvolver mais o tema porque creio que ele é um tremendo impedimento para que ouçamos a Deus.

Não creio que possamos experimentar alegria a não ser que sejamos guiados pelo Espírito de Deus, e não podemos ser guiados pelo Espírito e viver sob a lei simultaneamente. Uma mentalidade legalista diz que todos têm de fazer tudo da mesma maneira, o tempo todo. Mas o Espírito de Deus nos conduz individualmente e muitas vezes de formas singulares e criativas.

A Palavra escrita de Deus diz a mesma coisa a todos e não é uma questão de interpretação pessoal (ver 2 Pedro 1:20). Isso significa que a Palavra de Deus não diz uma coisa para uma pessoa e outra coisa para outras. Entretanto, a liderança direta do Espírito Santo é algo pessoal.

Deus pode dirigir uma pessoa a não comer açúcar por questões de saúde. Isso não significa que ninguém pode comer açúcar. As pessoas que são legalistas tentam levar a Palavra de Deus a outras e fazer dela uma lei para elas.

Certa vez ouvi dizer que quando Jesus nasceu, os escribas e fariseus haviam transformado os Dez Mandamentos em duas mil regras para as pessoas seguirem. Imagine tentar viver sob esse tipo de lei. Isso é escravidão! Jesus veio para libertar os cativos. Não somos livres para fazer o que tivermos vontade de fazer, mas fomos libertos do legalismo e agora somos livres para seguir o Espírito Santo de todas as maneiras criativas e pessoais pelas quais Ele nos conduz.

A PALAVRA DE DEUS PARA VOCÊ HOJE: confie no Espírito Santo para falar com você e conduzi-lo à medida você vive cada dia de sua vida.

23 DE SETEMBRO

Uma Atitude de Submissão

Se alguém se recusa a ouvir a lei [de Deus e dos homens], até suas orações serão detestáveis, odiosas e revoltantes [para Deus]. (PROVÉRBIOS 28:9, AMP)

O versículo de hoje diz algo impressionante sobre as nossas orações quando não nos relacionamos adequadamente com a autoridade ou se somos rebeldes — que são revoltantes para Deus.

Simplesmente não podemos crescer ou amadurecer sem correção. Se somos rebeldes para com as normas da empresa, as leis de trânsito ou para com qualquer outra forma de autoridade, então temos mais problemas comportamentais graves do que podemos imaginar. Ser rebelde é algo que precisamos ser diligentes em eliminar de nossas atitudes e comportamentos! Por quê? Porque se nos recusarmos a nos submeter à autoridade terrena, então não nos submeteremos à autoridade de Deus. Isso é desobediência e ela nos impedirá de orarmos com eficácia.

Deus me colocou no ministério de outra pessoa por vários anos antes que Ele me permitisse começar o meu próprio ministério. Tive de aprender a estar debaixo de autoridade e isso não foi fácil para mim. Eu nem sempre concordava com as decisões que eram tomadas e nem sempre sentia que era tratada de forma justa, mas uma das lições que Deus me ensinou foi que não estamos prontos para estar em posição de autoridade até que saibamos estar debaixo de autoridade.

Você poderia desejar um aumento de salário ou uma promoção no trabalho, mas costuma fazer fofoca e críticas ao seu patrão. Isso é uma forma de rebelião e ela pode impedir o seu progresso. Tenha uma atitude de submissão e você verá mais respostas à suas orações e ouvirá a voz de Deus com maior clareza.

A PALAVRA DE DEUS PARA VOCÊ HOJE: tudo que lhe pedem para fazer na vida pode não ser justo, mas no final Deus sempre traz justiça.

24 DE SETEMBRO

Deus Estabelece as Autoridades

Todos devem sujeitar-se às autoridades governamentais, pois não há autoridade que não venha de Deus; as autoridades que existem foram por ele estabelecidas.

(ROMANOS 13:1)

Uma atitude de honra e submissão para com a autoridade precisa permear a nossa vida diária — porque Deus estabelece a autoridade para nos manter seguros e para promover a nossa alegria. Ele nos dá autoridade espiritual e autoridade natural, e é importante obedecer a ambas. Até os sinais colocados pelas pessoas em posição de autoridade devem ser respeitados. Se existe uma área que diz "Proibido Estacionar", não estacione ali. Se a única vaga disponível é para deficientes e você não é deficiente, não estacione ali mesmo que você tenha de andar por um longo trajeto! Se a luz vermelha piscar, dizendo "Não Atravesse!", não atravesse. Não atravesse a rua de qualquer maneira simplesmente porque você está com pressa. Se você está em um trecho da estrada onde não é permitida a ultrapassagem, não ultrapasse.

Talvez você esteja pensando: *Bem, essas coisas não fazem diferença alguma; isso é coisa pequena. Tenho problemas sérios e preciso de respostas para eles.* Todos nós vamos continuar tendo os nossos problemas grandes até aprendermos que as nossas escolhas diárias, aparentemente pequenas, de respeitar as autoridades ou não, têm um enorme impacto em nossa vida. Comportamentos como os que acabo de descrever refletem uma atitude desrespeitosa para com a autoridade, e isso impede a nossa capacidade de ouvir a voz de Deus porque o próprio Deus coloca as autoridades em nossa vida e quer que as honremos. Honramos a Deus quando honramos as autoridades que nos cercam.

A PALAVRA DE DEUS PARA VOCÊ HOJE: tenha cuidado em obedecer a Deus nas pequenas coisas e elas farão uma grande diferença em sua vida.

25 DE SETEMBRO

Ouvindo Deus Através da Sua Palavra

Estabelece a tua Palavra e confirma a tua promessa para com o teu servo, que é para aqueles que com reverência te temem e te adoram com devoção.
(SALMOS 119:38, AMP)

Deus fala conosco através da Sua Palavra e a Sua Palavra se destina a nos ajudar, a nos dirigir e a nos encorajar na nossa vida diária. Podemos ouvir a Sua voz em todas as situações porque podemos encontrar versículos ou passagens bíblicas para orar em várias circunstâncias. Às vezes, os versículos ou passagens nos darão um direcionamento notavelmente específico e detalhado. Outras vezes, precisamos selecionar uma pérola de sabedoria ou um princípio espiritual geral e aplicá-lo ao assunto com o qual estamos lidando. Por exemplo, relacionei a seguir várias circunstâncias e emoções comuns e específicas através das quais o inimigo nos ameaça e os versículos correspondentes para orarmos em cada caso:

- Quando estiver passando por um momento de dificuldade ou por algo que o esteja deixando esgotado, você pode orar Isaías 40:29: "Ele fortalece o cansado e dá grande vigor ao que está sem forças".
- Quando estiver preocupado com o futuro, você pode orar Jeremias 31:17, que diz: "Há esperança para o seu futuro".
- Quando estiver tendo dificuldades financeiras, você pode orar Salmos 34:9-10, que diz: "Temam o Senhor, vocês que são os seus santos, pois nada falta aos que o temem. Os leões podem passar necessidade e fome, mas os que buscam o Senhor de nada têm falta".

Realmente creio que a Palavra de Deus tem a resposta para todas as perguntas que temos e a sabedoria para atender a todas as necessidades.

A PALAVRA DE DEUS PARA VOCÊ HOJE: as emoções podem fazer você se desviar, mas a Palavra de Deus o conduz em segurança.

26 DE SETEMBRO

Deus Ouve Os Que Perseveram em Ser Justos

O Senhor... ouve a oração dos que perseveram em ser justos [os retos, os que permanecem íntegros para com Ele]. (PROVÉRBIOS 15:29, AMP)

Deus promete no versículo de hoje que ouvirá as nossas orações se procurarmos ser fiéis na nossa caminhada com Ele. O que significa "perseverar em ser justo"? Simplificando, creio que a melhor maneira de perseverar em ser justo é recusar-se a fazer concessões.

Uma pessoa que faz concessões é alguém que tende a seguir o que todo o mundo quer fazer, embora isso possa não estar totalmente certo. A pessoa que faz concessões sabe quando alguma coisa não é certa, mas ela a pratica assim mesmo e espera se safar. Nós fazemos concessões quando sabemos no nosso coração — e até temos a convicção do Espírito Santo — que não devemos dizer ou fazer uma determinada coisa e, no entanto, fazemos assim mesmo. Estamos dizendo: "Deus está me mostrando o que fazer, mas vou fazer o que quero". Nesse caso, só podemos culpar a nós mesmos quando não temos os resultados que gostaríamos de ter. Quando nos recusamos a fazer concessões e nos dedicamos a perseverar em ser justos ao máximo, Deus vê o nosso coração, ouve as nossas orações e nos responde.

A PALAVRA DE DEUS PARA VOCÊ HOJE: se você se recusar a fazer concessões, colocará um sorriso no rosto de Deus.

27 DE SETEMBRO

Uma Atitude Correta é Eficaz

Ouve a minha oração, ó Deus; escuta as minhas palavras. (SALMOS 54:2)

Todos nós queremos que as nossas orações sejam eficazes e queremos poder falar com Deus de uma forma que traga com êxito o Seu coração e os Seus planos para nossa vida e para a vida de outras pessoas. A Bíblia diz: "Muito pode em sua eficácia a oração do justo" (Tiago 5:16). Se quisermos fazer orações eficazes que sejam de grande proveito, precisamos saber o que pode torná-las ineficazes. Nem todas as nossas orações têm êxito. Por exemplo, às vezes queremos alguma coisa tão desesperadamente que deixamos de orar de acordo com a vontade de Deus — e essas orações não são eficazes. Às vezes estamos tão irados ou magoados que fazemos orações que se baseiam nas nossas emoções em vez de se basearem na Palavra de Deus ou no coração Dele — e essas orações tampouco são eficazes.

Através da Sua Palavra, Deus nos diz o que fazer para realizar orações eficazes. A oração eficaz não resulta de seguirmos fórmulas ou de seguirmos certos princípios. A oração eficaz se baseia na Palavra de Deus; ela é simples, sincera e cheia de fé; não tem nada a ver com regras ou normas, mas precisa vir de um coração que tem a atitude correta.

A PALAVRA DE DEUS PARA VOCÊ HOJE: uma atitude ruim pode ser transformada simplesmente tomando-se a decisão de mudá-la.

28 de Setembro

A Demora Não é Uma Recusa

O meu tempo está nas tuas mãos; livra-me das mãos dos meus inimigos e daqueles que me perseguem. (Salmos 31:15)

Quando oramos, nem sempre temos respostas imediatas. Às vezes temos de esperar muito tempo, mas isso não significa necessariamente que Deus esteja dizendo não ao nosso pedido. É muito importante confiar no tempo de Deus em todas as questões que dizem respeito a nós e à nossa vida. Talvez você esteja esperando há muito tempo uma reviravolta em algo que você tem orado e o silêncio de Deus trouxe confusão à sua vida. Lembre-se de que Deus não é o autor da confusão. Ele quer que você confie nele e não que fique confuso.

Muitas demoras são "demoras divinas". Elas foram destinadas por Deus a fazer uma obra em nós que precisa ser feita. Se continuarmos servindo a Deus fielmente mesmo durante os tempos de escuridão, desenvolveremos um forte caráter divino. Pense em José, que esperou trinta anos para ver a resposta às suas orações; ou em Abraão, que esperou vinte anos. Se eles tivessem desistido, nunca teriam desfrutado a recompensa da sua confiança em Deus. Talvez Deus não se antecipe, mas Ele também não se atrasa. A maioria das coisas que vale a pena geralmente demora mais do que pensávamos que demoraria, e é mais difícil do que pensávamos ser capazes de suportar. Mas Deus sabe exatamente o que Ele está fazendo e quer que você confie no Seu tempo.

Deus promete nos livrar dos nossos inimigos, mas enquanto estamos esperando precisamos orar por eles e ser uma bênção para o máximo de pessoas possível. Deus está trabalhando enquanto você está esperando!

A PALAVRA DE DEUS PARA VOCÊ HOJE: aprenda a esperar em paz; caso contrário, grande parte de sua vida pode ser muito triste.

29 DE SETEMBRO

Guarde os Segredos de Deus

Mas quando você orar, vá para seu quarto, feche a porta e ore a seu Pai, que está no secreto. Então seu Pai, que vê no secreto, o recompensará. (MATEUS 6:6)

Ao longo dos anos da minha experiência com Deus, passei a entender que não somos muito bons em manter em segredo justamente aquelas coisas que deveriam ser mantidas em segredo. O versículo de hoje indica que as coisas pelas quais oramos devem ficar entre Deus e nós, e não precisam ser colocadas em exibição para outros. Queremos ouvir Deus, mas no instante em que sentimos que Ele nos diz alguma coisa, geralmente não podemos esperar para contar aos outros o que Ele disse. Talvez não haja problema em fazer isso algumas vezes, mas também há vezes em que as coisas entre Deus e nós precisam ser mantidas em segredo.

Quando José teve um sonho de que seu pai e seus irmãos um dia se curvariam diante dele, talvez tenha sido uma tolice infantil lhes contar isso. Talvez tenha sido essa mesma tolice que Deus teve de trabalhar em José antes de poder confiar a ele a responsabilidade que Ele tinha em mente. Muitas vezes a nossa recusa em guardar segredos é um sintoma de imaturidade. Creio que poderíamos ver mais as recompensas de Deus manifestas em nossas vidas, como o versículo de hoje diz, se aprendêssemos a discernir entre o que contar e o que manter em segredo.

Deus nos revelará mais se puder confiar em nós. Vamos aprender a guardar as coisas em nosso coração até que Deus nos dê permissão para liberá-las.

A PALAVRA DE DEUS PARA VOCÊ HOJE: tome cuidado com o que diz quando as suas emoções estiverem fervilhando.

30 DE SETEMBRO

Nunca Desista

E não nos cansemos de fazer o bem, pois no tempo próprio colheremos, se não desanimarmos. (GÁLATAS 6:9)

Um motivo pelo qual as pessoas não ouvem a voz de Deus é simplesmente por desistirem cedo demais. Paulo e Silas estavam adorando e louvando a Deus na cela da prisão à meia-noite (ver Atos 16:25). Muitas pessoas teriam desistido e ido dormir muito mais cedo. O nosso lema deveria ser: "Nunca desista".

Eu o encorajo a não desistir de falar com Deus e de esperar que Ele fale com você, aconteça o que acontecer. Passe tempo com Deus diariamente. Uma pessoa que se recusa a desistir é alguém a quem Satanás não pode derrotar. O inimigo quer que você desista agora mesmo e diga coisas do tipo:

- "Nunca vou conseguir um emprego melhor."
- "Nunca vou me casar."
- "Nunca vou me livrar das dívidas."
- "Nunca vou conseguir perder peso."

Atitudes como estas podem garantir que não recebamos nada! Mas também podemos optar pela atitude que diz: "Deus é fiel à Sua Palavra e nunca vou desistir". Um dos maiores motivos pelos quais as pessoas nunca veem os resultados das suas orações é porque elas desistem. Colheremos no tempo devido, mas que tempo é esse? É quando Deus sabe que estamos prontos para receber o que estamos pedindo. Até esse momento, o nosso único trabalho é permanecer fiéis. Continue orando e continue obedecendo.

A PALAVRA DE DEUS PARA VOCÊ HOJE: Deus nos oferece segundas chances, por isso, se você precisa de um novo começo, hoje é o dia!

1 DE OUTUBRO

Confie no Poder de Deus

Minha mensagem e minha pregação não consistiram de palavras persuasivas de sabedoria, mas consistiram de demonstração do poder do Espírito, para que a fé que vocês têm não se baseasse na sabedoria humana, mas no poder de Deus.

(1 CORÍNTIOS 2:4-5)

Educação é importante, mas devemos ter sempre em mente que a sabedoria de Deus é melhor e mais valiosa do que a educação secular e a filosofia humana. O apóstolo Paulo era um homem altamente instruído, mas ele afirmou firmemente que era o poder de Deus que tornava a sua pregação valiosa, e não a sua instrução.

Conheço muitas pessoas que se formaram na universidade com honras e títulos e que têm dificuldade em conseguir emprego. Também conheço pessoas que não tiveram a oportunidade de estudar em uma faculdade e que dependeram do favor de Deus, e terminaram com empregos maravilhosos. Onde está a sua confiança? Está em Deus ou naquilo que você sabe? Independentemente do que sabemos ou de quem conhecemos, nossa confiança deve estar somente em Cristo e no Seu poder.

Paulo mencionou em 1 Coríntios 1:21 que com toda a sua sabedoria e filosofia humana o mundo não conhecia a Deus, mas Ele optou por revelar a si mesmo e salvar a humanidade através da loucura da pregação. Infelizmente, muitas vezes achamos que quanto mais instruídas algumas pessoas são, mais difícil é para elas ter a fé simples de uma criança. Conhecimento mental e raciocínio em excesso podem, na realidade, trabalhar contra nós se não tomarmos cuidado, porque só podemos conhecer a Deus pelo Espírito e pelo coração, e não pelo cérebro. Certifique-se de que a sua fé esteja firmada no poder de Deus e não na filosofia humana para ajudá-lo em todas as áreas da sua vida.

A PALAVRA DE DEUS PARA VOCÊ HOJE: o poder de Deus pode vencer qualquer obstáculo que você possa enfrentar na vida.

2 DE OUTUBRO

O Espírito da Graça

Quem rejeitava a lei de Moisés morria sem misericórdia pelo depoimento de duas ou três testemunhas. Quão mais severo castigo, julgam vocês, merece aquele que pisou aos pés o Filho de Deus, que profanou o sangue da aliança pelo qual ele foi santificado, e insultou o Espírito da graça? (HEBREUS 10:28-29)

O Espírito Santo é o Espírito da Graça. A graça é o poder do Espírito Santo para fazer com facilidade aquilo que não podemos fazer com esforço. Em primeiro lugar, porém, é o poder que nos capacita a estarmos em paz com Deus para que Ele possa viver em nós e possamos nos tornar a Sua casa. Com o Espírito Santo dentro de nós, podemos penetrar o interior do nosso coração para extrair o poder do Espírito da Graça para fazer o que não conseguimos esforçando-nos no nosso próprio poder.

Por exemplo, passei anos tentando mudar a mim mesma porque via muitos defeitos no meu caráter. Na maior parte do tempo, eu me sentia frustrada porque todo o meu esforço e trabalho árduo não estavam gerando mudança. Se eu percebesse que estava dizendo coisas grosseiras que não deveria dizer, eu me decidia parar. Mas por mais que eu me esforçasse, não conseguia mudar e, às vezes, parecia piorar.

Por fim, clamei a Deus, admitindo que não podia mais tentar mudar. A essa altura, ouvi Deus falar ao meu coração: "Ótimo. Agora posso fazer alguma coisa em sua vida".

Quando Deus faz as mudanças em nossa vida, Deus recebe a glória; assim, Ele não permitirá que mudemos a nós mesmos. Quando tentamos mudar sem depender de Deus, nós o deixamos "de fora". Em vez de tentar mudar a nós mesmos, precisamos simplesmente pedir a Ele que nos transforme e que depois deixe o Seu Espírito da Graça fazer a obra em nós.

A PALAVRA DE DEUS PARA VOCÊ HOJE: nunca tente fazer nada sem pedir a ajuda de Deus.

3 DE OUTUBRO

O Espírito da Verdade

Mas quando o Espírito da verdade vier, ele os guiará a toda a verdade. Não falará de si mesmo; falará apenas o que ouvir, e lhes anunciará o que está por vir.

(JOÃO 16:13)

Eu era muito infeliz e tinha muitas dificuldades em minha vida, mas durante anos coloquei a culpa disso em outras pessoas e nas minhas circunstâncias. Tinha dificuldade em desenvolver e manter bons relacionamentos, e estava convencida de que todas as pessoas em minha vida precisavam mudar para que pudéssemos nos dar bem. Realmente nunca havia me ocorrido que eu podia ser a pessoa que estava causando os problemas.

Certo dia, em 1976, quando eu orava para que meu marido mudasse, o Espírito Santo começou a falar ao meu coração. Fiquei chocada quando Ele me revelou gentilmente o engano para o qual eu havia me deixado levar acreditando que o problema estava em todos, menos eu. Durante três dias, o Espírito Santo me revelou que eu era uma pessoa de difícil convivência, impossível de se manter feliz, crítica, egoísta, dominadora, controladora — e isso era apenas o começo da lista.

Encarar essa verdade foi extremamente difícil para mim, mas à medida que o Espírito Santo me dava a graça para isso, iniciei uma jornada de muita cura e libertação em minha vida. Muitas das verdades que ensino hoje vieram dessa época. Satanás é o maior enganador e o pai da mentira; se ele conseguir nos manter em trevas, então ele conseguirá nos manter no cativeiro e na infelicidade. Embora encarar a verdade possa ser doloroso, é vitalmente necessário para termos progresso e libertação.

Como Jesus disse no versículo de hoje, o Espírito Santo é o Espírito da Verdade, e Ele falará conosco e nos guiará a toda a verdade.

A PALAVRA DE DEUS PARA VOCÊ HOJE: peça ao Espírito Santo para revelar quaisquer áreas de engano na sua vida.

4 DE OUTUBRO
Você Tem Problemas de Audição?

Aprendi a adaptar-me a toda e qualquer circunstância. Sei o que é passar necessidade e sei o que é ter fartura. Aprendi o segredo de viver contente em toda e qualquer situação, seja bem alimentado, seja com fome, tendo muito, ou passando necessidade. (FILIPENSES 4:11-12)

Estamos sempre querendo seguir o Espírito Santo quando se trata de bênçãos, mas podemos passar a ter "problemas de audição" se a direção Dele significar que não vamos conseguir o que queremos.

Depois da sua conversão e batismo no Espírito Santo, Paulo ouviu o Espírito falar sobre algumas das dificuldades que seria necessário que ele passasse (ver Atos 9:15-16). Paulo passou por muitas situações difíceis, mas também foi abençoado durante o tempo de sua vida. Ele escreveu uma grande parte do Novo Testamento sob inspiração divina. Teve visões, recebeu visitações angélicas e muitas outras coisas maravilhosas. Ele também tinha de seguir a direção do Espírito Santo quando as coisas não eram tão cheias de bênçãos. Ouvia e obedecia à voz de Deus quer fosse conveniente ou inconveniente, agradável ou desagradável, em condições mais favoráveis ou não.

Nos versículos de hoje, Paulo escreveu sobre estar contente quer estivesse desfrutando bênçãos ou enfrentando problemas. No versículo seguinte, ele declarou que podia todas as coisas em Cristo, que o fortalecia. Era fortalecido para os tempos bons, para desfrutá-los e ter uma atitude positiva, e também para os tempos difíceis, para suportá-los e ter a atitude adequada em meio a eles, também.

O Espírito Santo nos dirige durante os tempos bons e durante os tempos difíceis. Podemos contar com Ele independentemente do que esteja se passando em nossa vida.

A PALAVRA DE DEUS PARA VOCÊ HOJE: Deus é o mesmo independentemente de quais sejam as circunstâncias e Ele é sempre digno de louvor e gratidão.

5 de Outubro

O Espírito de Súplicas

E derramarei sobre a família de Davi e sobre os habitantes de Jerusalém um espírito de ação de graças e de súplicas. (Zacarias 12:10)

De acordo com o versículo de hoje, o Espírito Santo é o Espírito de Súplicas, o que significa que Ele é o Espírito da Oração. O Espírito Santo nos dá o desejo de orar; esta é uma das maneiras que Ele fala conosco. Talvez não entendamos quantas vezes Ele nos leva a orar e podemos pensar que simplesmente estamos com uma determinada pessoa ou situação em nossa mente. Aprender a reconhecer quando Deus está nos pedindo para orar em geral leva tempo e é uma lição que sem dúvida tive de aprender com a prática.

Certa segunda-feira, comecei a pensar em um pastor que conheço. Durante os três dias seguintes, ele vinha à minha mente seguidamente. Na quarta-feira, vi sua secretária quando fui a um compromisso em um escritório e imediatamente perguntei a ela como ele estava passando. Descobri que o pastor havia estado doente naquela semana e, além disso, havia tomado conhecimento de que seu pai havia sido diagnosticado com câncer, que estava se espalhando por todo o seu corpo.

Logo percebi por que aquele pastor estava tanto em meu coração durante aquela semana. Devo admitir que não havia orado por ele; eu simplesmente pensei nele. É claro que lamentei ter perdido a direção do Espírito Santo, mas estou certa de que Deus usou outras pessoas para orar por ele e confortá-lo enquanto eu estava aprendendo esta importante lição sobre ouvir a voz de Deus.

Quando essas coisas acontecerem conosco, não devemos nos sentir condenados; devemos simplesmente aprender. O Espírito de Súplicas vive dentro de nós, nos guia e fala conosco. Precisamos continuar a crescer na nossa sensibilidade à Sua direção para que possamos orar pelos outros quando Ele nos pedir para fazer isso e para vermos Deus fazer grandes coisas nas suas vidas.

A PALAVRA DE DEUS PARA VOCÊ HOJE: é melhor orar por alguém do que simplesmente pensar nele.

6 de Outubro

Seu Pai Quer Falar Com Você

Pois vocês não receberam um espírito que os escravize para novamente temer, mas receberam o Espírito que os adota como filhos, por meio do qual clamamos: "Aba, Pai". (Romanos 8:15)

O Espírito Santo é o Espírito de Adoção. Isso significa que pelo poder do Espírito Santo, nós realmente fazemos parte da família de Deus. Um dia fomos pecadores que serviam ao diabo, mas Deus nos redimiu, nos comprou com o sangue do Seu Filho e nos chama de Seus filhos amados. A adoção é impressionante! Alguém que quer um filho escolhe um deliberadamente e o recebe como seu para amar e cuidar. Em alguns casos, isso pode ser ainda melhor do que nascer em uma família porque quando os filhos nascem em uma família, eles nem sempre são desejados. Às vezes o nascimento deles é o resultado de escolhas que seus pais lamentam. Mas quando os filhos são adotados, são desejados, escolhidos especificamente e separados deliberadamente.

Quando escolhemos colocar a nossa fé em Jesus Cristo, o novo nascimento nos traz para a família de Deus. Ele se torna o nosso Pai; nós nos tornamos herdeiros de Deus e coerdeiros com Cristo (ver Romanos 8:16-17). Ele nos trata como um Pai amoroso e perfeito. Um bom pai não fica em silêncio com os seus filhos. Ele faz muitas coisas por eles, assim como Deus faz por nós; inclusive falar com eles e lhes dizer o quanto os ama, instruindo-os, guiando-os, advertindo-os, apoiando-os e encorajando-os. Você pertence a Deus; Ele o adotou e agora é o seu Pai; e Ele quer falar com você hoje. Se você teve a experiência dolorosa de ser rejeitado por seus pais naturais, deixe-me lembrar-lhe de que Deus adota você e o recebe como Seu próprio filho (ver Salmos 27:10).

A PALAVRA DE DEUS PARA VOCÊ HOJE: Deus acha você especial. Ele o escolheu para ser Seu próprio filho.

7 DE OUTUBRO

Boas Palavras

Falando entre si com salmos, hinos e cânticos espirituais, cantando e louvando de coração ao Senhor... (EFÉSIOS 5:19)

A versão Almeida Revista e Corrigida traduz o versículo de hoje desta forma: "Falando entre vós em salmos, e hinos, e cânticos espirituais; cantando e salmodiando ao Senhor no vosso coração". Gosto de aplicar este versículo das duas maneiras. A maneira como falo comigo mesma é importante, e a maneira como falo com os outros também.

É fácil cair na armadilha de falar sobre coisas negativas, problemas, decepções e dificuldades. Mas nada disso nos ajuda a ficarmos cheios do Espírito Santo e nada disso reflete o que o Espírito Santo quer falar conosco porque Ele não é negativo de forma alguma. Mesmo quando Ele fala conosco sobre um problema, fala para trazer uma solução; e quando Ele fala conosco sobre situações difíceis, faz isso para nos dar consolo e força. Quanto mais pensamos e falamos sobre os nossos problemas, mais fracos nos tornamos, mas somos fortalecidos quando falamos e pensamos em Jesus e nas promessas que Ele nos fez.

A vida nem sempre é fácil; todos nós enfrentamos dificuldades às vezes. Deus nos encheu com o Seu Espírito para nos capacitar a fazer coisas difíceis com facilidade. Quando você estiver passando por um tempo de dificuldade, mantenha seus ouvidos sintonizados à voz de Deus. Fale as coisas positivas que Deus lhe disser através da Sua Palavra e através da voz do Seu Espírito no seu coração. Todos nós nos alimentamos das nossas próprias palavras, então é muito importante dizer boas palavras que sejam cheias de vida.

A PALAVRA DE DEUS PARA VOCÊ HOJE: escolha as suas palavras com sabedoria hoje, pois elas têm o poder da vida ou da morte.

8 DE OUTUBRO

Ore a Palavra

A tua palavra, Senhor, para sempre está firmada nos céus. (SALMOS 119:89)

Você sabe que Deus fala conosco através da Sua Palavra. Podemos falar a Sua Palavra de volta para Ele quando oramos "declarando a Palavra". Talvez você nunca tenha ouvido a frase "ore a Palavra" e esteja se perguntando como fazer isso. Creio que orar a Palavra, ou "orar as Escrituras", como algumas pessoas dizem, é a forma mais simples de oração disponível para qualquer crente. Tudo que é necessário é ler ou memorizar palavras da Bíblia e orar essas palavras de uma maneira que as torne pessoais ou que as aplique a outra pessoa. Creio que a melhor maneira de fazer isso é iniciar com: "Deus, a Sua Palavra diz (inserir a Escritura) e eu creio nisto".

Se você estivesse orando Jeremias 31:3 para si mesmo, diria algo assim: "Deus, a Sua Palavra diz que o Senhor me amou com amor eterno e que me atraiu com bondade. Eu lhe agradeço por me amar tanto e por continuar a me atrair para o Senhor com tanta bondade. Ajude-me, Senhor, a ser consciente do Seu amor por mim". Se você estivesse orando esta mesma Escritura para a sua amiga Susie, que estivesse tendo dificuldade para crer que Deus realmente a amava, você diria algo do tipo: "Deus, a Sua Palavra diz que o Senhor amou a Susie com amor eterno e que a atraiu com bondade. Deus, o Senhor sabe que a Susie não tem se sentido muito segura do Seu amor ultimamente, então eu lhe peço para inundar as emoções dela com a verdade desta promessa".

As promessas de Deus são para você; são para todos os crentes — e Ele ama quando conhecemos a Sua Palavra e a oramos para Ele.

A PALAVRA DE DEUS PARA VOCÊ HOJE: Deus o ama exatamente como você é e o ajudará a se tornar o que Ele quer que você seja.

9 DE OUTUBRO

A Semente Santa

O anjo respondeu: "O Espírito Santo virá sobre você, e o poder do Altíssimo a cobrirá com a sua sombra. Assim, aquele que há de nascer será chamado santo, Filho de Deus." (LUCAS 1:35)

A virgem Maria ficou grávida por obra do Espírito Santo, que veio sobre ela e, de acordo com o versículo de hoje, implantou nela uma semente santa. O Espírito de Santidade foi implantado nela como uma semente. Em seu útero, a semente cresceu e se tornou o Filho de Deus e Filho do Homem, que era necessário para livrar o povo dos seus pecados.

Quando nascemos de novo, uma dinâmica semelhante ocorre em nós. A semente santa, o Espírito de Santidade, é implantada em nós como uma semente. À medida que regamos essa semente com a Palavra de Deus e impedimos que as "ervas daninhas do mundanismo" a sufoquem, ela crescerá e se tornará uma árvore de justiça gigantesca, "plantio do Senhor, para manifestação da Sua glória" (Isaías 61:3).

A Palavra de Deus nos ensina a buscar a santidade (ver Hebreus 12:14). Quando o nosso coração está empenhado nessa busca, o Espírito de Santidade nos ajuda. Se quisermos ser santos, precisamos ser cheios do Espírito Santo e permitir que Ele fale conosco, nos corrija, guie e nos ajude em todas as áreas da vida.

Nunca se esqueça de que uma semente santa vive dentro de você. Regue essa semente com a Palavra de Deus e deixe que o Espírito Santo fale com você e o ensine a ajudá-la a crescer.

A PALAVRA DE DEUS PARA VOCÊ HOJE: o Espírito Santo deseja ser o seu companheiro íntimo enquanto o ensina e instrui sobre santidade.

10 de Outubro

Deus Usa Todos os Tipos

Os Seus dons foram [variados; Ele próprio indicou e deu homens a nós] uns para serem apóstolos... outros profetas... outros evangelistas... outros pastores... e mestres. A intenção Dele foi o aperfeiçoamento e a plena capacitação dos santos.

(Efésios 4:11-12, AMP)

Uma das maneiras como Deus fala conosco é através das pessoas. Às vezes essas pessoas são amigos ou membros da família, e às vezes são os pastores, professores, evangelistas, apóstolos e profetas que Ele coloca em nossas vidas. Deus coloca dons nessas pessoas especificamente para ajudar e edificar os crentes, como o versículo de hoje diz, para "a plena capacitação dos santos".

Um dos dons que Deus me deu foi o dom do ensino da Sua Palavra. Embora o meu dom de ensino tenha sido uma grande bênção para a minha vida, Deus na verdade o colocou em mim para beneficiar os outros. Algumas pessoas decidem por alguma razão que não gostam de mim, não gostam da maneira como ensino, não acreditam que Deus me chamou para ministrar. Quando fazem isto, extinguem a obra que o Espírito Santo poderia fazer em suas vidas, não através de mim, mas através do dom que Ele próprio escolheu fazer fluir através de mim.

O que é verdade em relação a mim, é verdade em relação a outros ministros também. Deus colocou dons valiosos neles e sempre haverá algumas pessoas que abrirão o coração para esses dons e outras que não o farão. Deveríamos aprender a receber a Palavra de Deus a partir de uma grande variedade de pessoas. Cometemos um erro quando focamos demais no vaso que Deus escolhe usar e não o suficiente no que Ele quer nos dar através desse vaso.

Eu o encorajo a permitir que Deus fale com você através de quem quer que Ele escolha e a não resistir a uma mensagem Dele rejeitando alguém que Ele enviar para falar a Sua Palavra a você.

A PALAVRA DE DEUS PARA VOCÊ HOJE: aprenda a desfrutar de uma grande variedade de pessoas e dos dons que Deus colocou nelas para o seu benefício.

11 de Outubro

Anime-se!

Alegrei-me com os que me disseram: "Vamos à casa do Senhor!" (Salmos 122:1)

Como cristãos, temos tantas bênçãos! Podemos conhecer Deus, ouvir a Sua voz, receber o Seu amor, confiar que Ele fará o melhor para nós, descansar no fato de que Ele tem cada aspecto da nossa vida sob controle. Temos muitos motivos para ficar animados! Ficamos animados com todo tipo de outras coisas, então por que não deveríamos ficar animados por causa do nosso relacionamento com Deus?

As pessoas costumam dizer que qualquer demonstração visível de entusiasmo em um ambiente espiritual é "demonstração de emoção". Finalmente percebi que foi Deus quem nos deu as emoções e que embora Ele não queira que deixemos que elas governem as nossas vidas, Ele as deu a nós com um propósito, parte do qual é o contentamento. Se estamos realmente tendo prazer em Deus, como podemos não demonstrar alguma emoção com relação a isso? Por que a nossa experiência espiritual tem de ser seca e monótona, tediosa e sem vida? O Cristianismo precisa ser expresso por música triste, rostos preocupados e rituais sombrios? É claro que não!

No versículo de hoje, Davi disse que ele se alegrava em ir à casa de Deus. Em 2 Samuel 6:14, ele dançou diante de Deus "com toda a sua força". Ele também tocava a sua harpa, cantava para Deus e se alegrava grandemente. Mas Davi vivia debaixo da Velha Aliança. Hoje vivemos debaixo da Nova Aliança e, sob esta aliança, nós que cremos em Cristo somos cheios de esperança, alegria e paz (ver Romanos 15:13). Não temos mais de nos esforçar ou lutar para sermos aceitáveis a Deus, mas descansamos na graça de termos nos tornado aceitáveis através de Jesus. Não precisamos mais tentar nos justificar por meio das nossas obras, mas somos justificados pela fé. Podemos ouvir a Sua voz e desfrutar a Sua presença. Fomos libertos de todo tipo de cativeiro! Estes são excelentes motivos para ficar animado!

A PALAVRA DE DEUS PARA VOCÊ HOJE: anote dez motivos para ficar entusiasmado com o seu relacionamento com Deus.

12 DE OUTUBRO

Abra a Porta

Eis que estou à porta e bato. Se alguém ouvir a minha voz e abrir a porta, entrarei e cearei com ele, e ele comigo. (APOCALIPSE 3:20)

Quando abri a porta do meu coração para a plenitude do ministério do Espírito Santo em minha vida, Ele começou a falar comigo e a tratar comigo sobre cada área da minha vida; não havia nada em que Ele não estivesse envolvido. Gostei disso, mas não gostei disso — acho que você sabe o que quero dizer.

Deus falou comigo sobre como eu falava com as pessoas e sobre as pessoas. Ele falou sobre como eu gastava meu dinheiro, como eu me vestia, quem eram meus amigos e o que eu fazia como diversão. Falou comigo sobre meus pensamentos e atitudes. Percebi que Ele conhecia os meus segredos mais profundos e que nada estava escondido Dele. Ele não estava mais na sala "do domingo de manhã" da minha vida, mas era como se estivesse governando toda a casa! Eu nunca sabia quando Ele poderia começar a falar comigo sobre alguma coisa em minha vida. Como mencionei, foi empolgante, mas também foi desafiador, porque eu sabia que o fato de Ele falar comigo levaria a muitas mudanças em minha vida.

Todos nós queremos mudar em algumas áreas, mas quando a mudança chega, pode ser assustadora. Geralmente queremos que nossa vida mude, mas não o nosso estilo de vida. Talvez não gostemos do que temos na vida, mas nos perguntamos se isso não é melhor do que as alternativas. Podemos ficar ansiosos ou até com medo de perder o controle das nossas vidas e permitir que alguém que não podemos ver o assuma.

Ouvir e obedecer à voz de Deus enquanto Ele trabalha em nossa vida significa viver para o Seu prazer e glória, e não para o nosso prazer e glória. Podemos ficar nervosos ou apreensivos por abrir as portas de todas as áreas da nossa vida para Ele, mas eu garanto que vale a pena.

A PALAVRA DE DEUS PARA VOCÊ HOJE: convide Deus para entrar em todas as áreas da sua vida.

13 de Outubro

Fé e Graça

Os passos do homem são dirigidos pelo Senhor. Como poderia alguém discernir o seu próprio caminho? (Provérbios 20:24)

Quando Dave e eu sentimos que Deus estava nos chamando para iniciar um ministério pela televisão, começamos a dar passos nessa direção pela fé. Não podíamos fazer isso sem dinheiro, então a primeira coisa que fizemos foi escrever para as pessoas da nossa lista de correspondência, pedindo aos amigos e parceiros de ministério que fizessem ofertas financeiras para nos ajudar a iniciar um ministério na televisão. Sentimos que Deus havia falado ao nosso coração sobre uma determinada quantia de dinheiro que precisaríamos para começar e esse valor foi exatamente o que recebemos.

Então demos outro passo. Precisávamos de um produtor e Deus o providenciou. Um homem havia se candidatado a um emprego como produtor de televisão três meses antes de Deus falar conosco sobre estarmos na televisão. Como não estávamos na televisão, dissemos a ele que não precisaríamos de seus serviços. Quando chegou a hora, nós nos lembramos daquele homem e percebemos que Deus havia suprido a nossa necessidade antes que soubéssemos que a tínhamos.

O próximo passo que demos foi comprar horários em alguns canais uma vez por semana. Quando os programas começaram a se pagar e vimos que davam bons frutos, compramos mais horários. Finalmente passamos a estar diariamente na televisão e agora temos um programa diário que vai ao ar em todo o mundo e a nossa oração é que ele esteja ajudando milhões de pessoas.

Deus conduziu Dave e eu um passo de cada vez e é assim que Ele vai conduzi-lo. Todas as vezes que dávamos um passo de fé, Deus nos dava a Sua graça, e eu o encorajo a esperar a graça também. Deus já conhece as suas necessidades e Ele tem a sua resposta, então, quando o medo bater à sua porta, responda com fé e você fará grandes coisas.

A PALAVRA DE DEUS PARA VOCÊ HOJE: tenha confiança no fato de que Deus o está conduzindo e lhe dando a Sua graça.

14 DE OUTUBRO

Ele vai Mudar Você

O Espírito do Senhor se apossará de você, e com eles você profetizará e será um novo homem. (1 SAMUEL 10:6)

Ser capaz de ouvir a voz de Deus é um resultado importante de conhecê-lo e ser cheio do Seu Espírito, mas não é a única evidência de uma vida cheia do Espírito. Outra prova simples, mas poderosa do poder do Espírito Santo dentro de uma pessoa é uma vida transformada.

Durante o julgamento de Jesus, Pedro o negou três vezes porque teve medo dos judeus (ver Lucas 22:56-62); mas depois de ser cheio do Espírito Santo no Dia de Pentecostes, ele já não teve mais medo, mas permaneceu e pregou uma mensagem extremamente ousada. O resultado da pregação de Pedro foi que três mil almas foram acrescentadas ao Reino de Deus naquele dia (ver Atos 2:14-41). A plenitude do Espírito Santo transformou Pedro; ela o transformou em outro homem — um homem muito corajoso, sem medo algum.

Pedro não foi o único que tomou uma posição ousada naquele dia. Todos os onze discípulos remanescentes de Jesus fizeram o mesmo. Todos estavam se escondendo atrás de portas fechadas com medo dos judeus, quando Jesus foi até eles após a Sua ressurreição (ver João 20:19-22). De repente, depois de serem cheios do Espírito Santo, todos eles se tornaram destemidos e corajosos.

O poder do Espírito Santo transformou inúmeras pessoas ao longo dos anos. Ele transformou Saul, como relatado no versículo de hoje. Transformou Pedro e os outros discípulos, Ele me transformou; e continua transformando pessoas fervorosas em todo o mundo. Você precisa ser transformado? Peça ao Espírito Santo para encher você hoje.

A PALAVRA DE DEUS PARA VOCÊ HOJE: você precisa do poder do Espírito Santo para mudar.

15 DE OUTUBRO

A Operação de Milagres

Pelo Espírito, a um é dada a palavra de sabedoria; a outro... poder para operar milagres... (1 CORÍNTIOS 12:8-10)

Jesus fez muitos milagres. Por exemplo, transformou água em vinho (ver João 2:1-10) e alimentou uma multidão com o almoço de um garotinho a ponto de sobrarem cestas cheias de pedaços (ver João 6:1-13). Há muitos tipos de milagres — milagres de provisão e suprimento, milagres de cura e milagres de libertação, para citar apenas alguns.

Dave e eu vimos muitos milagres ao longo dos anos. Certamente vimos milagres como curas físicas e libertações de cativeiros antigos. Também experimentamos milagres de suprimento — ocasiões em que Deus nos supriu e supriu o nosso ministério de uma forma tão sobrenatural que sabemos que o próprio Deus interveio na nossa situação e providenciou o que precisávamos.

Milagres são coisas que não podem ser explicadas, coisas que não ocorrem por meios comuns. Todos nós podemos e devemos crer em Deus para milagres em nossa vida. Não se contente em viver uma vida comum quando o dom de milagres está disponível. Peça a espere que Deus opere milagrosamente em sua vida e nas vidas de outras pessoas. O mesmo Deus que dividiu o Mar Vermelho quer ajudá-lo hoje.

A PALAVRA DE DEUS PARA VOCÊ HOJE: não se contente com o ordinário, mas espere o extraordinário.

16 de Outubro

A Resposta *Não* Está Nas Estrelas

Não recorram aos médiuns, nem busquem a quem consulta espíritos, pois vocês serão contaminados por eles. Eu sou o Senhor, o Deus de vocês. (Levítico 19:31)

Como crentes, temos acesso a Deus e à dimensão espiritual. Podemos ouvir a voz de Deus e receber a Sua direção. Muitas pessoas querem direcionamento espiritual, mas nem todas o buscam em Deus.

Muitas pessoas em todo o mundo buscam conselho e direção nas estrelas, nos videntes, nas cartomantes e em outras coisas e pessoas desse tipo. Isto é errado e ofende a Deus. Satanás engana muitas pessoas através desse meio. As pessoas estão em busca de direção e soluções para sua vida, mas infelizmente não foram ensinadas que Deus é quem pode dar isso a elas. O meu propósito em escrever o devocional de hoje é lhe dizer que Deus quer ser a sua fonte de informação. Ele quer lhe dar direção diária para a sua vida através da Sua Palavra e do Seu Espírito.

Certa vez trabalhei com uma mulher que estava profundamente envolvida com astrologia. Ela consultava as estrelas antes de tomar qualquer decisão. Ela até verificava o alinhamento das estrelas para ver em que dia devia cortar os cabelos. Por que deveríamos consultar as estrelas quando podemos consultar Deus, aquele que fez as estrelas?

Se você está envolvido em buscar direção em qualquer fonte que não seja Deus, eu o incentivo a se arrepender, a se voltar para Ele e a pedir que o Espírito Santo seja o seu único guia na vida de agora em diante.

A PALAVRA DE DEUS PARA VOCÊ HOJE: procure informações e direção somente em Deus.

17 de Outubro

Encare a Verdade

Antes, seguindo a verdade em amor, cresçamos em tudo naquele que é a cabeça, Cristo. (Efésios 4:15)

Você e eu vivemos em um mundo cheio de pessoas que estão vivendo vidas falsas, usando máscaras de fingimento e escondendo as coisas que elas não querem que os outros saibam. Isso é errado. Mas o motivo pelo qual isso acontece é porque as pessoas não foram ensinadas a andar na verdade. Como crentes, temos o Espírito Santo vivendo dentro de nós; Ele é o Espírito da Verdade e Ele nos fala a verdade.

Às vezes Satanás nos engana, mas outras vezes nós enganamos a nós mesmos. Em outras palavras, fabricamos vidas com as quais nos sentimos bem em vez de encararmos a vida como ela é e de tratarmos dos problemas com a ajuda do Espírito Santo.

O Espírito Santo fala comigo e me confronta com problemas em minha vida frequentemente, e Ele também me ensinou a ser uma confrontadora, e não uma pessoa covarde. Os covardes se escondem da verdade; têm medo dela. Você não precisa ter medo da verdade. Jesus disse aos Seus discípulos que o Espírito Santo os conduziria à verdade, mas Ele também lhes disse que eles não estavam prontos para ouvir certas coisas. O Espírito Santo sempre lhe falará a verdade, mas Ele não irá lhe falar certas verdades até que saiba que você está pronto para ouvi-las.

Se você for corajoso o bastante para dar as boas-vindas ao Espírito da Verdade em cada área da sua vida e deixar que Ele lhe fale sobre os problemas em sua vida, vo5cê tem bons motivos para esperar ter uma jornada inesquecível de liberdade e poder.

A PALAVRA DE DEUS PARA VOCÊ HOJE: nunca tenha medo da verdade.

18 de Outubro

Você Nunca Está Só

Jesus, cheio do Espírito Santo, voltou do Jordão e foi levado pelo Espírito ao deserto, onde, durante quarenta dias, foi tentado pelo diabo. (Lucas 4:1-2)

Aprendemos com os versículos de hoje que imediatamente depois de ter sido batizado no Espírito Santo, Jesus foi levado para o deserto pelo Espírito Santo, para ser tentado pelo diabo por quarenta dias e quarenta noites. Aquela provavelmente foi uma experiência muito difícil, mas Jesus obedeceu prontamente à direção do Espírito. Ele confiou no Espírito Santo, sabendo que até mesmo as dificuldades que enfrentaria cooperariam no fim para o Seu bem.

No fim dos quarenta dias no deserto, Jesus começou o Seu ministério público, como vemos em Lucas 4:14: "Jesus voltou para a Galiléia no poder do Espírito, e por toda aquela região se espalhou a sua fama". Jesus não apenas teve de estar disposto a seguir a direção do Espírito Santo nos momentos de poder e fama; Ele também teve de estar disposto a segui-lo nos tempos difíceis, tempos de provação e teste.

Obedecer a Deus em tempos de dificuldades ajuda a desenvolver um caráter piedoso. Jesus nos deu o exemplo que deveríamos seguir. Seguir a liderança do Espírito Santo durante tempos de dificuldades desenvolve fidelidade, determinação e força em nós — qualidades que Deus quer que tenhamos.

Deus nos deu o Espírito Santo para nos ajudar a cumprir os Seus planos para nossas vidas. Algumas vezes, precisamos nos deparar com dificuldades a fim de desenvolvermos o caráter que precisamos ter para fazer o que Deus planejou. Precisamos lembrar sempre que nunca enfrentamos nada — dificuldades ou tempos bons — sozinhos. O Espírito Santo está sempre conosco para nos ajudar e os Seus caminhos são sempre os melhores.

A PALAVRA DE DEUS PARA VOCÊ HOJE: não tenha medo dos tempos de dificuldade, porque eles acabarão por torná-lo mais forte.

19 DE OUTUBRO

O Espírito Santo é um Cavalheiro

Isso para que em Cristo Jesus a bênção de Abraão chegasse também aos gentios, para que recebêssemos a promessa do Espírito mediante a fé. (GÁLATAS 3:14)

Neste livro, escrevi muito sobre o Espírito Santo e sobre ser cheio do Espírito, e quero me certificar de que você tenha a oportunidade de conhecer o Espírito Santo dessa maneira enquanto você passeia por estas páginas. O Espírito Santo é um cavalheiro. Ele não imporá a Sua presença na sua vida na Sua plenitude se não for convidado. Ele o encherá, mas somente se você lhe pedir que faça isso. Em Lucas 11:13, Jesus promete que Deus dará o Espírito Santo àqueles que o pedirem. E Tiago 4:2 nos diz que o motivo pelo qual não temos certas coisas é porque não as pedimos.

Eu o encorajo a entrar com ousadia na presença de Deus e pedir a Ele diariamente para enchê-lo com o Espírito Santo. Peça esperando receber. Não seja indeciso nem permita que a dúvida encha o seu coração, mas peça com fé. Creia que você receberá, e agradeça a Deus por Ele viver em você. Deus não é homem para que minta (ver Números 23:19). Ele é fiel em cumprir a Sua Palavra sempre que alguém se levantar com base nela com fé, portanto peça e receba para que a sua alegria seja completa (ver João 16:24).

O versículo de hoje diz que recebemos a promessa do Espírito pela fé. Os dons não podem ser impostos a ninguém; precisam ser oferecidos pelo doador e depois recebidos por aqueles a quem são oferecidos. Deus faz a oferta do Seu Espírito, então tudo que você precisa fazer é descansar e receber pela fé.

A PALAVRA DE DEUS PARA VOCÊ HOJE: nunca tenha vergonha de pedir e de continuar pedindo a Deus para suprir todas as suas necessidades.

20 DE OUTUBRO

Você Tem Fome de Mais de Deus?

Ele satisfaz a alma sedenta e enche a alma faminta com o bem. (SALMOS 107:9)

Quando estamos famintos fazemos um grande esforço para conseguir alimento. Pensamos em comida, falamos sobre comida, vamos às lojas comprá-la e a preparamos cuidadosamente. Creio que se tivermos fome de mais de Deus em nossas vidas, deveremos nos comportar da mesma maneira. Deus disse que devemos buscá-lo de todo o nosso coração, diligentemente, com entusiasmo, zelo e com toda a seriedade.

Gastamos muito tempo todas as semanas com o alimento natural, mas quanto tempo gastamos com o alimento espiritual? Calculo que a maioria de nós passe um mínimo de catorze horas por semana procurando, preparando e comendo o alimento natural. Precisamos sinceramente nos perguntar quanto tempo passamos buscando a Deus e aprendendo com Ele. A proximidade que estamos de Deus depende de quanto tempo estamos dispostos a investir para desenvolver o nosso relacionamento com Ele. O tempo é precioso para todos nós e deveríamos usá-lo nas coisas que nos são mais importantes. Você pode desperdiçar o seu tempo ou investir o seu tempo; a escolha é sua. Aquilo que desperdiçamos, perdemos, mas aquilo que investimos, recebemos de volta com lucro.

Recomendo firmemente que você gaste pelo menos tanto tempo buscando a Deus quanto gasta em busca de alimento natural, e logo você será cheio da Sua sabedoria e da Sua presença. Você encontrará uma satisfação como nunca conheceu à medida que Ele encher a Sua alma com a Sua Presença.

A PALAVRA DE DEUS PARA VOCÊ HOJE: só Deus sacia a alma faminta, portanto dê a Ele prioridade na sua agenda.

21 DE OUTUBRO

O Fruto do Espírito

Mas o fruto do Espírito é amor, alegria, paz, paciência, amabilidade, bondade, fidelidade, mansidão e domínio próprio. Contra essas coisas não há lei.

(GÁLATAS 5:22-23)

Quando somos cheios até transbordar do Espírito Santo, vemos o Seu fruto manifesto por meio de nós. Temos paz e alegria e somos bons para as pessoas. Jesus nos ordenou amar uns aos outros como Ele nos amou. É importante para o mundo ver este amor manifesto. As pessoas do mundo estão famintas da verdade e precisam ver que Deus pode transformá-las. Precisam ver o Seu amor em ação a fim de torná-las famintas e sedentas de Deus. A Bíblia nos ensina que devemos ser sal e luz (ver Mateus 5:13-14). O mundo está em trevas, mas os cristãos cheios do Espírito Santo levam luz aonde quer que vão. O mundo está insípido, mas os cristãos colocam sal (sabor) onde estão presentes.

Temos um grande trabalho a fazer como cristãos e devemos ser sempre sensíveis ao Espírito Santo com relação à maneira como tratamos as pessoas. Deus está em nós fazendo o Seu apelo ao mundo por nosso intermédio; somos os Seus representantes pessoais (ver 2 Coríntios 5:20). Tendo em vista esse fato, Paulo disse que devemos tomar posse do favor divino que nos é oferecido. Precisamos trabalhar com o Espírito Santo para desenvolver o fruto do Espírito na medida plena para que possamos nos comportar de uma forma que glorifique a Deus e atraia as pessoas para Ele.

O fruto do Espírito se desenvolve à medida que passamos por dificuldades na vida e continuamos, com a ajuda de Deus, a tratar as pessoas como Ele as trataria. Permaneça forte no Senhor e lembre-se de que o mundo o está observando e precisa que você seja sal e luz.

A PALAVRA DE DEUS PARA VOCÊ HOJE: independentemente dos desafios que você possa enfrentar hoje, continue a ser gentil com todos que encontrar.

22 DE OUTUBRO

O Espírito de Santidade

Mediante o Espírito de santidade foi declarado Filho de Deus com poder, pela sua ressurreição dentre os mortos: Jesus Cristo, nosso Senhor. (ROMANOS 1:4)

O versículo de hoje se refere ao Espírito Santo como o "Espírito de Santidade". Ele é chamado por este nome porque é a santidade de Deus e porque é trabalho Dele operar essa santidade em todos os que creem em Jesus Cristo como seu Salvador.

Deus quer e nos instrui a sermos santos (ver 1 Pedro 1:15-16). Ele nunca nos diria para sermos santos sem nos dar a ajuda de que precisamos para nos tornar santos. Um espírito que não fosse santo jamais poderia nos tornar santos. Então Deus envia o Seu Espírito aos nossos corações para fazer uma obra completa em nós.

Em Filipenses 1:6, Paulo nos ensina que Deus, que começou a boa obra em nós, é poderoso para completar essa obra e levá-la a cabo. O Espírito Santo continuará a operar em nós enquanto estivermos vivos nesta Terra. Deus odeia o pecado, e a qualquer momento em que Ele o encontre em nós, rapidamente trabalha para nos purificar dele.

Este fato por si só explica por que precisamos do Espírito Santo vivendo dentro de nós. Ele está ali não apenas para nos conduzir e nos guiar ao longo desta vida, mas também para trabalhar em direta cooperação com o Pai para remover de nós qualquer coisa que o desagrade. Ele falará conosco sobre as coisas que precisam mudar para que possamos crescer em santidade, e nos transmitirá poder para que realizemos as mudanças que precisamos fazer.

A PALAVRA DE DEUS PARA VOCÊ HOJE: você está crescendo em santidade porque o Espírito de Santidade vive em você.

23 de Outubro

Todos Nós Trabalhamos Juntos

Assim como cada um de nós tem um corpo com muitos membros e esses membros não exercem todos a mesma função, assim também em Cristo nós, que somos muitos, formamos um corpo, e cada membro está ligado a todos os outros.

(Romanos 12:4-5)

Os versículos de hoje nos ensinam a diversidade de dons concedidos aos indivíduos. Todos nós somos parte de um corpo em Cristo, e Ele é a cabeça. Na dimensão física, todas as partes do corpo devem se relacionar com a cabeça para que tudo esteja em uma boa ordem de funcionamento. As diversas partes do corpo físico trabalham juntas; elas não sentem ciúmes nem competem entre si. As mãos ajudam os pés a colocarem os sapatos. Os pés levam o corpo para onde ele precisa ir. A boca fala pelo resto do corpo. Há muitas partes no corpo; nem todas elas têm a mesma função, mas todas trabalham juntas com um propósito combinado. O corpo espiritual de Cristo deveria trabalhar da mesma forma. É por isso que o Espírito Santo usou o exemplo do corpo físico quando inspirou Paulo a escrever o livro de Romanos.

Quando tentamos funcionar de alguma outra forma diferente daquela que Deus criou e determinou que funcionássemos, terminamos vivendo sob pressão em nossa vida. Mas quando fazemos o que Deus nos projetou para fazer, experimentamos alegria, satisfação e grandes recompensas. Precisamos trabalhar com o Espírito Santo para descobrir qual é o nosso destino único, personalizado e depois fazer todo o possível para cumpri-lo. Deus o dotou ou capacitou para fazer algo e você será bom naquilo, portanto descubra algo em que você é bom e comece a fazer isso.

A PALAVRA DE DEUS PARA VOCÊ HOJE: se você quer ser usado por Deus, encontre uma necessidade e supra-a.

24 DE OUTUBRO

Continue Seguindo em Frente

Pois Deus não nos deu espírito de covardia, mas de poder, de amor e de equilíbrio.
(2 TIMÓTEO 1:7)

Nas coisas espirituais, ou estamos avançando, ou estamos começando a recuar. Ou estamos crescendo, ou morrendo. Não existe Cristianismo dormente ou neutro. Não podemos colocar a nossa caminhada cristã em compasso de espera ou deixá-la guardada até mais tarde. É vital continuar prosseguindo. Foi por isso que Paulo instruiu Timóteo a avivar o dom de Deus dentro dele e a reacender o fogo por Deus no seu coração (ver 2 Timóteo 1:6).

Evidentemente, Timóteo precisava deste encorajamento. A julgar pelo versículo de hoje, ele devia ter problemas relacionados ao medo. Todas as vezes que permitimos que o medo tome conta de nós, ficamos imóveis em vez de ativos. O medo nos congela e paralisa; impede o progresso.

Talvez Timóteo tivesse medo porque os cristãos do seu tempo estavam sofrendo uma perseguição extrema. Afinal, o seu mentor, Paulo, havia sido lançado na prisão e ele pode ter se perguntado se o mesmo aconteceria com ele.

Contudo, Paulo o incentivou a se animar, a voltar aos trilhos, a ser fiel ao chamado que estava sobre sua vida e a se lembrar de que Deus não havia dado a ele "espírito de covardia, mas de poder, de amor e de equilíbrio".

É exatamente isso que temos quando recebemos a plenitude do Espírito Santo — poder, amor e equilíbrio. Quando você for tentado a temer, lembre-se desta verdade. Fique a sós com Deus e deixe que o Espírito Santo o encha de coragem e confiança para que você possa seguir em frente.

A PALAVRA DE DEUS PARA VOCÊ HOJE: não deixe de ter comunhão com Jesus hoje e não com os seus problemas; pense nele e não nos seus problemas.

25 de Outubro

Diga Menos; Mostre Mais

Permaneçam em mim, e eu permanecerei em vocês. Nenhum ramo pode dar fruto por si mesmo, se não permanecer na videira. Vocês também não podem dar fruto, se não permanecerem em mim. (João 15:4)

Quanto mais desenvolvemos o nosso relacionamento com Deus, mais empolgados e entusiasmados ficamos e isso é bom. Entretanto, devemos mostrar às pessoas algo mais que empolgação; elas precisam ver a evidência de uma verdadeira mudança e bons frutos.

Paulo disse que as nossas vidas devem ser cartas que as pessoas possam ler (ver 2 Coríntios 3:3). Em outras palavras, o nosso comportamento fala mais alto do que palavras ou emoções. Descobri ao longo dos anos que o entusiasmo e o zelo devem estar misturados à paciência, bondade, gentileza, boas maneiras e a uma disposição de ajudar as pessoas. As nossas ações realmente falam mais alto do que as nossas palavras. Naturalmente, deveríamos falar às pessoas sobre Jesus porque as palavras ditas na hora certa podem ser muito úteis, mas os verdadeiros cristãos são conhecidos por seus frutos.

Quanto mais tempo você passar com Deus, mais frutos terá decorrentes desse relacionamento. É o bom fruto que glorifica a Deus e é o bom fruto que fala mais alto às pessoas. Conheço pessoas que tentei convencer com palavras que eu havia mudado e nunca se convenceram, mas nos últimos anos elas precisaram de ajuda e quando eu as ajudei, perceberam que Deus havia definitivamente operado em minha vida. É muito difícil argumentar com um bom fruto, porque ele é a prova de que somos o que dizemos que somos. Eu o encorajo a tomar cuidado com a maneira como você trata as pessoas em todo o tempo.

A PALAVRA DE DEUS PARA VOCÊ HOJE: antes que este dia termine, você provavelmente encontrará muitas pessoas. Deixe-as sorrindo!

26 de Outubro

O Espírito de Amor

Ninguém jamais viu a Deus; se nos amarmos uns aos outros, Deus permanece em nós, e o seu amor está aperfeiçoado em nós. (1 João 4:12)

Não podemos dar o que não temos. Tentar amar os outros é inútil se nunca recebemos o amor de Deus por nós mesmos. Devemos amar a nós mesmos de uma forma equilibrada, e não de uma maneira egoísta e egocêntrica. Eu ensino que deveríamos nos amar, e não estar apaixonados por nós mesmos. Para amar a si mesmo, você precisa simplesmente crer no amor que Deus tem por você; saber que ele é eterno, imutável e incondicional. Deixe que o Seu amor o apoie e faça você se sentir seguro, mas não comece a pensar de si mesmo mais do que convém (ver Romanos 12:3). Amar a nós mesmos não significa que amamos todo o nosso comportamento; significa que amamos e aceitamos a pessoa sem igual que Deus nos criou para ser. Creio que amar a nós mesmos de uma maneira equilibrada é o que nos prepara para deixar o amor fluir por meio de nós para os outros. Sem receber o amor de Deus por nós mesmos de uma forma saudável e adequada, podemos ter sentimentos de afeto ou respeito pelos outros, um tipo de amor humanista; mas certamente não poderemos amar as pessoas incondicionalmente a não ser que o próprio Deus inspire e provoque esse amor. O Espírito Santo purifica nossos corações para que possamos permitir que o amor sincero de Deus flua através de nós para os outros (ver 1 Pedro 1:22). Isso é parte de ser cheio do Espírito.

Deus quer que expressemos amor pelos outros. Quando pensamos nos outros e em como podemos abençoá-los, nós nos mantemos cheios do Espírito Santo, que é o Espírito de Amor.

A PALAVRA DE DEUS PARA VOCÊ HOJE: você tem algo maravilhoso para dar ao mundo hoje — o amor de Deus que está em você.

27 DE OUTUBRO

Onde Está Deus?

Busquem o Senhor enquanto se pode achá-lo; clamem por ele enquanto está perto. (ISAÍAS 55:6)

Ao longo dos meus anos de ministério, frequentemente me perguntavam: "Por que não consigo sentir a presença de Deus?" Algumas vezes, fiz essa mesma pergunta a mim mesma.

Sabemos, com base na Bíblia, que o Espírito Santo não vai embora e nos abandona todas as vezes que fazemos alguma coisa que lhe desagrada (ver Hebreus 13:5). Na verdade, Ele está comprometido em ficar conosco e em nos ajudar a resolver os nossos problemas, e não em nos deixar abandonados em meio a eles sem qualquer ajuda.

Não, o Espírito Santo nunca nos deixa, mas Ele às vezes "se esconde". Gosto de dizer que às vezes Deus brinca de esconde-esconde com Seus filhos. Às vezes

Ele se esconde de nós até que, no decorrer do tempo, quando sentimos bastante a Sua falta, começamos a procurá-lo. E quando o procuramos, Ele promete que o encontraremos (ver 1 Crônicas 28:9, Jeremias 29:13).

Na Sua Palavra, Deus nos diz repetidamente para buscá-lo — para buscarmos a Sua face, a Sua vontade, o Seu propósito para as nossas vidas. Buscar significa ansiar, perseguir, e correr atrás com toda a sua força. Também nos é dito para buscá-lo cedo, ardente e diligentemente. Se não buscarmos a Deus, viveremos uma vida decepcionante. Buscar a Deus é algo que Ele quer que façamos e que nos instrui a fazer; é algo crucial para a nossa caminhada com Ele e vital para o nosso progresso espiritual. Diga a Deus o quanto Ele é importante para você e que você não pode fazer nada sem Ele.

A PALAVRA DE DEUS PARA VOCÊ HOJE: honre a Deus hoje e todos os dias pedindo-lhe para se envolver em todos os aspectos e detalhes da sua vida.

28 de Outubro

Domínio Próprio Sim, Autocomplacência Não

Mas aquela que vive para os prazeres e a autogratiação [se entregando à luxúria e à autocomplacência], ainda que esteja viva, está morta. (1 Timóteo 5:6)

Certa vez vi um anel que eu queria e que podia comprar porque eu havia economizado algum dinheiro. Dediquei um tempo a orar por aquilo, testei meus impulsos não o comprando imediatamente, e depois perguntei: "Deus, está tudo bem se eu comprar esse anel? O Senhor sabe que farei o que quer que o Senhor queira que eu faça com este dinheiro, mas gostaria de tê-lo se não houver problema".

Não senti nenhuma convicção de que eu não deveria comprá-lo, então eu o adquiri.

Este seria um bom final para a história, mas havia algo mais — uma pulseira. O vendedor me disse: "Ela está em liquidação, mas só até amanhã. E fica muito bonita em você".

Fiquei hesitante, mas fui falar com Dave, pensando: Talvez ele a compre para mim.

Dave olhou para ela. Ele a achou bonita, e disse: "Bem, com certeza você pode comprá-la se quiser".

Eu sabia em meu coração que não devia comprar aquela pulseira. Comprá-la com certeza não seria um pecado, mas eu sabia que a coisa mais benéfica para mim naquele momento seria desenvolver o caráter necessário para me afastar de algo de que eu realmente gostava, mas não precisava.

Naquele momento, senti que talvez Deus me liberasse para adquiri-la mais tarde se eu ainda a desejasse. Eu simplesmente não senti paz em comprá-la no mesmo dia em que comprei o anel. Olhando para trás agora, vejo que o domínio próprio que exercitei foi mais satisfatório que a autocomplacência.

Se quisermos ser realmente felizes, precisamos ouvir a Deus. Ele nos fará saber se alguma coisa é certa para nós ou não.

A PALAVRA DE DEUS PARA VOCÊ HOJE: deixe Deus conduzi-lo tanto nas pequenas áreas da vida quanto nas grandes.

29 DE OUTUBRO

Como Ser Feliz

De modo que, tendo diferentes dons, (faculdades, talentos, qualidades) que diferem segundo a graça que nos é dada, vamos usá-los. (ROMANOS 12:6, AMP)

Todos nós recebemos graça em níveis diferentes para atuar nos dons que Deus nos deu. O versículo de hoje diz que devemos usar os nossos dons de acordo com a graça que está sobre nós.

Duas pessoas podem ter o dom de ensino, mas uma pode ser uma professora melhor do que a outra porque tem mais graça de Deus para esse chamado específico. Por quê? Porque o Espírito Santo distribui dons a quem Ele quer (ver 1 Coríntios 12:11). Ele tem as Suas razões para fazer o que faz, e precisamos confiar nele quanto a isso. Devemos ser gratos pelo que Ele nos dá e não ficar com ciúmes do dom dos outros. Não podemos andar em amor com as pessoas e invejar os seus dons ao mesmo tempo.

Meu marido poderia sentir ciúmes porque Deus me deu o dom de pregar e não o deu a ele. Dave percebeu há muito tempo que ele não seria feliz se tentasse atuar fora da graça que lhe foi dada. Se ele tentasse ser quem eu sou, perderia a sua alegria. Dave é ungido para administração e finanças, e a parte dele no nosso ministério é tão importante quanto a minha.

Se você quer ser realmente feliz, dedique-se ao que você foi chamado e recebeu graça para fazer. O Espírito Santo falará com você sobre o que deve fazer e o ajudará a entender a graça que lhe foi dada. Não tenha ciúmes dos outros, mas ande em amor para com eles e em fidelidade ao chamado e à graça que estão sobre a sua vida.

A PALAVRA DE DEUS PARA VOCÊ HOJE: você é uma pessoa incrível com dons e habilidades tremendos, e não precisa se comparar a mais ninguém.

30 de Outubro

Um Caminho Mais Excelente

Portanto, desejem ardentemente e cultivem com zelo os melhores dons e graças; e eu lhes mostrarei um caminho ainda mais excelente [um caminho que é muito melhor e mais elevado que todos eles — o amor]. (1 Coríntios 12:31, AMP)

A passagem de 1 Coríntios 13, que vem imediatamente após o versículo de hoje, nos diz claramente que independentemente de em quantos dons do Espírito Santo atuemos, eles não servem absolutamente para nada a não ser que também andemos em amor. De acordo com o versículo de hoje, o amor é um caminho mais excelente e é melhor que qualquer outra coisa.

Se falarmos as línguas dos homens e dos anjos, se tivermos o dom de profecia, se pudermos entender mistérios, e até se tivermos todo o conhecimento e uma fé tão grande a ponto de mover montanhas, mas não tivermos amor, somos insignificantes e inúteis (ver 1 Coríntios 13:2).

Nos primeiros dias da minha caminhada com Deus após ter sido cheia com o Espírito Santo, eu ouvia muitas coisas sobre os dons do Espírito. Muitas pessoas estavam focadas em quais eram os dons que elas tinham e em poder exercitá-los. Infelizmente, eu ouvia falar muito mais em dons espirituais do que em amor ou nos outros frutos do Espírito.

Existem nove dons do Espírito relacionados em 1 Coríntios 12 e vários outros em Romanos 12. Existem nove frutos do Espírito relacionados em Gálatas 5. Os dons do Espírito são extremamente importantes, e devemos desejá-los profundamente. Precisamos aprendê-los, saber como atuar neles adequadamente, e nos certificarmos de desenvolver os dons que nos foram dados. Mas nunca devemos enfatizar os dons ou a capacidade de atuar nos dons mais do que enfatizamos e atuamos em amor.

A PALAVRA DE DEUS PARA VOCÊ HOJE: Deus o ama e Ele quer que você deixe o amor Dele fluir por meio de você para outros.

31 de Outubro

O Fundamento da Felicidade

De tudo o que se tem ouvido, o fim da questão é: Teme a Deus [reverencia-o e adora-o, sabendo que Ele é] e guarda os seus mandamentos; porque isto é o dever de todo homem [o pleno e original propósito da Sua criação... o fundamento de toda a felicidade...]. (Eclesiastes 12:13, AMP)

O escritor de Eclesiastes foi um homem que literalmente experimentou de tudo para ser feliz. Ele tinha muitas riquezas, grande poder e muitas esposas. Ele não se negava nenhum prazer terreno. Qualquer coisa que seus olhos desejassem, ele tomava para si. Comia, bebia e se alegrava. Tinha um tremendo conhecimento, sabedoria e respeito, mas odiava a vida. Tudo começou a lhe parecer inútil. Ele tentou descobrir o significado da vida e ficou cada vez mais confuso.

Por fim, percebeu qual havia sido o seu problema o tempo todo. Ele não estava obedecendo aos mandamentos de Deus. Era infeliz por causa disso e fez a declaração de que o fundamento de toda felicidade é a obediência.

Existem muitas pessoas extremamente tristes que estão por aí colocando a culpa de sua vida infeliz nas pessoas e nas circunstâncias, sem perceber que o motivo da insatisfação delas é a sua desobediência a Deus. Creio que você quer ser feliz. A chave da felicidade é obedecer a Deus.

A obediência é a normalização de todas as circunstâncias não harmoniosas. Isso significa que qualquer coisa que esteja fora de ordem ou de harmonia chegou a esse ponto por meio da desobediência e só a obediência pode trazê-la de volta à harmonia. Todas as vezes que obedecemos a Deus, algo na nossa vida melhora.

A PALAVRA DE DEUS PARA VOCÊ HOJE: decida-se a obedecer a Deus em todas as coisas e a sua alegria aumentará.

1 DE NOVEMBRO

O Espírito Santo se Importa Com os Relacionamentos

Não entristeçam o Espírito Santo de Deus, com o qual vocês foram selados para o dia da redenção. (EFÉSIOS 4:30)

O contexto da passagem bíblica de hoje ensina que a maneira como lidamos com os relacionamentos é importante para Deus. Lidar com eles de forma errada é uma das maneiras pela qual entristecemos o Espírito Santo. Muitas vezes desenvolvemos o hábito de tratar mal as pessoas que estão próximas de nós, principalmente quando não estamos nos sentindo bem, não dormimos o suficiente, tivemos um dia difícil, recebemos más notícias ou quando sofremos uma decepção. Mas Deus quer que tratemos uns aos outros bem o tempo todo, não apenas quando sentimos vontade de fazer isso. Eu costumava me perguntar por que me comportava mal com meu marido e meus filhos, mas não com as outras pessoas. O Espírito Santo logo me mostrou que eu controlava as minhas emoções e atitudes negativas quando estava cercada de pessoas a quem eu queria impressionar. Mas quando estava com a minha própria família, com quem eu já tinha um relacionamento, tinha a liberdade de mostrar claramente as minhas falhas de caráter e a minha imaturidade espiritual. Eu havia me convencido de que realmente não podia evitar agir assim e que quando ficava ranzinza ou difícil, simplesmente não conseguia me disciplinar. Eu me sentia tão frustrada que parecia que tinha de explodir.

Quando ficava irritada com problemas financeiros, com alguma coisa no trabalho ou com algum problema insignificante em casa, eu descontava a minha frustração na minha família. Na maior parte do tempo, eu estava zangada e os tratava mal por causa de alguma coisa mal resolvida dentro de mim, não por causa do que havia acontecido. Deus me ajudou a encarar a verdade e felizmente fui liberta.

Os relacionamentos são alguns dos nossos maiores bens, e Deus quer que os valorizemos. O Espírito Santo nos ajudará a lidar com as nossas frustrações adequadamente se formos até Ele com o coração aberto, prontos para encarar seja qual for a verdade que Ele nos mostre.

A PALAVRA DE DEUS PARA VOCÊ HOJE: não faça as outras pessoas pagarem por suas frustrações internas.

2 DE NOVEMBRO

Seja Cheio de Deus

Para que Cristo habite no coração de vocês mediante a fé; e oro para que, estando arraigados e alicerçados em amor... vocês sejam cheios de toda a plenitude de Deus. (EFÉSIOS 3:17-19)

Ser cheio diariamente com a presença e o poder de Deus é maravilhoso e, de acordo com o versículo de hoje, é a vontade de Deus para nós. Ser cheios de Deus é muito melhor do que ser cheios de nós mesmos. O egoísmo é uma maneira lamentável de se viver, mas Deus providenciou uma maneira de vivermos para Ele e para os outros, por meio de Jesus Cristo.

A Bíblia nos ensina que Cristo morreu por todos, "para que aqueles que vivem já não vivam mais para si mesmos, mas para aquele que por eles morreu e ressuscitou" (2 Coríntios 5:15). Jesus criou um caminho para que nós tivéssemos uma vida maravilhosa, cheia de paz e alegria. Ele criou um caminho para que amássemos os outros em vez de vivermos somente para os nossos próprios prazeres e propósitos.

Ser cheio da presença de Deus requer que se busque a Deus, que se estude a Sua Palavra e que se desenvolva comportamentos que abram espaço para Ele em nossas vidas. Começar o seu dia com as Escrituras e tendo comunhão com Deus é a maneira de começar bem o seu dia. Este dia é o presente de Deus para você, então não o desperdice. Ele está esperando para enchê-lo com a Sua presença, portanto, peça e receba para que a sua alegria seja completa.

A PALAVRA DE DEUS PARA VOCÊ HOJE: seja cheio de Deus e deixe que Ele toque outros por seu intermédio.

3 DE NOVEMBRO

O Fruto Eterno

Como o Pai me amou, assim eu os amei; permaneçam no meu amor. (JOÃO 15:9)

Nunca me esquecerei de quando Dave decidiu que a linda e antiga árvore do lado de fora de nossa casa precisava ser podada. Ela tinha uns galhos enormes e estava ficando encurvada. Eu não pensei muito naquilo quando ele disse que estava chamando profissionais para fazer o trabalho de podar e desbastar a árvore. Mas fiquei chocada quando cheguei em casa e descobri que aqueles homens que manejavam serrotes haviam danificado minha árvore.

Dave disse: "Espere até o ano que vem. Ela ficará linda novamente". Mas eu não gosto de esperar.

E eu não gostava de olhar para aqueles galhos que antes eram cheios e exuberantes e que agora estavam finos como palitos de dentes. Mas Dave estava certo. No ano seguinte, a árvore estava mais linda do que antes, forte o suficiente para resistir a ventos poderosos por muitos anos ainda e mais frutífera e produtiva do que nunca. Este é um exemplo perfeito da obra de poda do Espírito Santo em nossas vidas — e a Sua poda resulta em beleza, força e frutificação para nós.

Gálatas 5 nos dá uma lista de pecados da carne e uma lista de frutos do Espírito, e é importante que a carne seja regularmente podada para abrir espaço para mais bons frutos. Assim como a minha árvore, às vezes ficamos encurvados ou desequilibrados e Deus precisa tratar conosco para nos endireitar novamente. Deveríamos ser gratos porque Deus se importa conosco o suficiente para nos proteger e nos ajudar a ser o melhor que podemos ser. Peça a Deus para passar pela sua vida com as Suas tesouras de poda regularmente, para que você possa dar frutos mais deliciosos e mais excelentes.

A PALAVRA DE DEUS PARA VOCÊ HOJE: a disciplina nunca é agradável, porém mais tarde desfrutamos o seu fruto.

4 DE NOVEMBRO

Guiado pelo Espírito

Se vivemos pelo Espírito, andemos também pelo Espírito. (GÁLATAS 5:25)

O versículo de hoje fala em viver e andar pelo Espírito, que é o mesmo que ser guiado pelo Espírito. Existem muitas coisas disponíveis para nos guiar — pessoas, o diabo, a carne (o nosso próprio corpo, a nossa mente, a nossa vontade ou as nossas emoções) ou o Espírito Santo. Existem muitas vozes no mundo que falam conosco, e em geral várias delas fazem isso ao mesmo tempo. É imperativo que aprendamos a ser guiados pelo Espírito Santo. Lembre-se disto: Ele é aquele que conhece a vontade de Deus e que foi enviado para habitar em cada um de nós para nos ajudar a ser tudo o que Deus nos criou para ser e para ter tudo que Ele quer que tenhamos.

O Espírito Santo vive em nós para nos ajudar. Sua ajuda talvez nem sempre seja bem-vinda a princípio, mas, graças a Deus, Ele é persistente e não desistirá de nós. Deveríamos levar a Ele toda a nossa vida diariamente e dizer com toda a nossa força: "Espírito Santo, seja bem-vindo em todas as áreas da minha vida!".

Quando você der as boas-vindas ao Espírito Santo em todas as áreas da sua vida, Ele virá. Ele falará com você, o guiará, corrigirá, ajudará, transmitirá poder e o conduzirá. Outras forças podem tentar conduzi-lo, mas o Espírito Santo lhe dá poder para resistir a elas e o capacita a segui-lo.

A PALAVRA DE DEUS PARA VOCÊ HOJE: pergunte a si mesmo quem está dirigindo a sua vida. É você, outra pessoa, as emoções, as mentiras de Satanás ou o Espírito Santo?

5 DE NOVEMBRO

O Dom de Línguas

Pelo Espírito, a um é dada... variedade de línguas... (1 CORÍNTIOS 12:8-10)

Os crentes de alguns segmentos do corpo de Cristo talvez sejam mais conhecidos por atuarem nos dons do Espírito do que os de outros segmentos espirituais. Alguns grupos na igreja ensinam o batismo e os dons do Espírito regularmente e veem a operação dos dons frequentemente, ao passo que outros não os ensinam ou sequer creem que estão disponíveis para os cristãos atualmente. Contudo, estes dons são claramente parte das Escrituras e devem ser estudados e buscados por todos os crentes em Jesus Cristo.

Falar em línguas é falar um idioma espiritual, um idioma que Deus entende, mas aquele que fala e os outros talvez não entendam. É útil para a oração em particular e para a comunhão com Deus e é benéfico em ambientes coletivos, mas deve ser acompanhado pelo dom espiritual de interpretação de línguas (ver 1 Coríntios 14:2, 27-28).

Ignorar os dons do Espírito pode fechar a porta para os excessos e abusos dos dons que realmente às vezes ocorrem, mas também fecha a porta para inúmeras bênçãos que as pessoas necessitam desesperadamente em suas vidas diárias.

Tenho de dizer, como Paulo disse em 1 Coríntios 14:18, que me sinto feliz por falar em línguas e agradeço a Deus por esse dom. Falo muito em línguas porque isso me fortalece espiritualmente, aumenta a minha intimidade com Deus e me capacita a ouvir a Sua voz mais claramente. Está claro que Paulo falava em línguas. Os 120 discípulos que foram cheios do Espírito Santo no Dia de Pentecostes falaram todos em outras línguas. Outros crentes que receberam o batismo no Espírito Santo como registrado no livro de Atos, falaram em línguas. Por que eu e você não deveríamos atuar neste dom do Espírito?

A PALAVRA DE DEUS PARA VOCÊ HOJE: esteja aberto aos dons do Espírito Santo e nunca tenha a mente fechada para aprender coisas novas.

6 DE NOVEMBRO

Dedique Tempo Para Conhecer as Pessoas

Não julguem apenas pela aparência, mas façam julgamentos justos. (JOÃO 7:24)

O versículo de hoje é uma palavra muito clara e específica de Deus para nós. Ele nos diz para não julgarmos as pessoas superficialmente ou pela aparência.

Durante anos, eu fui o tipo de pessoa que fazia julgamentos precipitados. Deus tratou seriamente comigo sobre isso diversas vezes, e por fim percebi o perigo de julgar apressada e superficialmente.

Antes de julgarmos as pessoas, precisamos empregar um tempo para conhecer quem elas realmente são. De outra forma, (1) podemos aprovar alguém porque ele parece ser algo, quando na verdade não é; ou (2) podemos reprovar alguém por causa de alguma aparência ou ação exterior, quando essa pessoa é na verdade uma pessoa maravilhosa por dentro.

Todos nós temos as nossas pequenas peculiaridades, as nossas pequenas esquisitices, comportamentos e maneiras que não são facilmente entendidos pelos outros. O próprio Deus não julga pela aparência e precisamos seguir o Seu exemplo.

Davi nunca teria sido escolhido para ser rei de Israel se o povo tivesse julgado superficialmente. Até a sua própria família o desconsiderava. Mas Deus viu o coração de Davi, o coração de um pastor. Deus viu um adorador, alguém que tinha o coração voltado para Ele, alguém que era maleável e moldável em Suas mãos. Essas são qualidades que Deus valoriza, mas elas não são sempre óbvias ao primeiro olhar.

Eu o encorajo a buscar a Deus e deixar que o Espírito Santo fale com você sobre as pessoas. Ele conhece o coração delas, e Ele lhe dirá se você deve tomar cuidado ou buscar um relacionamento com elas. Confie nele, e não no seu próprio julgamento, para dirigi-lo, conforme você conhece pessoas e desenvolve relacionamentos.

A PALAVRA DE DEUS PARA VOCÊ HOJE: tenha a mesma atitude para com os outros que você gostaria que eles tivessem para com você.

7 DE NOVEMBRO

Purificado Pelo Fogo

Durante o dia o Senhor ia adiante deles, numa coluna de nuvem, para guiá-los no caminho, e de noite, numa coluna de fogo, para iluminá-los, e assim podiam caminhar de dia e de noite. (Êxodo 13:21)

A Bíblia menciona o fogo de Deus e como ele é usado em nossas vidas em diversas partes diferentes da Bíblia. Se quisermos o melhor de Deus, precisamos estar dispostos a suportar o fogo da purificação. Temos ouro em nós (boas coisas), mas também temos impurezas que precisam ser removidas. Todos querem desfrutar o melhor de Deus, mas poucos estão dispostos a serem seguidos pelo Seu fogo. Lembre-se sempre de que quando o fogo de Deus entra na sua vida, Deus tem o controle da chama. Ele nunca deixará que o fogo se apague completamente, nem permitirá que o destrua. Ele nunca permite que venha sobre nós mais do que podemos suportar.

Ao longo de nossa vida, experimentamos tempos que parecem difíceis e outros tempos que são mais fáceis. Paulo se referiu a esses períodos e disse que havia aprendido a estar contente em qualquer um deles. Ele acreditava que a sabedoria de Deus era perfeita e que todas as coisas por fim contribuiriam para o seu bem. Podemos escolher fazer o mesmo. Resistir ao fogo de Deus não o impedirá de queimar em nossas vidas — só o tornará mais difícil de suportar.

O fogo de Deus vem para queimar todas as coisas inúteis em nossas vidas e para fazer com que o que resta brilhe gloriosamente para Ele. Às vezes sentimos este fogo queimando em nós quando estudamos a Palavra de Deus e somos convencidos por ela de uma área que precisa mudar. Outras vezes o fogo de Deus vem através de uma circunstância desagradável na qual Deus está exigindo que permaneçamos estáveis e demonstremos um comportamento piedoso. A qualquer momento em que suportemos algo difícil para a glória de Deus, podemos ter certeza de que a nossa recompensa virá no devido tempo.

A PALAVRA DE DEUS PARA VOCÊ HOJE: se você passar por algumas coisas, não terá de fugir nem ter medo delas.

8 DE NOVEMBRO

A Sua Fé Funciona?

Porque em Cristo Jesus nem circuncisão nem incircuncisão têm efeito algum, mas sim a fé que atua pelo amor. (GÁLATAS 5:6)

Muitas pessoas acham que uma grande fé é o sinal número 1 de maturidade espiritual, mas creio que o mais verdadeiro teste de maturidade espiritual é andar em amor. A nossa caminhada em amor energiza a nossa fé. Não podemos ter um bom relacionamento com Deus sem ter fé em Deus, mas o amor demonstra, dá poder e expressa a nossa fé. Se realmente amamos a Deus e temos fé nele, também amaremos as pessoas.

O versículo de hoje nos ensina que a fé opera através do amor, e o amor não é conversa ou teoria; é ação. Na verdade, a Bíblia diz que não podemos andar em amor se vemos um irmão passar necessidade, temos o que ele precisa para suprir a sua necessidade e não o ajudamos (ver 1 João 3:17).

Jesus também disse que toda a lei e os profetas se resumem no amor quando declarou: "Amarás o Senhor teu Deus de todo o teu coração, e de toda a tua alma, e de todo o teu pensamento. Este é o primeiro e grande mandamento. E o segundo, semelhante a este, é: 'Amarás o teu próximo como a ti mesmo.' Destes dois mandamentos dependem toda a lei e os profetas" (Mateus 22:37-40). Jesus disse estas palavras às pessoas que lhe perguntaram qual mandamento era o mais importante. Elas basicamente disseram a Ele: "Jesus, diga-nos qual é o ponto principal". Ele respondeu: "Tudo bem. Vocês querem saber qual é o ponto principal? Vocês querem obedecer plenamente toda a lei e todos os profetas? Então me amem e amem as pessoas". É simples assim. Jesus disse às pessoas que andar em amor é a chave para viver uma vida que seja agradável a Ele. Tentar andar em fé sem amor é como ter uma lanterna sem bateria. Precisamos ter certeza de manter a nossa bateria de amor carregada em todo o tempo. De outra forma, a nossa fé não vai funcionar!

A PALAVRA DE DEUS PARA VOCÊ HOJE: Deus é amor e quanto mais o conhecemos, mais amamos as pessoas.

9 DE NOVEMBRO

Os Dons do Espírito Santo

Irmãos, quanto aos dons espirituais, não quero que vocês sejam ignorantes.

(1 CORÍNTIOS 12:1)

Muito se escreveu sobre os dons do Espírito ao longo da história cristã. A própria Bíblia nos ensina a importância dos dons do Espírito e a importância de não sermos ignorantes quanto a eles. Mas, apesar de toda a informação disponível hoje sobre o assunto, muitas pessoas são totalmente ignorantes a respeito desses dons. Eu, por exemplo, frequentei a igreja por muitos anos e nunca ouvi um sermão ou lição de qualquer espécie sobre os dons do Espírito. Eu nem sequer sabia o que eles eram, quanto mais que estavam disponíveis para mim.

Existem muitas variedades de "dons", como são chamados na *Amplified Bible*, que também se refere a eles como "poderes extraordinários que distinguem certos cristãos" (1 Coríntios 12:4). Os dons variam, mas todos eles procedem do mesmo Espírito Santo. Quando deixamos Deus nos dirigir no uso destes dons, eles acrescentam uma dimensão maravilhosa de poder às nossas vidas. 1 Coríntios 12:8-10 relaciona os dons como: dom de sabedoria, palavra de conhecimento, fé, dons de cura, operação de milagres, profecia, discernimento de espíritos, variedade (diversos tipos) de línguas e interpretação de línguas.

Estes todos são habilidades, realizações e dons de poder sobrenatural pelos quais o crente é capacitado a executar algo além do ordinário, e eles estão disponíveis a todos os crentes. Não podemos forçar a operação de qualquer dom espiritual. Devemos desejar ardentemente todos os dons, mas o Espírito Santo escolhe quando e por meio de quem eles funcionam. Peça e espere pela direção de Deus com relação aos dons do Espírito.

A PALAVRA DE DEUS PARA VOCÊ HOJE: você não precisa viver em estado de fraqueza porque o poder de Deus está disponível para você hoje e todos os dias.

10 DE NOVEMBRO

A Palavra de Sabedoria

Pelo Espírito, a um é dada a palavra de sabedoria. (1 CORÍNTIOS 12:8)

1 Coríntios 1:30 diz que Jesus "se tornou sabedoria de Deus para nós". E o escritor do livro de Provérbios nos diz seguidamente para buscarmos a sabedoria e para fazermos tudo que pudermos para adquiri-la. A sabedoria está disponível para todas as pessoas, mas a "palavra de sabedoria" é um tipo de sabedoria diferente daquela que todos podem possuir.

Toda sabedoria vem de Deus, e existe uma sabedoria que pode ser aprendida com a experiência e atingida intelectualmente. Essa não é a palavra de sabedoria mencionada no versículo de hoje. A palavra de sabedoria é uma forma de direcionamento espiritual. Quando ela está em operação, a pessoa é levada a saber sobrenaturalmente por meio do Espírito Santo, como lidar com certo problema de uma maneira excepcionalmente sábia, de uma forma que está além da sua experiência ou do seu conhecimento natural, e que está alinhada com o propósito de Deus.[1]

Costumamos atuar frequentemente neste dom sem sequer estarmos cientes disso. Podemos dizer alguma coisa a alguém que nos pareça comum, mas para o ouvinte é uma tremenda palavra de sabedoria para a sua situação.

Recebi palavras de sabedoria de crianças que eu sabia com certeza que não faziam a mínima ideia do que estavam dizendo. O Espírito Santo estava tentando chamar a minha atenção e estava usando uma fonte por meio da qual eu saberia que Ele estava falando. Peça e espere pela direção de Deus através de palavras de sabedoria.

A PALAVRA DE DEUS PARA VOCÊ HOJE: busque a sabedoria porque uma palavra de sabedoria dita no momento certo pode transformar uma vida.

---

1. Stanley M. Burguess e Gary B. McGee, eds., *Dictionary of Pentecostal and Charismatic Movements* (Grand Rapids, MI: Zondervan, 1988), 890-92.

11 de Novembro

A Palavra de Conhecimento

A outro, a palavra de conhecimento, pelo mesmo Espírito. (1 Coríntios 12:8)

A palavra de conhecimento atua de forma muito semelhante à palavra de sabedoria. Existem diversas interpretações da palavra de conhecimento, mas a maioria das pessoas concorda que ela está em operação quando Deus revela alguma coisa a uma pessoa sobre o que Ele está fazendo em uma situação e a pessoa que recebe o conhecimento não teria nenhuma forma natural de saber aquilo.[1]

Às vezes, quando Deus fala conosco e nos dá uma palavra de conhecimento a respeito de outras pessoas, sabemos que alguma coisa está errada com elas ou sabemos que elas precisam fazer uma determinada coisa em uma situação específica. Nunca deveríamos tentar impor este tipo de conhecimento sobrenatural a ninguém. Em vez disso, devemos apresentá-lo humildemente e deixar que Deus convença a pessoa. Às vezes, tudo que Deus quer que façamos é orar pela pessoa.

Embora a palavra de conhecimento em geral seja dada como uma ferramenta ministerial para ajudar os outros, ela também é muito valiosa na nossa vida pessoal. Por exemplo, este dom atua frequentemente quando eu perco alguma coisa ou não sei onde a coloquei. Não consigo encontrar o que estou procurando em lugar algum e de repente o Espírito Santo me dá uma imagem mental, uma ideia ou uma palavra sobre onde a coisa está. Este é um exemplo muito prático de quando Deus me dá o conhecimento que não possuo naturalmente, e é uma maneira como a palavra de conhecimento pode operar na sua vida também.

A PALAVRA DE DEUS PARA VOCÊ HOJE: educação é algo bom, mas o conhecimento de Deus é ainda melhor, portanto, certifique-se de depender Dele.

12 de Novembro

O Dom da Fé

A outro, a fé [que opera maravilhas], pelo mesmo Espírito. (1 Coríntios 12:9, AMP)

---

1. Stanley M. Burguess e Gary B. McGee, eds., *Dictionary of Pentecostal and Charismatic Movements* (Grand Rapids, MI: Zondervan, 1988), 527-28.

Creio que há certos indivíduos a quem Deus dá o dom da fé para ocasiões específicas como uma viagem missionária perigosa ou uma situação desafiadora. Quando este dom está em operação nas pessoas, elas são capazes de acreditar tranquilamente em Deus para algo que os outros considerariam impossível.[1] Elas possuem uma fé total em algo que deixaria os outros amedrontados ou até aterrorizados.

Uma pessoa que atua com o dom da fé deve tomar cuidado para não pensar que os outros que não possuem este dom não têm fé, pois quando o dom da fé está em operação em uma pessoa, Deus está dando a essa pessoa uma porção de fé incomum para garantir que o Seu propósito seja cumprido. Ela pode ser usada por Deus para trazer coragem e consolo aos outros, mas precisa permanecer humilde e grata pelo que Deus lhe deu. Romanos 12:3 diz: "Pois pela graça que me foi dada digo a todos vocês: ninguém tenha de si mesmo um conceito mais elevado do que deve ter; mas, pelo contrário, tenha um conceito equilibrado, de acordo com a medida da fé que Deus lhe concedeu."

Deus sempre nos dará a fé que precisamos para enfrentar o que quer que tenhamos de enfrentar. Entretanto, o dom da fé torna uma pessoa incrivelmente ousada. Qualquer pessoa que atue nesse dom precisa ser sensível para entender que essa ousadia é um dom de Deus e sempre dar graças a Ele por isso.

A PALAVRA DE DEUS PARA VOCÊ HOJE: seja grato pela fé que Deus lhe dá para fazer coisas difíceis.

13 DE NOVEMBRO

O Dom de Profecia

A outro a percepção profética (o dom de interpretar a vontade e o propósito divinos). (1 CORÍNTIOS 12:10, AMP)

O verdadeiro dom de profecia está em operação quando alguém ouve e fala uma mensagem clara de Deus para qualquer outra pessoa, para um grupo ou para uma situação. Às vezes uma profecia é muito geral e às vezes é bem específica. Pode vir através de uma mensagem preparada ou de um sermão ou pode vir por revelação divina.

---

1. Arnold Bittlinger, *Gifs and Graces* (Grand Rapids, MI: Ferdmans, 1967), 23-42.

Embora o dom de profecia seja vitalmente importante, lamentavelmente tem sofrido abusos e gerado muita confusão. Certamente existem profetas genuínos atualmente, mas também existem falsos profetas. Também existem aqueles que não são mal-intencionados quando tentam dizer uma palavra da parte de Deus, mas fazem isso com base na sua própria mente, vontade ou emoção em vez de pelo Espírito de Deus. Os propósitos e objetivos da verdadeira profecia são "a edificação e o progresso espiritual construtivo e o encorajamento e consolação" das pessoas (1 Coríntios 14:3). Todos os dons do Espírito Santo são para o bem e o proveito de todos. Além disso, uma verdadeira palavra será acompanhada pela paz e "cairá" em seu coração e em seu espírito como sendo de Deus; também confirmará algo que já estava no seu coração, ainda que apenas vagamente. Esses critérios podem ajudar a determinar se uma profecia é genuína ou não. É claro que o verdadeiro teste da profecia é se ela se cumpre ou não. Lembre-se disto: a verdadeira profecia se cumpre. Aqueles que possuem o dom da profecia não são os únicos que ouvem a Deus. Você tem a capacidade e o direito de ouvir a Sua voz por si mesmo, então teste sempre o espírito que está por trás das profecias que você receber e prove-os para ter certeza de que elas testificam no seu coração (ver 1 João 4:1).

A PALAVRA DE DEUS PARA VOCÊ HOJE: quando as pessoas lhe derem conselhos e lhe disserem que alguma coisa provém de Deus, tenha certeza de que está de acordo com a Palavra de Deus e que é confirmada no seu coração.

14 DE NOVEMBRO

Os Dons de Cura

A outro, os poderes extraordinários de cura, pelo único Espírito.
(1 CORÍNTIOS 12:9, AMP)

Os dons de cura operam com o dom da fé. Embora todos os crentes sejam encorajados a orar pelos enfermos e vê-los se recuperarem (ver Marcos 16:17-18), o Espírito Santo distribui dons extraordinários de cura a algumas pessoas, assim como dá outros dons espirituais a certas pessoas.

Nas nossas conferências costumamos orar por pessoas e ver muitas curas maravilhosas. Ao longo dos anos, recebemos pilhas de testemunhos e relatos de curas físicas confirmadas. Faço a oração da fé durante as nossas conferências e nas nossas transmissões por rádio e TV e creio pela fé que Deus está operando.

Quando uma pessoa recebe a cura através de um dom espiritual, essa cura pode não ser evidente imediatamente. A cura pode ser um processo que funciona mais ou menos como a medicina. É necessário recebê-la pela fé e crer que está funcionando. Os resultados muitas vezes se tornam visíveis mais tarde. Costumo encorajar as pessoas a dizerem: "O poder curador de Deus está operando em mim neste instante".

Devemos confiar em Deus na área da nossa saúde. Sou grata a Deus pelos médicos e pela medicina quando preciso deles, mas Jesus é aquele que nos sara (ver Isaías 53:5).

A PALAVRA DE DEUS PARA VOCÊ HOJE: Deus é o seu médico e a Sua Palavra é o seu remédio. Peça-lhe para curá-lo em todos os sentidos.

15 DE NOVEMBRO

Mente, Vontade e Emoções

Temos a mente de Cristo, (o Messias) e em nós estão os pensamentos (os sentimentos e os propósitos) do Seu coração. (1 CORÍNTIOS 2:16, AMP)

Quando convidamos Jesus para entrar no nosso coração, o Espírito Santo faz a Sua habitação em nós. A partir dessa posição em nossos corações, que é o centro do nosso ser, o Espírito Santo começa uma obra de purificação em nossas almas (em nossa mente, vontade e emoções).

A nossa mente nos diz o que nós pensamos, não o que Deus pensa. O Espírito Santo está operando em nós para mudar isso. Temos de aprender a pensar em concordância com Deus, aprender a ser vasos por meio dos quais Deus pense. Nossos velhos pensamentos devem ser purificados, e novos pensamentos — pensamentos de Deus — devem se tornar parte do nosso modo de pensar.

As nossas emoções nos dizem como nós nos sentimos e não como Deus se sente com relação às situações, pessoas e decisões que tomamos. De acordo com o Salmo 7:9, Deus testa e prova as nossas emoções. Ele opera em nós até que não sejamos mais movidos apenas pela emoção humana, mas pelo Seu Espírito.

A nossa vontade nos diz o que nós queremos, e não o que Deus quer. A vontade passa por cima das emoções e até dos pensamentos. Podemos usá-la para fazer a coisa certa mesmo quando não sentimos vontade de fazer. Temos o livre arbítrio, e Deus não nos obrigará a fazer nada. Ele nos guia pelo Seu

Espírito ao que sabe que será bom para nós, mas cabe a nós tomar as decisões finais. Deus quer que tomemos decisões regularmente que estejam de acordo com a Sua vontade, não com a nossa.

Quando estas três áreas das nossas vidas — mente, vontade e emoções — estiverem sujeitas ao senhorio de Jesus Cristo e à liderança do Espírito Santo, nós nos tornaremos cada vez mais maduros como crentes.

A PALAVRA DE DEUS PARA VOCÊ HOJE: você pode administrar suas emoções em vez de deixar que elas o controlem.

16 de Novembro

As Pessoas Pertencem a Deus

"Não temas, porque eu o resgatei; eu o chamei pelo nome; você é meu".

(Isaías 43:1)

Você tem um bem que lhe é extremamente valioso, algo que guarda no coração e admira? Se você visse alguém jogando esse bem de um lado para outro descuidadamente ou correndo o risco de danificá-lo de alguma forma, não ficaria desconsolado?

Deus sente o mesmo com relação aos Seus bens. As pessoas pertencem a Deus. Elas são a Sua criação e o Seu Espírito fica entristecido quando Ele os vê sendo maltratados.

Nem todos têm o mesmo chamado na vida, mas toda pessoa nascida de novo é uma herdeira de Deus e coerdeira com Cristo. Todo indivíduo tem direito à paz, justiça e alegria; tem direito de ter as suas necessidades supridas, de ser usado por Deus e de ver a unção de Deus fluir por meio dele.

Todos têm uma oportunidade igual de ver frutos em seu ministério, mas a sua disposição de amar os outros tem muito a ver com quantos frutos eles verão. O Espírito Santo me disse anos atrás: "Um dos principais motivos pelos quais as pessoas não andam em amor é porque isso exige esforço. Toda vez que elas andarem em amor, isso vai lhes custar alguma coisa."

O amor requer que nos refreemos de dizer algumas coisas que gostaríamos de dizer. O amor exige que não façamos algumas coisas que gostaríamos de fazer e que abramos mão de algumas coisas que gostaríamos de guardar. O amor requer que sejamos pacientes com as pessoas. Os relacionamentos nem sempre são fáceis, mas são sempre importantes para Deus porque Ele valoriza as pessoas. Precisamos fazer o esforço e os sacrifícios necessários para amar as pessoas como Deus quer que as amemos para não o entristecer.

A PALAVRA DE DEUS PARA VOCÊ HOJE: Deus vê as pessoas como Seu próprio tesouro, portanto tome cuidado com a maneira como você as trata.

17 de Novembro

Interpretação de Línguas

E ainda a outro, a capacidade de interpretar [essas] línguas.
(1 Coríntios 12:10, AMP)

Quando uma pessoa fala em línguas na adoração pública, a mensagem precisa ser interpretada, de acordo com 1 Coríntios 14:27. Algumas vezes recebi entendimento ou interpretações de mensagens dadas em línguas. Elas me vêm como uma impressão ou um conhecimento em meu espírito do que Deus está tentando transmitir aos que estão ouvindo. Para muitos setores do cristianismo, estas coisas constituem um mistério simplesmente porque eles não têm nenhum ensino com relação a elas. Creio que estamos vivendo em tempos difíceis e que precisamos de toda a ajuda sobrenatural de Deus que possamos ter. É importante não ser enganado, mas também é importante não ter tanto medo de ser enganado a ponto de acabar com a mente fechada para os dons de Deus. Paulo encorajou os crentes a orar em línguas e a orar para que pudessem interpretá-las, e creio que deveríamos fazer o mesmo. Ter o dom de interpretação nos capacita a entender melhor o que estamos orando quando usamos a nossa língua pessoal de oração. Interpretação é diferente de tradução. Não recebemos um entendimento palavra por palavra, porém é muito mais um sentido geral do que Deus está falando ao Seu povo. Deus é um Espírito e somos seres espirituais que precisam aprender a sentir em nosso espírito o que Deus está nos dizendo. Eu o encorajo a estudar estas coisas por si mesmo e pedir a Deus entendimento com relação a todos os Seus maravilhosos dons. O mais importante é que você tenha uma mente aberta e siga a direção do Espírito Santo enquanto ora e busca a Deus.

A PALAVRA DE DEUS PARA VOCÊ HOJE: seja ousado e peça a Deus para levá-lo ao entendimento dos Seus segredos e mistérios.

18 de Novembro

Discernimento de Espíritos

A outro, discernimento de espíritos. (1 Coríntios 12:10)

Creio que o discernimento de espíritos é um dom extremamente valioso, e eu o encorajo a desejá-lo e desenvolvê-lo. Algumas pessoas dizem que o discernimento de espíritos dá às pessoas uma percepção sobrenatural da esfera espiritual quando Deus o permite. Muitos também acreditam que o discernimento de espíritos é um dom dado para que possamos conhecer a verdadeira natureza de uma pessoa ou de uma situação. O nosso mundo está cheio de engano e muitas pessoas não são quem parecem ser. O dom de discernimento de espíritos nos ajuda a ver por trás das máscaras que as pessoas costumam usar para poder saber o que realmente está acontecendo. O dom também nos ajuda a sentir quando alguma coisa é boa ou quando uma pessoa tem um bom coração.

Dave e eu vimos esse dom operar muitas vezes quando contratamos pessoas para trabalhar no nosso ministério. Muitas vezes, as pessoas pareciam qualificadas, capazes, dedicadas e "perfeitas" para o cargo para o qual estavam se candidatando. Lembro-me de uma ocasião específica em que nos encontramos com alguém, e todas as pessoas envolvidas achavam que devíamos contratá-lo, mas um sentimento em meu coração me incomodava e me dizia que não devíamos fazer isso. Nós o contratamos assim mesmo e ele não fez nada além de causar problemas. Eu permiti que o meu raciocínio — pensar que ele iria dar certo porque o seu currículo era exatamente o que queríamos — suplantasse o meu discernimento e gostaria de não ter feito isso.

O Espírito de Deus vive em nosso coração e fala ao nosso coração, e não à nossa mente. Os Seus dons não são intelectuais nem operam na nossa mente; são espirituais e operam em nosso espírito. Precisamos seguir o que sentimos em nosso espírito, e não o que achamos na nossa mente que deve estar certo. É por isso que Deus nos dá discernimento.

A PALAVRA DE DEUS PARA VOCÊ HOJE: aprenda a discernir e não tome decisão baseadas apenas no que você vê e pensa.

19 DE NOVEMBRO

Busque os Dons do Espírito

Há variedades distintas e distribuições de dons (poderes extraordinários que distinguem certos cristãos, devido ao poder da graça divina que opera na alma deles pelo Espírito Santo), e elas variam, mas o Espírito (Santo) permanece o mesmo. (1 Coríntios 12:4, AMP)

Pode ser difícil de explicar os dons do Espírito porque eles operam na esfera espiritual. Espero e oro para que eu tenha feito um bom trabalho durante os últimos devocionais descrevendo-os e descrevendo a sua maneira básica de operar. Há muito mais a ser dito sobre o assunto dos dons espirituais e eu o encorajo a ler bons livros que sejam dedicados ao tema dos dons do Espírito Santo.

Quando atuamos na dimensão espiritual precisamos realmente tomar cuidado, mas não devemos ter medo. Satanás oferece muitas perversões dos verdadeiros dons de Deus, mas podemos permanecer na trilha certa através da oração e buscando a verdade na Palavra de Deus.

Eu também o encorajo a começar a orar pelos dons do Espírito. Peça a Deus para usá-lo nesses dons e para permitir que eles fluam através de você como Ele achar melhor. Não busque os dons que parecem mais atraentes ou interessantes para você, mas busque os dons que Deus tem para você.

Permitir que os dons do Espírito operem por meio de nós nos ajuda na nossa vida diária e demonstra aos incrédulos o poder e a bondade de Cristo, que habita dentro de nós. Quando os dons do Espírito Santo estão em operação em nossas vidas, refletimos a glória da graça de Deus que nos é conferida para os outros que precisam desesperadamente colocar a sua confiança em Jesus.

Busque operar nos dons do Espírito para a sua própria edificação e para o bem dos outros. Enquanto você busca os dons, não se esqueça de buscar principalmente andar em amor porque o amor é o maior dom de todos.

A PALAVRA DE DEUS PARA VOCÊ HOJE: os dons do Espírito Santo devem ser uma parte normal da sua vida diária.

20 DE NOVEMBRO

A Sós Com Deus

Tendo despedido a multidão, subiu sozinho a um monte para orar. Ao anoitecer, ele estava ali sozinho. (Mateus 14:23)

Passar tempo a sós com Deus em um lugar calmo é vital para mim e creio que também é vital para você. Tenho um escritório em minha casa para onde vou todas as manhãs a fim de me encontrar com Deus antes de começar o meu dia. Além disso, cerca de quatro vezes por ano, gosto de me retirar por alguns dias e estar só. Aprecio e preciso desse tempo prolongado de silêncio em que ponho o foco em Deus.

A maioria das pessoas tira férias anualmente e planeja algum tipo de entretenimento para cada semana. Queremos diversão e relaxamento, e não há nada de errado com isso. Precisamos disso a fim de manter a nossa vida e as nossas emoções equilibradas e saudáveis. Mas na verdade, precisamos de férias espirituais ainda mais e elas devem ser a primeira coisa que colocamos no nosso calendário anual ou na nossa agenda semanal.

Imagine como honraria a Deus se você agendasse o seu tempo com Ele antes de agendar qualquer outra coisa. Ministro conferências nos Estados Unidos e no exterior e fico sempre impressionada com o número de pessoas que viajam e tiram seu tempo de férias para estar em uma destas conferências. Eu sempre as elogio e sei que Deus sente orgulho por suas escolhas. Elas vão crescer espiritualmente porque estão sacrificando algo a fim de passar tempo com Deus.

Não espere até que alguma dificuldade ou tragédia exija que você passe tempo com Deus a fim de encontrar respostas para a sua situação. Busque a Deus primeiro e regularmente, e depois você já estará forte espiritualmente e capacitado para lidar com qualquer coisa que surja. Se Jesus precisava estar só com Deus Pai, então nós certamente precisamos disso.

A PALAVRA DE DEUS PARA VOCÊ HOJE: pegue a sua agenda agora mesmo e programe um tempo especial com Deus.

21 DE NOVEMBRO

Deus Transmite a Sua Mensagem Claramente

Obedeça ao Senhor, o seu Deus. (DEUTERONÔMIO 27:10)

Deus às vezes fala conosco através de outras pessoas, como você sabe. Lembro-me de uma ocasião específica em que Deus falou comigo através de Dave sobre algo em minha vida. Quando ele compartilhou o fato comigo, fiquei irada. Dave disse simplesmente: "Faça o que quiser com isto; estou apenas lhe dizendo o que acredito que Deus me mostrou." Ele não tentou me convencer de que o que havia dito era verdade; simplesmente relatou o que acreditava que

Deus lhe havia dito. Durante os três dias seguintes, Deus me convenceu de que a palavra que Ele havia dado a Dave estava correta. Derramei muitas lágrimas porque estava envergonhada por ter de admitir que Dave estava certo!

Através da palavra de conhecimento que Deus me deu através de Dave, pude entender por que estava tendo problemas em uma determinada área da minha vida. Eu estava buscando a Deus com relação àquela situação e não estava tendo respostas. Dave havia me dado a minha resposta, mas eu não gostei dela porque ela me convencia dos pecados de julgamento e fofoca. O fato de eu não querer ouvir foi provavelmente o motivo pelo qual Deus falou com Dave — porque Ele sabia que eu não conseguia ouvir aquilo diretamente Dele.

O impacto dessa experiência sobre minha vida foi tremendo. Se Deus tivesse tratado comigo diretamente, tenho certeza de que eu teria aprendido uma lição, mas não teria sido nada comparado à lição que aprendi pelo fato de Ele ter falado comigo através de Dave.

Eu o encorajo a estar aberto para ouvir Deus falar com você através de pessoas confiáveis que ouvem a Sua voz e o amam o suficiente para dizer o que Ele quer que você ouça.

A PALAVRA DE DEUS PARA VOCÊ HOJE: peça a Deus diariamente para falar com você como Ele quiser, quando quiser e através de quem Ele quiser.

22 DE NVOVEMBRO

Deus Escolhe os Nossos Dons

O homem não pode receber coisa alguma [ele não pode reivindicar nada, ele não pode tomar nada para si], se não lhe for dada do céu. [O homem deve estar contente em receber o dom que lhe é dado do céu; não há nenhuma outra fonte].

(JOÃO 3:27, AMP)

Creio que algo muito triste acontece quando as pessoas competem umas com as outras ou se comparam com os outros na área dos dons espirituais, das habilidades naturais e dos chamados que Deus colocou sobre suas vidas. A comparação e a competição podem fazer com que percamos a alegria de ser e fazer o que Deus nos criou para ser e fazer.

O versículo de hoje nos instrui a estarmos satisfeitos com o dom ou os dons que temos. Os nossos dons vêm de Deus e precisamos estar felizes com os dons que Ele nos dá porque não receberemos nenhum outro dom a não ser que Deus decida dá-lo a nós. Precisamos confiar no Espírito Santo, crendo que Ele foi enviado a Terra para ajudar a garantir que a vontade de Deus aconteça aqui e na vida de cada um de nós.

Eu o encorajo a meditar no fato de que Deus enviou o Espírito Santo para habitar em nós. Ele realmente vive dentro de cada pessoa que verdadeiramente aceitou Jesus Cristo como Salvador e Senhor. O Espírito Santo foi enviado para nos guardar até o dia final da redenção quando Jesus voltar para reivindicar os Seus. Ele está tentando falar conosco para poder nos conduzir à plenitude daquilo que Jesus morreu para nos dar. Quando lutamos contra o nosso chamado ou estamos insatisfeitos com o que somos e com o que temos, lutamos contra a obra e a sabedoria do Espírito Santo. Precisamos nos submeter a Ele, obedecer à Sua voz, desenvolver os dons que Ele colocou dentro de nós, e com a Sua ajuda, viver as nossas vidas apaixonada e plenamente para a glória de Deus.

A PALAVRA DE DEUS PARA VOCÊ HOJE: o contentamento é um elogio a Deus. Comunica que nele confiamos e que apreciamos o que Ele faz por nós.

23 DE NOVEMBRO

Apresente-se a Deus, e Depois Relaxe

O Senhor, o seu Deus, está em seu meio, poderoso para salvar. Ele tranquilizará você com o seu amor, Ele se regozijará em você com brados de alegria.
(SOFONIAS 3:17, AMP)

Creio que um dos maiores problemas que as pessoas enfrentam hoje é o estilo de vida ocupado, apressado, frenético e estressante que vivemos. A vida ocupada demais torna a possibilidade de ouvirmos a voz de Deus muito desafiadora, mas o versículo de hoje promete que Deus nos tranquilizará com o Seu amor. Um dos maiores favores que você pode fazer a si mesmo é encontrar um lugar onde possa estar tranquilo e em paz.

Ouvir a Deus requer momentos de solidão silenciosa. Se você realmente quer ouvir a Sua voz mansa e suave, Jesus disse: "Entre no seu quarto mais íntimo e feche a porta" (ver Mateus 6:6).

Alguns minutos de paz e tranquilidade nem sempre resolverão o problema; você precisa de períodos prolongados de tranquilidade para buscar a Deus. É importante poder passar tempo com Deus livre de distrações e interrupções.

Quando você estiver a sós com Deus, não pense nos seus problemas. Peça a sabedoria e a força Dele. Peça um refrigério e uma renovação.

Diga a Ele que você quer saber o que Ele tem para a sua vida. Peça a Ele para lhe dizer o que Ele quer que você faça.

Peça a Ele para lhe dizer o que Ele *não* quer que você faça.

Apresente-se a Deus e ouça. Você está honrando a Deus quando o busca. Você receberá uma resposta Dele. Se você não o ouvir falar durante o seu tempo a sós com Ele, não se preocupe com isso. Você fez a sua parte buscando-o e Ele o guiará à medida que você prossegue com a sua vida.

A PALAVRA DE DEUS PARA VOCÊ HOJE: se você está ocupado demais para ter tempo com Deus, então definitivamente você está ocupado demais!

24 DE NOVEMBRO

Amor Ciumento

Ou vocês acham que é sem razão que a Escritura diz que o Espírito que ele fez habitar em nós tem fortes ciúmes? (TIAGO 4:5)

O versículo de hoje resume o fato de que o Espírito Santo quer ser bem-vindo em nossas vidas. Na verdade, Ele anseia por ter comunhão conosco.

De acordo com Tiago 4:4, que precede o versículo de hoje, quando prestamos mais atenção às coisas do mundo do que a Deus, Ele nos considera como uma mulher infiel que está tendo um caso de amor ilícito com o mundo e quebrando os seus votos matrimoniais com Ele. Para permanecermos fiéis a Ele, Deus às vezes precisa remover coisas das nossas vidas quando percebe que elas estão nos afastando Dele.

Se permitimos que um emprego se interponha entre Deus e nós, podemos perdê-lo. Se o dinheiro nos separa Dele, podemos ter de aprender que estaremos em uma situação melhor com menos dinheiro e menos coisas do que separados de Deus. Se o sucesso está no caminho do nosso relacionamento com o nosso Pai celestial, podemos ser rebaixados de posição em vez de promovidos. Se os nossos amigos estão em primeiro lugar antes de Deus em nossas vidas, podemos perder alguns de nossos amigos.

Muitas pessoas não percebem que elas nunca recebem as coisas que desejam porque realmente não colocam Deus em primeiro lugar. Deus tem ciúmes de você; Ele quer ocupar o primeiro lugar na sua vida. Nada mais pode ocupar esse lugar.

A PALAVRA DE DEUS PARA VOCÊ HOJE: peça a Deus para remover qualquer coisa em sua vida que esteja ocupando o lugar que pertence a Ele.

25 de Novembro

Comunhão: O Lugar Secreto

Deu-nos vida juntamente com Cristo, quando ainda estávamos mortos em transgressões. (Efésios 2:5)

A comunhão com Deus ministra vida a nós. Ela nos renova; ela carrega as nossas baterias, por assim dizer. Somos fortalecidos através da comunhão e da união com Deus — fortalecidos o suficiente para resistir aos ataques do inimigo das nossas almas (ver Efésios 6:10-11).

Quando estamos tendo comunhão com Deus, estamos em um lugar secreto onde estamos protegidos do inimigo. O Salmo 91:1 fala desse lugar e nos diz que aqueles que habitam ali derrotarão todos os inimigos: "Aquele que habita no lugar secreto do Altíssimo permanecerá estável e fixo à sombra do Todo-poderoso [a cujo poder nenhum inimigo poderá resistir]".

Creio que o lugar secreto é a presença de Deus. Quando estamos na Sua presença, tendo comunhão com Ele, experimentamos a Sua paz. Satanás simplesmente não sabe o que fazer com um crente que permanece estável independentemente das circunstâncias. Isto é difícil de fazer às vezes, mas extraímos forças para ter estabilidade quando temos comunhão com Deus através do Seu Espírito.

Ter comunhão com Deus leva tempo, mas é um tempo bem gasto. Ela o mantém forte para que você não seja assolado por desafios inesperados. Provérbios 18:14 diz: "O espírito do homem o sustenta na dor física ou nos problemas". Não espere até ter problemas para se fortalecer; permaneça forte!

A PALAVRA DE DEUS PARA VOCÊ HOJE: independentemente do que você está enfrentando na vida neste instante, através de Cristo você tem a vitória!

26 de Novembro

Espere Mais

Tenho ainda muito que lhes dizer, mas vocês não o podem suportar agora.
(João 16:12)

Jesus proferiu as palavras do versículo de hoje aos Seus discípulos, basicamente dizendo-lhes que eles não estavam prontos para ouvir tudo que Ele tinha a dizer, mas prometendo que o Espírito Santo viria e os conduziria a toda a verdade (ver João 16:13). Ele também prometeu que o Espírito Santo continuaria a nos ensinar todas as coisas e traria à nossa memória tudo o que Deus disse através da Sua Palavra (ver João 14:26). Quando Jesus disse essas palavras, estava falando aos homens com quem Ele havia passado os três últimos anos. Eles haviam estado com o Mestre dia e noite, mas Jesus mencionou que tinha mais a lhes ensinar. Poderíamos pensar que se Jesus estivesse conosco pessoalmente por três anos, dia e noite, teríamos aprendido tudo o que havia para aprender. Creio que se eu tivesse um mês ininterrupto com as pessoas, eu poderia dizer a elas tudo o que sei. Mas Jesus disse para esperarem mais porque Ele sempre terá algo a nos dizer sobre as novas situações que enfrentarmos. A revelação de Deus e da Sua Palavra é progressiva. À medida que amadurecemos nele, podemos entender o que anteriormente não entendíamos. Podemos ler um versículo das Escrituras dez vezes e depois, na próxima vez que o lemos, vemos algo que não sabíamos anteriormente. A cada dia, você pode esperar que Deus lhe ensine algo se prestar atenção ao que Ele está dizendo e revelando.

A PALAVRA DE DEUS PARA VOCÊ HOJE: espere que o Espírito Santo lhe ensine algo novo a cada dia. Considere a hipótese de fazer um diário do que você está aprendendo.

27 DE NOVEMBRO

O Batismo de Fogo

Eu os batizo com água para arrependimento. Mas depois de mim vem alguém mais poderoso do que eu, tanto que não sou digno nem de levar as suas sandálias. Ele os batizará com o Espírito Santo e com fogo. (MATEUS 3:11)

Como crentes, somos chamados a fazer mais do que ir à igreja no domingo de manhã, a fazer mais do que seguir rituais determinados, e certamente a fazer mais do que receber água aspergida sobre nossas cabeças ou ser imersos em piscinas batismais. Todas essas coisas são extremamente importantes e não devem ser ignoradas, mas elas devem ser seguidas de uma disposição de experimentarmos o "batismo de fogo".

Em resposta à mãe de Tiago e João, que perguntou se seus filhos podiam se sentar um à direita e o outro à esquerda de Jesus quando Ele entrasse no

Seu Reino (ver Mateus 20:20-21), Jesus respondeu que eles não sabiam o que estavam pedindo. Ele disse: "Podeis vós beber o cálice que eu hei de beber, e ser batizados com o batismo com que eu sou batizado?" (Mateus 20:22, ACRF).

Sobre qual batismo Jesus estava falando? Ele já havia sido batizado por João no rio Jordão e recebido o batismo no Espírito Santo ao mesmo tempo (ver Marcos 1:9-11). Que outro batismo está disponível?

Jesus estava falando do batismo de fogo. O fogo é um agente purificador, algo que causa desconforto enquanto faz o seu trabalho. Jesus não tinha pecado e, portanto, não precisava ser purificado; mas nós sim. Jesus é aquele que nos batiza com o Espírito Santo e com fogo.

Tenha a coragem de pedir a Jesus para batizar você com o Seu fogo. Peça a Ele para fazer uma obra de limpeza e purificação em sua vida para que você possa ser um vaso apto para o Seu uso. O processo pode ser difícil, mas trará uma recompensa satisfatória.

A PALAVRA DE DEUS PARA VOCÊ HOJE: quando você passar pelo fogo, Deus estará com você. Ele nunca o deixará nem o abandonará.

28 DE NOVEMBRO

Não Se Esqueça de Deus

O meu povo cometeu dois crimes: eles me abandonaram, a mim, a fonte de água viva; e cavaram as suas próprias cisternas, cisternas rachadas que não retêm água. (JEREMIAS 2:13)

O primeiro e maior erro que alguém pode cometer é abandonar ou ignorar Deus ou agir como se Ele não existisse. É isso que o povo sobre o qual Jeremias escreveu no versículo de hoje havia feito. Mais adiante, no mesmo capítulo que contém este versículo, Deus diz: "O meu povo esqueceu-se de mim por dias sem fim" (Jeremias 2:32). Que tragédia; temos a impressão de que Deus está triste ou talvez até solitário.

Estou certa de que não gostaria que meus filhos se esquecessem de mim. Eu nunca fico muitos dias sem falar com cada um deles. Tenho um filho que viaja intensamente com o ministério. Mesmo quando está no exterior, ele me telefona frequentemente.

Lembro-me de uma ocasião em que Dave e eu havíamos jantado com um de nossos filhos por duas noites seguidas. Mas no dia seguinte ele nos telefonou apenas para ver o que estávamos fazendo e para perguntar se queríamos fazer alguma coisa juntos na noite seguinte. Também telefonou simplesmente para dizer que ele e sua esposa realmente dão valor a todas as coisas que fazemos para ajudá-los.

Este é o tipo de coisa que ajuda a construir e a manter bons relacionamentos. Às vezes as pequenas coisas significam muito. As atitudes de meus filhos me dizem que eles me amam. Embora eu saiba com a minha mente que eles me amam, com certeza é bom também sentir o amor deles. É assim que Deus é conosco, Seus filhos amados. Ele pode saber que o amamos, mas também gosta de experimentar o nosso amor por Ele através das nossas atitudes, principalmente por nos lembrarmos Dele e pelo nosso desejo de passar tempo com Ele.

A PALAVRA DE DEUS PARA VOCÊ HOJE: Deus se importa com tudo que diz respeito a você, portanto sinta-se livre para falar com Ele sobre qualquer coisa.

29 de Novembro

Dê Bom Fruto

Meu Pai é glorificado pelo fato de vocês darem muito fruto; e assim serão meus discípulos. (João 15:8)

No versículo de hoje, Jesus disse que Deus é glorificado quando damos frutos. Ele também falou de frutos em Mateus 12:33 quando disse que as árvores são conhecidas pelo seu fruto, e em Mateus 7:15-16 Ele aplicou este mesmo princípio às pessoas. Estes versículos nos mostram que, como crentes, precisamos estar preocupados com o tipo de fruto que estamos dando. Queremos dar o bom fruto do Espírito Santo (ver Gálatas 5:22-23), mas como fazemos isso?

Sabemos que Deus é um fogo consumidor, e que Jesus foi enviado para nos batizar com o Espírito Santo e com fogo. A não ser que permitamos que o fogo de Deus arda em nossas vidas, nunca exibiremos o fruto do Espírito Santo.

Produzir bom fruto parece empolgante até que percebemos que para dar frutos é preciso ser podado. Jesus disse: "Todo ramo que, estando em mim, não dá fruto, ele corta; e todo que dá fruto ele poda, para que dê mais fruto ainda" (João 15:2). Assim como o fogo descreve a obra que o Espírito Santo realiza em nossas vidas, o mesmo faz a poda. O fogo é necessário para a purificação e a morte da carne; a poda é necessária para o crescimento. As coisas mortas e as coisas que estão indo na direção errada precisam ser cortadas para que possamos crescer como "carvalhos de justiça" e dar frutos excelentes para Deus (Isaías 61:3).

A PALAVRA DE DEUS PARA VOCÊ HOJE: quando Deus corta alguma coisa da sua vida, Ele sempre faz isso para abrir espaço para algo melhor.

30 de Novembro

Deus Nos Ama o Suficiente Para Nos Transformar

Mas quem suportará o dia da sua vinda? Quem cará de pé quando ele aparecer? Porque ele será como o fogo do ourives e como o sabão do lavandeiro.

(Malaquias 3:2)

Deus usa o Seu fogo refinador para nos transformar e para nos tornar as pessoas que Ele quer que sejamos. Entendo que não é fácil mudar. Tenho estudado a Palavra de Deus há mais de trinta anos, e ainda tenho de trabalhar muitas coisas e permitir que Deus me transforme de algumas maneiras. Ainda não cheguei onde preciso chegar, mas agradeço a Deus por não estar mais onde estava.

Se nos tornarmos teimosos ou relutantes para nos arrepender quando o fogo refinador de Deus vier para revelar um comportamento que precisa ser modificado em nós, então o amor se torna teimoso. Deixe-me explicar. Sabemos que Deus é amor, e que Ele é um Deus ciumento. Ele não quer que nada em nós ocupe o lugar que lhe pertence. E o amor, o próprio Deus, será ciumento o bastante e teimoso o bastante para "ficar no nosso pé" até conseguir aquilo que quer. O amor (Deus) nos mostrará coisas que não queremos ver para nos ajudar a ser o que precisamos ser.

O fogo devora todas as impurezas e deixa tudo que permanece em chamas para a glória de Deus. Muito da velha Joyce Meyer foi queimado no fogo refinador de Deus ao longo dos anos. Com certeza não foi fácil, mas realmente valeu a pena.

O fogo refinador de Deus pode vir até você de maneiras diferentes. Você pode sentir um incômodo no seu coração para parar de fazer alguma coisa e começar a fazer outra; pode sentir uma convicção quando Ele falar com você através da Sua palavra; ou você pode ouvir o Seu Espírito diretamente no seu espírito. Seja como ele vier, Deus trará o Seu fogo refinador à sua vida. Quando ele vier, não o resista, mas confie em Deus e deixe o fogo trabalhar.

A PALAVRA DE DEUS PARA VOCÊ HOJE: Deus o está transformando diariamente e hoje você é melhor do que era ontem.

1 DE DEZEMBRO

Garantido!

... que é a garantia da nossa herança até a redenção daqueles que pertencem a Deus, para o louvor da sua glória. (EFÉSIOS 1:14)

O Espírito Santo é a nossa garantia das boas coisas que estão por vir. Costumo dizer, principalmente quando me sinto realmente cheia do Espírito Santo: "Isto é tão bom, que não consigo imaginar a glória de como será toda a plenitude". Se experimentamos apenas 10 por cento (um sinal de entrada típico quando compramos alguma coisa) do que nos pertence por causa da nossa herança, simplesmente pense em como será ver realmente Deus face a face, não ter mais lágrimas, nem tristeza, nem morte. Estes pensamentos me deixam completamente extasiada.

Em Efésios 1:13-14, a Bíblia diz que fomos selados com o Espírito Santo, e Ele garante que chegaremos em segurança, preservados de toda destruição, no dia final da libertação do pecado e de todos os seus efeitos. Pense na maravilha que será — o Espírito Santo em nós, nos preservando para o nosso lugar de descanso final, que não é em um túmulo, mas sim no céu, na presença de Deus.

O Espírito Santo faz coisas maravilhosas por nós aqui e agora. Ele fala conosco, nos guia, ajuda, ensina, aconselha, nos transfere poder para cumprir os planos empolgantes de Deus para as nossas vidas e muito mais. Mas por mais que as nossas experiências com Ele na nossa vida terrena sejam maravilhosas, elas são apenas um antegozo do que podemos aguardar com expectativa. Temos o sinal de entrada, mas muito mais está por vir!

A PALAVRA DE DEUS PARA VOCÊ HOJE: você pode se sentir seguro por saber que a sua herança vem com uma garantia.

2 DE DEZEMBRO

Viva a Vida do Espírito

Vocês não estão vivendo a vida da carne, vocês estão vivendo a vida do Espírito, se é que o Espírito [Santo] de Deus [realmente] habita em vocês... Mas, se alguém não tem o Espírito [Santo] de Cristo, esse tal não é dele. (ROMANOS 8:9, AMP)

Fomos chamados para andar no Espírito ou, como diz o versículo de hoje, para viver "a vida do Espírito". Tomar a decisão de fazer isso é o ponto de partida, mas posso lhe dizer com base na Palavra de Deus e na experiência que é preciso mais que uma decisão; é preciso uma obra profunda do Espírito Santo em nossa vida. Ele "opera" em nós com a Palavra de Deus, que divide alma e espírito (ver Hebreus 4:12). Ele também usa as circunstâncias para nos ensinar a estabilidade e a andar em amor a todo o momento.

Estas coisas que somos chamados a fazer não são coisas que apenas nos são dadas; precisam ser trabalhadas em nós. Assim como o fermento ou a levedura precisam ser trabalhados na farinha — do mesmo modo, Cristo precisa ser trabalhado em nós.

Em Filipenses 2:12, o apóstolo Paulo nos ensina a "desenvolver" a nossa salvação com temor e tremor. Isso significa que devemos cooperar com o Espírito Santo à medida que Ele começa em nós uma obra de crucificação ou de "morrer para o eu". Paulo disse: "Cada dia morro" (1 Coríntios 15:31). Em outras palavras, ele estava dizendo que era constantemente exposto ao "mortificar a carne". Ele não estava falando de morte física, mas da morte da sua própria vontade e dos seus próprios caminhos.

Se realmente quisermos viver a vida do Espírito, também temos de mortificar a nossa vontade e os nossos caminhos e escolher a vontade de Deus. Podemos contar com Deus para nos guiar, e queremos que Ele possa contar conosco para obedecer.

A PALAVRA DE DEUS PARA VOCÊ HOJE: se você morrer para si mesmo, poderá ministrar vida aos outros.

3 de Dezembro

Seja Diligente na Oração

Eu me dedico à oração. (Salmos 109:4, NKJV)

A oração pode ser curta e ainda ser eficaz, mas isso não significa que períodos prolongados falando com Deus e ouvindo-o não sejam também necessários e valiosos. Certamente são. Na verdade, além da oração diária, recomendo separar dias inteiros ou até vários dias seguidos algumas vezes por ano, dedicados especificamente a buscar a Deus em oração e a estudar a Sua Palavra. Períodos de jejum também podem ser muito benéficos espiritualmente. Ainda que a oração seja simples e nunca deva ser vista como algo complicado, há também ocasiões em que orar é trabalhar. Às vezes precisamos trabalhar em oração até que um assunto específico que Deus colocou em nosso coração seja retirado, ou temos de esperar pacientemente, ou sacrificar alguma coisa a fim de ouvir a voz de Deus. Mas, ao mesmo tempo, não devemos permitir que Satanás nos faça acreditar que a oração precisa ser difícil e complicada. Satanás está fazendo hora extra, tentando nos roubar a honra de nos comunicarmos com Deus. Ele não quer que abramos o coração para Deus e certamente não quer que ouçamos a voz de Deus. Eu o encorajo a ser diligente e fiel para se comunicar com Deus e para redescobrir o privilégio simples de ter um relacionamento rico, realizador e gratificante com Deus no qual você fala com Ele e Ele fala com você.

A PALAVRA DE DEUS PARA VOCÊ HOJE: fique em contato!

4 de Dezembro

As Palavras de Deus Consolam

Bendito seja o Deus e Pai de nosso Senhor Jesus Cristo, Pai das misericórdias e Deus de toda consolação. (2 Coríntios 1:3)

Todos nós desejamos ser aceitos, não rejeitados. Odeio o sentimento de solidão e isolamento e a dor emocional que resultam de nos sentirmos rejeitados, mas senti isso por muitos anos, sem saber que eu podia fazer alguma coisa a respeito. Graças a Deus, tudo isso mudou!

Há vários anos, algo aconteceu que trouxe de volta essas antigas dores da rejeição. Estendi as mãos para alguém que me feriu intensamente durante a minha infância. Em vez de um pedido de desculpas, fui acusada de algo que não era culpa minha e recebi uma mensagem clara de que esta pessoa não tinha qualquer interesse em mim.

Eu quis me esconder e sentir pena de mim mesma, mas em vez disso, imediatamente pedi a Deus o consolo do Espírito Santo. Pedi que Ele curasse as minhas emoções feridas e que me capacitasse a lidar com a situação como Jesus o faria. À medida que continuei a depender de Deus, senti um calor vir sobre mim, quase como se um óleo suave estivesse sendo derramado sobre as minhas feridas.

Pedi a Deus para perdoar a pessoa que havia me ferido, e Ele trouxe à minha mente o ditado: "Pessoas feridas ferem pessoas". A Sua resposta íntima e pessoal trouxe cura ao meu espírito ferido.

Deus é a fonte de todo consolo e encorajamento. Por favor, faça tudo que puder para desenvolver e manter um relacionamento íntimo com Ele porque esse é o contexto no qual você poderá ouvir a Sua voz, receber o Seu consolo e cura e ser fortalecido pelo Seu encorajamento e cuidado.

A PALAVRA DE DEUS PARA VOCÊ HOJE: Deus sabe o quanto é importante ser consolado: Ele enviou o Espírito Santo a você para fazer exatamente isso.

5 DE DEZEMBRO

Pelo Fogo

Pois o nosso Deus é fogo consumidor! (HEBREUS 12:29)

Deus quer consumir tudo em nossas vidas que não lhe traz glória. Ele enviou o Espírito Santo para viver dentro de nós, crentes, para estar em íntima comunhão conosco e para trazer convicção de cada pensamento, palavra ou ação errados. Todos nós precisamos passar pelo "fogo do ourives" (Malaquias 3:2).

O que significa passar pelo fogo do ourives? Significa que Deus vai tratar conosco. Ele vai trabalhar para mudar as nossas atitudes, desejos, caminhos, pensamentos e as nossas conversas. Ele vai falar conosco sobre coisas em nossos corações que não o agradam, e vai nos pedir para mudar essas coisas com a Sua ajuda. Aqueles de nós que passam pelo fogo em vez de fugir dele são os que trarão grande glória a Deus um dia. Passar pelo fogo parece assustador. É algo que nos faz lembrar dor e até morte. Em Romanos 8:17, Paulo disse que se queremos ter parte na herança de Cristo, precisamos também compartilhar do Seu sofrimento. Como Jesus sofreu? Será que se espera que também passemos pela cruz? A resposta é sim e não. Não temos de ser pregados fisicamente em uma cruz pelos nossos pecados, mas em Marcos 8:34, Jesus disse que devíamos tomar a nossa cruz e segui-lo. Ele prosseguiu falando sobre deixar de lado um estilo de vida egoísta e egocêntrico. A Bíblia diz que devemos morrer para o eu. Creia-me, é preciso certa dose de fogo para se livrar do egoísmo — e geralmente uma dose bem grande. Mas se estivermos dispostos a passar pelo fogo, mais tarde conheceremos a alegria de dar glória a Deus.

A PALAVRA DE DEUS PARA VOCÊ HOJE: Deus o ama muito e Ele vai continuar trabalhando em você até o dia da Sua volta.

6 DE DEZEMBRO

Ele Quer Estar Envolvido em Tudo

Porque todos os que são guiados pelo Espírito de Deus são filhos de Deus.
(ROMANOS 8:14)

Ser guiado pelo Espírito Santo significa permitir que Ele esteja envolvido em cada decisão que tomamos, seja maior ou menor. Ele nos guia por meio da paz e da sabedoria, assim como pela Palavra de Deus. Ele fala com uma voz mansa e suave em nosso coração ou naquilo que costumamos chamar de "testemunho interior". Aqueles de nós que desejam ser guiados pelo Espírito Santo precisam aprender a seguir o testemunho interior e responder rapidamente.

Por exemplo, se estamos conversando com alguém, e começamos a nos sentir inquietos interiormente, pode ser o Espírito Santo nos sinalizando que precisamos mudar a direção daquela conversa ou ficar calados. Se nos sentimos inquietos interiormente quando estamos prestes a comprar alguma coisa, devemos esperar e discernir porque estamos nos sentindo inquietos. Talvez não precisemos daquilo, ou possamos encontrá-lo em liquidação em outro lugar, ou talvez seja a hora errada para fazer aquela compra. Nem sempre temos de saber por quê; precisamos simplesmente obedecer.

Lembro-me de estar em uma sapataria certa vez. Havia escolhido vários pares de sapatos para experimentar quando de repente me senti muito inquieta. Esta inquietação aumentou até que finalmente ouvi o Espírito Santo dizer: "Saia desta loja". Eu disse a Dave que tínhamos de sair, e saímos. Eu nunca soube o motivo, e não preciso saber. Talvez Deus tenha me salvado de algum mal que estava vindo em minha direção ou talvez as pessoas na loja estivessem envolvidas em alguma coisa antiética. Talvez tenha sido apenas um teste de obediência. Como eu disse, nem sempre temos de saber por que Deus nos guia de determinadas formas. A nossa parte é simplesmente obedecer à Sua voz.

A PALAVRA DE DEUS PARA VOCÊ HOJE: a melhor maneira de honrar a Deus é obedecer-lhe imediatamente.

7 DE DEZEMBRO

Deus Satisfará os Seus Anseios

Como a corça anseia por águas correntes, a minha alma anseia por ti, ó Deus. A minha alma tem sede de Deus, do Deus vivo. (SALMOS 42:1-2)

Frequentei a igreja por muitos anos sem saber que Deus queria falar comigo, embora eu o amasse sinceramente. Eu observava todas as regras e feriados religiosos e frequentava a igreja todos os domingos. Fazia tudo que sabia naquela época, mas não era o suficiente para satisfazer o meu anseio por Deus.

Podia passar cada minuto na igreja ou no estudo bíblico, mas isso não teria saciado a minha sede por um relacionamento mais profundo com o Senhor. Eu precisava falar com Ele sobre o meu passado e ouvi-lo falar comigo sobre o meu futuro. Mas ninguém me ensinou que Deus queria falar diretamente comigo. Ninguém me ofereceu uma solução para o meu anseio espiritual.

Lendo a Bíblia, aprendi que Deus realmente quer falar conosco e satisfazer os nossos anseios de Sua presença e interação em nossa vida. Ele tem planos para nós — planos que nos conduzirão à paz e ao contentamento, e Ele quer que adquiramos conhecimento e entendimento a respeito Dele e da Sua vontade através da direção divina.

Deus está preocupado com tudo que diz respeito a você e o Seu plano é estar intimamente envolvido em cada aspecto da sua vida. Conhecer e crer nesta verdade tornou a minha caminhada com Ele uma aventura em vez de uma obrigação religiosa.

A PALAVRA DE DEUS PARA VOCÊ HOJE: passe parte do seu tempo a sós com Deus hoje ficando em silêncio! Fique quieto e ouça o que Deus quer transmitir a você.

8 DE DEZEMBRO

Honre a Voz de Deus Acima de Tudo

Mas bendito é o homem cuja confiança está no Senhor, cuja confiança nele está.
(JEREMIAS 17:7)

Uma atitude que atrai a presença de Deus para as nossas vidas é a atitude que o honra acima de tudo e de todos. As nossas atitudes precisam dizer: "Deus, não importa o que qualquer um me diga, não importa o que eu mesmo pense, não importa qual seja o meu próprio plano, se eu ouvi-lo dizer alguma coisa claramente e eu souber que é o Senhor, eu o honrarei — e honrarei o que o Senhor disser — acima de qualquer outra coisa".

Às vezes temos mais consideração pelo que as pessoas nos dizem do que pelo que Deus diz. Se orarmos diligentemente e ouvirmos a voz de Deus, e depois começarmos a perguntar às pessoas que nos cercam o que elas acham, estaremos honrando a sua opinião humana acima da de Deus. Uma atitude assim nos impedirá de ouvir a voz de Deus com frequência. Se queremos desenvolver a capacidade de ouvir Deus e de sermos guiados pelo Seu Espírito como um modo de vida, temos de parar de dar ouvidos a tantas opiniões de tantas pessoas e começar a confiar na sabedoria que Deus deposita em nosso coração. Há um tempo para receber bons conselhos, mas a necessidade da aprovação das pessoas nos manterá fora da vontade de Deus.

O diabo quer que pensemos que não somos capazes de ouvir a Deus, mas a Palavra de Deus diz que isso não é verdade. O Espírito Santo habita dentro de nós porque Deus quer que sejamos guiados pelo Espírito de uma forma pessoal e que ouçamos a Sua voz por nós mesmos à medida que Ele nos guia e conduz.

No versículo de hoje, Deus diz que seremos abençoados quando confiarmos nele. De acordo com Jeremias 17:5-6, graves consequências acontecem àqueles que confiam na fragilidade de meros homens e mulheres, mas benditos são aqueles que confiam no Senhor e o honram. Boas coisas acontecem se ouvirmos a Deus. Ele quer ser a nossa força e precisamos honrar a Sua Palavra acima de qualquer outra coisa.

A PALAVRA DE DEUS PARA VOCÊ HOJE: ouça o que os outros têm a dizer, mas escute a Deus.

9 DE DEZEMBRO

Sinal Vermelho, Sinal Verde

Mas agora, morrendo para aquilo que antes nos prendia, fomos libertados da Lei, para que sirvamos conforme o novo modo do Espírito, e não segundo a velha forma da Lei escrita. (ROMANOS 7:6)

Houve um período em minha vida em que eu não era feliz, embora fosse cristã e fizesse tudo que eu achava que um cristão devia fazer. Olho para trás agora e percebo que um dos principais motivos pelos quais eu não era feliz era porque não sabia muito sobre a vida interior. Eu não sabia como ouvir a voz de Deus me guiando interiormente pelo poder do Espírito Santo ou como obedecer-lhe quando Ele me levasse a fazer ou não fazer alguma coisa.

Ora, o Espírito Santo age mais ou menos como um policial de trânsito dentro de mim. Quando faço as coisas certas, Ele me dá um sinal verde, e quando faço as coisas erradas, Ele me dá um sinal vermelho. Se estou a ponto de me meter em problemas, mas não totalmente empenhada em prosseguir em certa direção, Ele me dá um sinal de advertência.

Quanto mais paramos e pedimos direção a Deus, mais sensíveis nos tornamos aos sinais internos que o Espírito Santo nos dá. Ele fala conosco com uma voz mansa e suave ou com o que chamo de uma "intuição". Preste atenção aos sinais delicados do Espírito Santo no seu interior como se você estivesse prestando atenção aos sinais verde e vermelho quando dirige no trânsito. Se o sinal estiver verde, siga em frente; se o sinal estiver vermelho, pare!

A PALAVRA DE DEUS PARA VOCÊ HOJE: quando você estiver em um território novo, use o seu GPS (Guiado pelo Poder do Senhor).

10 DE DEZEMBRO

Comunhão com Deus

Nossa comunhão é com o Pai e com seu Filho Jesus Cristo. (1 JOÃO 1:3)

Deus quer ter comunhão conosco. No versículo de hoje, João escreveu sobre ter comunhão com o Pai e o Filho, e em 2 Coríntios 13:14, Paulo escreve sobre ter comunhão com o Espírito Santo. A comunhão com o Espírito Santo se refere à nossa comunhão com outros crentes e com o próprio Espírito. Uma vez que o Espírito Santo vive dentro de nós, não temos de ir muito longe para ter comunhão com Ele.

Talvez um bom paralelo a ser usado para descrever a comunhão seja o de duas pessoas que vivem juntas, como marido e mulher. Vivo em uma casa com meu marido, Dave, e somos muito próximos. Trabalhamos juntos e fazemos a maioria das outras coisas juntos. Há vezes em que ele vai jogar golfe, mas ficamos em contato por telefone. Ele pode assistir aos esportes na televisão, e embora eu não esteja particularmente interessada neles, mesmo assim estou em casa. Dave e eu fazemos as refeições juntos, dormimos juntos e dividimos o mesmo banheiro pela manhã quando nos preparamos para sair para o nosso dia a dia. Passamos muito tempo na presença um do outro. Embora tenhamos momentos de silêncio, também nos comunicamos muito. Falo com Dave sobre as coisas que são importantes para mim e sobre coisas sem importância. Ele faz o mesmo comigo. Quando um de nós fala, o outro escuta.

Na sua forma mais simples, a comunhão tem a ver com estar juntos, falando e ouvindo. O Espírito Santo está conosco o tempo todo. Ele vive em nós e nunca está separado de nós. Podemos falar com Ele e Ele ouvirá. E falará conosco, então precisamos escutar.

A PALAVRA DE DEUS PARA VOCÊ HOJE: aprenda a se sentir à vontade com Deus. Trate-o como um convidado de honra em sua casa.

11 de Dezembro

O Espírito Santo Fala ao Nosso Espírito

Quando Ele vier, convencerá o mundo do pecado, da justiça e do juízo.
(João 16:8)

O Espírito Santo fala ao nosso espírito para nos convencer do pecado e da justiça. Sua convicção destina-se a nos convencer a nos arrependermos, o que significa voltar e seguir na direção certa em vez da direção errada em que estamos indo.

Convicção é inteiramente diferente de condenação. Levei muito tempo para aprender isso e, consequentemente, eu erroneamente me sentia condenada todas as vezes que o Espírito Santo me convencia de algo em minha vida que não estava alinhado com a vontade de Deus. A convicção destina-se a nos edificar, tirando-nos de algo para nos ajudar a subir mais alto na vontade e no plano de Deus para nossa vida. A condenação, por outro lado, nos pressiona para baixo e nos coloca sob um peso de culpa.

Sentir uma vergonha ou culpa saudáveis quando somos convencidos do pecado é normal. Mas continuar se sentindo culpado depois de ter se arrependido do pecado não é saudável nem é esta a vontade de Deus. Na história da mulher surpreendida em adultério (ver João 8:3-11), Jesus prova que a condenação só leva à morte, mas a convicção nos liberta para uma nova vida livre do pecado.

Uma vez que Deus não nos condena, podemos orar sem medo: "Senhor, mostre-me o meu pecado. Convença-me de qualquer coisa que eu esteja fazendo que transgrida a Sua lei de amar os outros ou que me impeça de fazer a Sua vontade. Mantenha a minha consciência sensível à Sua voz. Dê-me o poder para ficar livre do pecado. Amém". Viver desta forma aumentará a nossa sensibilidade à voz de Deus em nossa vida.

A PALAVRA DE DEUS PARA VOCÊ HOJE: Satanás condena; o Espírito Santo convence.

12 de Dezembro

Você Está Ouvindo?

O Senhor voltou a chamá-lo como nas outras vezes: "Samuel, Samuel!" Então Samuel disse: "Fala, pois o teu servo está ouvindo." (1 Samuel 3:10)

O versículo de hoje vem de uma história em que Deus queria dizer a Samuel o que Ele pretendia fazer em uma determinada situação. Ele teve de falar várias vezes antes que Samuel soubesse que a voz que ele estava ouvindo pertencia a Deus. Quando Samuel entendeu que Deus estava falando com ele, respondeu dizendo: "Estou ouvindo".

Ouvir a voz de Deus é vital para desfrutar os Seus planos para sua vida, mas se você vai dar ouvidos a Ele ou não é uma decisão pessoal sua. Ninguém mais pode fazer isso por você; você precisa fazer isso por si5 mesmo. Deus quer que você dê ouvidos a Ele. Ele não o obrigará a escolher a Sua vontade, mas fará tudo que puder para encorajá-lo a dizer sim.

Deus quer que você saiba o que Ele quer que você faça, como Ele se sente a seu respeito, e quais são os Seus planos para a sua vida. Provérbios 3:7 diz: "Não seja sábio aos seus próprios olhos". Em outras palavras, nem sequer pense que você pode dirigir a sua vida e fazer um bom trabalho sem a ajuda e a direção de Deus. Quanto mais confiança você tiver de que pode ouvir a voz de Deus, melhor poderá receber a Sua direção e instrução.

Perceba hoje que Deus quer falar com você, que você vai ouvir quando Ele falar, e que você vai dar toda a sua atenção à Sua voz.

A PALAVRA DE DEUS PARA VOCÊ HOJE: Deus tem bons planos para a sua vida e lhe dirá tudo que você precisa saber. Lembre-se de ouvir!

13 DE DEZEMBRO

Deixe Que a Sua Consciência Seja o Seu Guia

Orem por nós. Estamos certos de que temos consciência limpa, e desejamos viver de maneira honrosa em tudo. (HEBREUS 13:18)

Deus nos deu uma consciência para podermos ficar longe de problemas. Se ignorarmos a nossa consciência por muito tempo, não sentiremos mais a convicção de Deus quando formos culpados de pecado. As pessoas ficam endurecidas quando ignoram o seu senso natural de certo e errado. Isto acontece até com pessoas nascidas de novo. Quanto mais o coração das pessoas for duro, mais dificuldades elas terão de ouvir a voz de Deus. A consciência delas não funciona como Deus planejou.

A consciência é uma função do espírito e ela funciona como um monitor interno do nosso comportamento. Ela nos diz quando alguma coisa está certa ou errada; consequentemente, o nosso conhecimento dos padrões e diretrizes que Deus estabeleceu para nós afeta enormemente a nossa consciência.

A Sua Palavra desperta a nossa consciência do seu estado característico de coma. As pessoas que não são cristãs podem saber quando estão fazendo algo errado, mas não sentem a convicção como aqueles de nós que são nascidos de novo, que são cheios do Espírito e que têm comunhão com Deus diariamente.

Quanto mais tempo passamos na presença de Deus, mais sensíveis nos tornamos às coisas que não refletem o coração de Deus. Quando nos portamos de uma forma não cristã, logo sentimos que nos comportamos mal com relação à maneira que Jesus gostaria que lidássemos com uma situação.

Poderemos ter uma vida maravilhosa se enchermos a nossa mente com a Palavra de Deus e depois simplesmente obedecermos à nossa consciência.

A PALAVRA DE DEUS PARA VOCÊ HOJE: deixe que a sua consciência seja o seu guia.

14 de Dezembro

Permaneça em Deus

Se vocês permanecerem em mim, e as minhas palavras permanecerem em vocês, pedirão o que quiserem, e lhes será concedido. (João 15:7)

O versículo de hoje nos diz que podemos pedir o que quisermos e nos será concedido se permanecermos em Cristo. A única maneira de tornar isso possível é se ocorrer uma fusão entre os nossos desejos e os desejos de Deus à medida que amadurecermos nele.

O objetivo de todo crente verdadeiro é ser um com Deus. Isso acontece espiritualmente quando nascemos de novo, e acontece na nossa mente, na nossa vontade e nas nossas emoções à medida que continuamos a crescer e amadurecer nele. Ao fazermos isso, nossos desejos se tornam os Seus desejos e ficamos seguros em segui-los.

O chamado que Dave e eu temos para o nosso ministério é um bom exemplo disso. O desejo de Deus foi que estivéssemos no ministério e ajudássemos as pessoas da maneira que Ele nos preparou ao nos conceder dons para ajudá-las. Este também tem sido o desejo do nosso coração. Não poderíamos ter passado muitos anos viajando todos os finais de semana, ficando em hotéis e estando longe de nossa família se o nosso desejo para o ministério não tivesse nos sido dado por Deus. Ele colocou em nós um desejo tão forte de ministrar que estamos dispostos a fazer qualquer sacrifício necessário ou a vencer qualquer oposição que possa se levantar contra nós para realizar a Sua vontade para nós.

Permanecer com Deus é "andar" com Ele, passar tempo com Ele, viver na Sua presença, e alimentar os desejos que Ele coloca no nosso coração, porque esta é a Sua vontade para nós. Ele fala conosco e coloca desejos em nossos corações para que possamos orar e pedir as coisas que Ele quer nos dar. Ele será fiel em nos conceder os nossos desejos desde que eles também sejam os desejos Dele e desde que permaneçamos nele.

A PALAVRA DE DEUS PARA VOCÊ HOJE: "Ande" com Deus hoje; Ele é uma companhia maravilhosa.

15 DE Dezembro

Leve Para o Lado Pessoal

Vocês serão meus amigos, se fizerem o que eu lhes ordeno. (João 15:14)

No versículo de hoje, Jesus nos diz que seremos Seus amigos se lhe obedecermos. No versículo seguinte, Ele diz que já não nos chama mais de servos, mas de amigos. Está claro que Ele quer ter um relacionamento pessoal conosco e que quer que o tratemos de uma forma pessoal. Ele prova isso pelo fato de que vive em nós. Você pode imaginar algo mais pessoal do que uma pessoa viver dentro de outra?

Se Deus quisesse ter um relacionamento distante, formal e profissional conosco, Ele teria ido viver distante de nós. Poderia nos visitar ocasionalmente, mas certamente não teria vindo fixar residência permanente na mesma casa conosco.

Quando Jesus morreu na cruz, Ele abriu um caminho para que tivéssemos um relacionamento pessoal com o Deus Todo-poderoso. Que pensamento tremendo! Pense nisto: Deus é nosso amigo!

Quando conhecemos alguém importante, adoramos ter uma oportunidade de dizer: "Ah, sim, essa pessoa é minha amiga. Vou à casa dela o tempo todo. Nós nos visitamos com frequência". Poderemos dizer o mesmo sobre Deus se fizermos a nossa parte para termos comunhão com Ele, ouvirmos a Sua voz e obedecermos ao que Ele diz e permanecermos na Sua presença todos os dias.

A PALAVRA DE DEUS PARA VOCÊ HOJE: você pode ter um relacionamento pessoal com Deus: Ele é seu amigo.

16 DE DEZEMBRO

O Nosso Refinador

Ele se sentará como um refinador e purificador de prata; purificará os levitas e os refinará como ouro e prata. Assim trarão ao Senhor ofertas com justiça.

(MALAQUIAS 3:3)

Olhando para trás ao longo dos anos, posso ver que tenho estado em uma jornada fascinante com Deus. Ele me transformou definitivamente e ainda está me transformando a cada dia. Eu tinha muitos problemas na minha alma (na minha mente, vontade e emoções) e nas circunstâncias que me cercavam na época em que recebi a plenitude do Espírito Santo. Eu não podia imaginar o que estava prestes a acontecer em minha vida. Estava pedindo a Deus uma mudança, mas ignorava completamente que o que precisava mudar na minha vida era *eu*!

Deus iniciou um processo em mim — de forma lenta, firme e sempre em um ritmo que eu pudesse suportar. Como Refinador, ele se senta sobre o fogo que arde em nossas vidas para garantir que nunca fique quente demais e que nunca se apague. Só quando Ele puder olhar para nós e vir o Seu próprio reflexo será seguro desligar o fogo, e mesmo assim continuamos precisando de algumas alterações ocasionalmente.

Quando Deus estava tratando comigo sobre a paciência, enfrentei muitas circunstâncias em que eu podia ser paciente ou ter um comportamento negativo. Com frequência, eu me portava mal, mas o Espírito Santo continuava me convencendo, ensinando e me dando o desejo de viver para a glória de Deus. Gradualmente, pouco a pouco, eu mudava em uma área, e depois em outra. Geralmente conseguia descansar um pouco entre as batalhas e com frequência pensava que talvez já tivesse obtido o meu diploma, mas logo descobria alguma outra coisa que eu precisava aprender.

É assim que as coisas funcionam enquanto o Espírito Santo nos transforma. Mantenha seu coração aberto à liderança Dele; mantenha os ouvidos abertos à Sua voz; obedeça ao que Ele lhe disser — e logo você se verá sendo transformado cada vez mais na pessoa que Ele o criou para ser.

A PALAVRA DE DEUS PARA VOCÊ HOJE: não desanime quando Deus lhe mostrar áreas em que você precisa mudar.

17 de Dezembro

"Marta, Marta"

Respondeu o Senhor: "Marta! Marta! Você está preocupada e inquieta com muitas coisas; todavia apenas uma é necessária. Maria escolheu a boa parte, e esta não lhe será tirada." (Lucas 10:41-42)

Na história que leva ao versículo de hoje, Jesus foi visitar duas irmãs, Maria e Marta. Marta estava ocupada preparando tudo para Ele — limpando a casa, cozinhando e tentando dar uma boa impressão tendo tudo perfeito. Maria, por outro lado, aproveitou a oportunidade para ter comunhão com Jesus. Marta ficou zangada com sua irmã, querendo que ela se levantasse e ajudasse com o trabalho. Ela até reclamou com Jesus e lhe pediu para dizer a Maria para pôr mãos à obra!

A resposta de Jesus começou com: "Marta, Marta", e estas duas palavras querem dizer mais do que podemos perceber a princípio. Elas nos dizem que Marta estava ocupada demais para os relacionamentos, estava escolhendo o trabalho acima da intimidade e estava usando mal o seu tempo e perdendo o que era vital.

Maria, porém, estava agindo com sabedoria; estava aproveitando o momento. Ela podia passar o resto da vida limpando, mas naquele dia, Jesus havia ido à sua casa, e ela queria que Ele se sentisse bem-vindo e amado. Ele havia ido para vê-la e para ver Marta, e não para inspecionar sua casa limpa. Embora eu ache que uma casa limpa é importante, aquela não era a hora de colocar o foco nisso. Era hora de pôr o foco em Jesus porque Ele estava lá.

Lembro a mim mesma e encorajo você a usar de sabedoria e a não perder a presença de Deus quando ela está disponível. Há momentos em que sentimos que o Espírito Santo está nos estimulando a orar ou a passar tempo na Sua presença, mas preferimos trabalhar ou nos divertir. Quando Ele chamar, devemos responder imediatamente. As bênçãos da Sua presença excedem em muito os benefícios de qualquer outra coisa que possamos fazer.

A PALAVRA DE DEUS PARA VOCÊ HOJE: não perca uma oportunidade de desfrutar a presença de Deus.

18 de Dezembro

Deixe Deus Conduzi-lo à Vida

Hoje invoco os céus e a terra como testemunhas contra vocês, de que coloquei diante de vocês a vida e a morte, a bênção e a maldição. Agora escolham a vida, para que vocês e os seus filhos vivam. (Deuteronômio 30:19)

Em João 16:8, Jesus disse que o Espírito Santo "persuadiria da culpa e convenceria" o mundo do pecado e da justiça. Ele não disse nada sobre o Espírito Santo trazer condenação. Ele disse que traz "demonstração... do pecado e da justiça".

O Espírito Santo revela os resultados do pecado e os resultados da justiça para que as pessoas possam entender que caminho seguir. Ele faz uma distinção clara entre certo e errado, entre bênção e maldição, e entre vida e morte para que as pessoas possam pedir a Deus que as ajude a escolher a vida.

As pessoas que vivem em pecado têm uma vida desprezível e infeliz. Ocasionalmente me deparo com pessoas que conheci há anos e que não vejo há muito tempo. Algumas destas pessoas não vivem para Deus, e o estilo de vida duro e difícil que escolheram causou-lhes estragos. As escolhas amargas, tristes e infelizes que elas fizeram são visíveis porque o pecado as deixou com uma aparência triste e muitas vezes mais velha do que são. São pessoas infelizes, negativas e insatisfeitas geralmente cheias de amargura porque a vida delas não foi boa. Elas não entendem que a vida delas é resultado direto das más escolhas que fizeram.

O resultado do pecado pode ser observado em toda parte. A linha entre aqueles que amam e servem a Deus e aqueles que não o fazem está se tornando muito clara. Deus nos pede que façamos escolhas certas, escolhas que nos conduzam à vida que Ele deseja que desfrutemos. Há dois caminhos diante de cada um de nós: um caminho largo que conduz ao pecado e à destruição, e um caminho estreito que conduz à vida (ver Mateus 7:13-14). Eu o encorajo a escolher a vida hoje e todos os dias.

A PALAVRA DE DEUS PARA VOCÊ HOJE: boas escolhas se transformam em uma boa vida.

19 DE DEZEMBRO

O Lugar da Sua Habitação

Vocês não discernem e entendem que vocês... são o templo de Deus (Seu santuário), e que o Espírito de Deus habita permanentemente em vocês?
(1 CORÍNTIOS 3:16)

Fico extasiada e impressionada quando penso na tremenda bênção que é o Espírito Santo habitar em nós. Ele nos inspira a fazer grandes coisas. Ele nos reveste de poder para todas as nossas tarefas. Ele permanece em comunhão íntima conosco, nunca nos deixa ou nos abandona.

Pense nisto: se você e eu somos crentes em Jesus Cristo, somos a casa do Espírito Santo de Deus! Devemos meditar nesta verdade sem cessar até que ela se torne uma revelação pessoal na nossa vida. Se fizermos isso, nunca estaremos perdidos, desamparados ou fracos, pois Ele promete estar conosco para falar conosco, nos fortalecer e nos revestir de poder. Nunca estaremos sem um amigo ou sem direção, pois Ele promete nos guiar e ir conosco em tudo o que fizermos.

Paulo escreve ao seu jovem discípulo Timóteo: "Por meio do poder do Espírito Santo, que vive em nós, guarde esse precioso tesouro que foi entregue a você" (2 Timóteo 1:14, NTLH).

As verdades que você conhece sobre o Espírito Santo são muito preciosas; eu o encorajo a guardá-las e a mantê-las em seu coração. Não permita que escapem de você. Uma vez que você é um crente em Jesus Cristo, o Espírito Santo está em você para ajudá-lo não apenas a manter o que você aprendeu Dele, mas para ajudá-lo a crescer e capacitá-lo a compartilhá-lo com outros. Valorize-o, honre-o, ame-o e adore-o. Ele é tão bom, tão gentil, tão tremendo! Ele é maravilhoso — e você é o lugar da Sua habitação!

A PALAVRA DE DEUS PARA VOCÊ HOJE: diga em voz alta várias vezes por dia: "Eu sou o lugar da habitação de Deus. Ele habita em mim."

20 de Dezembro

Três em Um

Há três testemunhas no céu: o Pai, a Palavra e o Espírito Santo, e estes três são Um. (1 João 5:7, AMP)

O versículo de hoje fala do Pai, do Filho e do Espírito Santo — que conhecemos como a Santíssima Trindade. Embora o versículo não use o termo Filho, refere-se a Jesus como "a Palavra", mas sabemos, com base em João 1 que Jesus e a Palavra são um só.

Quando pensamos na Trindade, precisamos nos lembrar de que se trata de três pessoas, mas que, no entanto, ainda representam um. Isso não faz sentido para nós em termos matemáticos, mas é verdade de acordo com a Bíblia. Tendo o Espírito Santo vivendo em nós, também temos o Pai e o Filho vivendo em nós.

Esta é uma realidade maravilhosa. É tremenda demais para ser explicada. Precisamos simplesmente crer nela com o nosso coração. Não tente entendê-la. Seja como uma criancinha e simplesmente creia porque a Bíblia assim o diz: a divindade completa — Pai, Filho e Espírito Santo — vive dentro de você e de mim e de todo crente nascido de novo que aceitou Jesus Cristo como Salvador e Senhor (ver Colossenses 2:9-10).

Esta verdade deveria nos tornar ousados, destemidos e determinados de uma forma equilibrada. Deveríamos crer que podemos fazer tudo que seja necessário realizar no plano de Deus para as nossas vidas porque a Santíssima Trindade nos capacita. Ela nos dá tudo que precisamos e muito mais. Deus o ama, está com você o tempo todo, e tem um bom plano para a sua vida. Através da Sua presença, você está qualificado para fazer tudo que precisa na vida.

A PALAVRA DE DEUS PARA VOCÊ HOJE: encare este dia com ousadia porque Deus já esteve no lugar para onde você está indo e preparou o caminho.

21 DE DEZEMBRO

Nada Mais Satisfaz

A minha alma suspira por ti durante a noite; e logo cedo o meu espírito por ti anseia, pois, quando se veem na terra as tuas ordenanças, os habitantes do mundo aprendem justiça. (ISAÍAS 26:9)

O mundo nos dá a facilidade de enchermos nossos ouvidos com todo tipo de coisas que abafam a voz de Deus e empurrá-lo para longe, colocando-o em segundo plano nas nossas vidas. Entretanto, chega um dia para todas as pessoas em que resta somente Deus. Tudo o mais na vida com o tempo acaba; quando isso acontece, Deus ainda estará lá.

A Bíblia ensina que o que se conhece a respeito de Deus está evidente a todos porque Ele se fez conhecido na consciência da humanidade (ver Romanos 1:19-21). Cada pessoa um dia comparecerá perante Ele e prestará contas de sua vida (ver Romanos 14:12). Quando as pessoas não querem servir a Deus com suas vidas, quando querem seguir o seu próprio caminho, encontram maneiras de se esconder e ignorar este conhecimento instintivo do seu Criador, que quer falar com elas e guiá-las no caminho em que devem andar.

A verdade é que, quer as pessoas tentem se esconder de Deus ou não, nada pode satisfazer o nosso anseio por Deus exceto a comunhão com Ele. Mesmo quando as pessoas tentam ignorá-lo, no fundo do coração adorariam ouvir a Sua voz.

Eu o encorajo a satisfazer o seu anseio por Deus passando tempo com Ele, sentando-se na Sua presença e ouvindo a Sua voz.

A PALAVRA DE DEUS PARA VOCÊ HOJE: viva a sua vida de tal maneira que você não tenha medo ou pavor de comparecer diante de Deus quando a sua vida na Terra terminar.

22 de Dezembro

Falando e Ouvindo

Atenta para o meu grito de socorro, meu Rei e meu Deus, pois é a ti que imploro.
(Salmos 5:2)

A oração é muito simples; não é nada mais do que falar com Deus e ouvir o que Ele tem a dizer. Deus quer ensinar cada um de nós a orar e a ouvir a Sua voz de uma forma pessoal. Ele quer nos pegar exatamente como estamos e nos ajudar a descobrir o nosso próprio ritmo exclusivo de oração e a descobrir um estilo de oração que maximize o nosso relacionamento pessoal com Ele. Ele quer que a oração seja uma maneira fácil e natural de comunicação com Ele que transmita vida, enquanto abrimos nosso coração para Ele e permitimos que Ele abra o Seu coração para nós.

Deus é criativo demais para ensinar todas as pessoas da Terra a interagirem com Ele através da oração exatamente da mesma maneira. Ele é aquele que criou todos nós de forma diferente e que tem prazer nas nossas diferenças. Todos nós estamos em fases diferentes da nossa caminhada com Ele, estamos em diferentes níveis de maturidade espiritual e temos diferentes tipos de experiências com Deus. À medida que crescemos na nossa capacidade de falar com Deus e de ouvir a Sua voz, precisamos dizer continuamente a Deus: "Ensine-me a orar; ensine-me a falar com o Senhor e a ouvi-lo da maneira que é melhor para mim. Ensine-me a ouvir a Sua voz em um nível pessoal. Deus, dependo do Senhor para me tornar eficaz na oração e para tornar o meu relacionamento com o Senhor por meio da oração o aspecto mais rico e mais gratificante da minha vida."

A PALAVRA DE DEUS PARA VOCÊ HOJE: você é a criação exclusiva de Deus. Celebre isso em sua vida e na sua oração.

23 de Dezembro

É Melhor Assim

Mas eu lhes afirmo que é para o bem de vocês que eu vou. Se eu não for, o Conselheiro não virá para vocês; mas se eu for, eu o enviarei. (João 16:7)

A presença do Espírito Santo em nossas vidas é mais maravilhosa do que podemos imaginar. Ele é o nosso Consolador e isso significa que Ele nos ajudará e nos consolará em qualquer momento em que estivermos sofrendo enquanto passamos pela vida. Gosto de pensar no Espírito Santo como alguém que está tão perto de mim quanto a minha próxima respiração.

O Espírito Santo nos conduz e guia ao plano de Deus para nossa vida. Aprender a seguir a Sua liderança é definitivamente uma jornada. Estamos acostumados a viver baseados nos nossos próprios pensamentos, sentimentos e desejos, mas como cristãos precisamos aprender a ser guiados pelo Espírito Santo. Jesus veio na forma de homem e entende tudo que passamos na vida. Sinto um grande consolo ao me lembrar de que Jesus me entende! Ele é paciente e continuará trabalhando conosco enquanto estivermos dispostos a continuar aprendendo.

Por que Jesus diria que seria melhor se Ele fosse embora e enviasse o Espírito Santo? O que poderia ser melhor do que ter Jesus em pessoa na Terra? Jesus só podia estar em um lugar de cada vez, mas o Espírito Santo pode estar em todos os lugares, trabalhando em todos ao mesmo tempo. É impressionante! Ele *nunca* nos deixa, nem por um segundo. Ele sabe tudo sobre nós e está trabalhando para curar tudo que está destruído ou ferido em nós, e para colocar tudo na sua perfeita ordem. Todos os dias melhoramos cada vez mais de todas as maneiras através do tremendo poder e sabedoria do Espírito Santo.

A PALAVRA DE DEUS PARA VOCÊ HOJE: peça ao Espírito Santo para pegar você como está e para fazer de você quem Ele quer que você seja.

24 DE DEZEMBRO

Precisamos de Um Guia

Este Deus é o nosso Deus para todo o sempre; ele será o nosso guia até o fim.
(SALMOS 48:14)

Fico entusiasmada por saber que Deus é o nosso guia todos os dias de nossas vidas. Que maravilhoso é saber que temos alguém para nos guiar e garantir que avancemos de um lugar na vida para o próximo.

Algumas vezes, quando Dave e eu viajamos, contratamos um guia para nos mostrar os lugares melhores e mais importantes para se ver. Certa vez, decidimos explorar determinado lugar sozinhos; assim, pensamos, poderíamos fazer o que quiséssemos, quando quiséssemos. Entretanto, logo descobrimos que a nossa viagem independente quase foi desperdiçada. Passamos grande parte do tempo de cada dia perdidos e depois tentando encontrar o caminho outra vez.

Aprendemos com os nossos erros e agora sabemos que o melhor uso do nosso tempo é seguir um guia em vez de ficar perambulando sem destino para encontrar os lugares por nós mesmos.

Creio que este exemplo de nossas viagens tem a ver com a maneira como a maioria das pessoas vive. Queremos traçar a nossa própria rota, ser os nossos próprios guias e fazer o que der vontade quando for conveniente. Mas acabamos nos perdendo pelo caminho e desperdiçando o nosso tempo. Deus prometeu no versículo de hoje nos guiar durante a nossa vida. Ele faz isso através do Espírito Santo, que falará conosco e nos dirá aonde ir e o que fazer se simplesmente lhe pedirmos para nos guiar.

A PALAVRA DE DEUS PARA VOCÊ HOJE: em todos os momentos da sua vida, até à morte, onde quer que você esteja, Deus está lá!

25 de Dezembro

O Maior Desejo de Deus

Eis que a virgem conceberá, e dará à luz um filho, E chamá-lo-ão pelo nome de EMANUEL, que traduzido é: Deus conosco. (Mateus 1:23)

Jesus veio ao mundo para que pudéssemos ser redimidos dos nossos pecados, conhecer a Deus e experimentar o melhor Dele para nossa vida. Ele quer ter comunhão íntima conosco e ser convidado para participar de tudo que nos diz respeito. É por isso que um dos nomes de Deus, Emanuel, significa "Deus conosco". Ele quer estar conosco, estar intimamente envolvido em nossas vidas. Ele quer que conheçamos a Sua voz e o sigamos.

A vontade de Deus é que o ouçamos claramente. Ele não quer que vivamos em confusão e medo. Temos de ser decididos, seguros e livres. Ele quer que cada um de nós cumpra o nosso destino e ande na plenitude do Seu plano para nós.

Sim, podemos ouvir a voz de Deus de uma forma pessoal e íntima. A profundidade do nosso relacionamento pessoal com Deus está baseada na comunicação íntima com Ele. Ele fala conosco para que possamos ser guiados, revigorados, restaurados e renovados regularmente.

O primeiro passo para ouvir alguém, inclusive Deus, é escutar. Volte seus ouvidos para Ele e aquiete-se. Ele falará com você para lhe dizer que o ama. Deus quer suprir as suas necessidades e fazer mais do que você poderia imaginar (ver Efésios 3:20). Nunca o deixará nem abandonará (ver Hebreus 13:5). Ouça-o e siga-o todos os dias da sua vida.

Você pertence a Deus; é uma das Suas ovelhas e as ovelhas conhecem a voz do Pastor — elas não seguirão a voz de um estranho (ver João 10:4-5). Você pode ouvir a Deus; isso é parte da sua herança como cristão. Nunca acredite no contrário!

A PALAVRA DE DEUS PARA VOCÊ HOJE: o dom de Deus para você é uma nova vida cheia de justiça, paz, alegria e intimidade com Ele.

26 DE DEZEMBRO

Desfrute a Presença de Deus

Far-me-ás ver a vereda da vida; na tua presença há fartura de alegrias; à tua mão direita há delícias perpetuamente. (SALMOS 16:11, ARC)

Amo deitar com o rosto para baixo no chão e orar — falando com Deus e ouvindo a Sua voz. Esta postura me ajuda a deixar todas as outras coisas de fora e me sentir como se estivesse a sós com Deus. Orei assim até que comecei a sentir dor nas costas e tive de parar! Fico feliz porque não me senti menos espiritual porque tive de mudar a minha posição de oração. Tudo o que posso lhe dizer é que não existe uma posição certa que você tenha de se esforçar para manter para orar, para sentir a presença de Deus ou para ouvir a Sua voz. Se os seus joelhos doem, deite-se no chão. Se suas costas doem ou se você adormece quando está no chão, levante-se e ande. Se você é como Dave e pode orar enquanto está sentado e olhando pela janela, puxe uma cadeira. Simplesmente encontre um lugar e uma maneira de falar com Deus e ouvi-lo que o faça se sentir confortável e que lhe permita se concentrar nele.

Fique livre de tudo o que você ouviu falar sobre as fórmulas de oração ou as posições para se orar — e simplesmente ore! Eu o desafio a simplificar a sua comunicação com Deus. Fale com Ele e ouça-o de maneiras que sejam confortáveis e fáceis para você — e acima de tudo, desfrute a Sua presença!

A PALAVRA DE DEUS PARA VOCÊ HOJE: simplesmente ore!

27 DE DEZEMBRO

Salvo para Servir

Portanto, enquanto temos oportunidade, façamos o bem a todos, especialmente aos da família da fé. (GÁLATAS 6:10)

Ao começar o seu dia, peça a Deus para falar com você sobre o que você pode fazer para ajudar outras pessoas hoje e todos os dias. Fomos salvos por Deus para podermos servi-lo e a outros. Deus disse a Adão e Eva no princípio dos tempos para usarem todos os seus recursos a serviço de Deus e do homem. Um verdadeiro grande homem ou mulher de Deus é alguém que serve. Até um líder deve ser um líder-servo.

Quando os discípulos de Jesus lhe perguntaram qual deles era o maior, Ele respondeu que aquele que quisesse ser grande deveria ser um servo (ver Mateus 20:26). Você está interessado em ouvir a voz de Deus? Se estiver, peça-lhe para falar com você sobre quem você pode ajudar e abençoar. Se só quisermos ouvir Deus falar sobre aquilo que vai nos abençoar, então talvez Ele não tenha muito a dizer, porque não está interessado em nos ajudar a ser egoístas. Se realmente nos importarmos com os outros, muitas vezes descobriremos que em meio ao nosso esforço para servi-los os nossos problemas são divinamente solucionados por Deus sem muito esforço da nossa parte.

No Reino de Deus, a posição de "servo" é a mais elevada. Cristo veio para servir e não para ser servido (ver Marcos 10:45). Qualquer pessoa pode servir se estiver disposta a fazer isso. Simplesmente ouça o que as pessoas dizem que desejam e precisam e ocupe-se em servi-las. À medida que você servir os outros, sua intimidade com Cristo aumentará porque Ele é um Servo.

A PALAVRA DE DEUS PARA VOCÊ HOJE: ore agora mesmo e pergunte a Deus o que você pode fazer para ajudar alguém hoje. Dedique-se a ouvir Sua voz mansa e suave e procure ser obediente.

28 de Dezembro

Prove o Seu Amor

Quando terminou de lavar-lhes os pés, Jesus tornou a vestir sua capa e voltou ao seu lugar. Então lhes perguntou: Vocês entendem o que lhes fiz? (João 13:12)

Creio que só as pessoas seguras podem ser verdadeiros servos. Jesus foi capaz de enrolar uma toalha de servo na cintura e lavar os pés dos Seus discípulos porque Ele sabia quem era, de onde havia vindo e para onde estava indo. Ele não tinha medo e não tinha de provar nada, então estava livre para servir.

Muitas pessoas na nossa sociedade precisam de uma alta posição para fazer com que sintam que têm valor e dignidade. Ser um servo em geral é visto como uma função inferior, mas na mente de Deus é a mais alta posição que existe. Ser um verdadeiro servo começa com um coração humilde e esse é o coração e o espírito aceitável para Deus. Independentemente de qual seja o nosso emprego natural, o chamado de Deus para nós é o de servir a Ele e aos outros.

Ao lavar os pés dos discípulos, Jesus lhes deu o exemplo de como deviam viver, e lhes disse que se servissem aos outros, eles seriam abençoados e felizes a tal ponto que seriam invejados (ver João 13:17). Quando servimos uns aos outros, nos tornamos parte uns dos outros. Experimentamos o verdadeiro sentido do amor. Jesus era o maior de todos, mas Ele se humilhou e se tornou um servo. Você está disposto a seguir o exemplo Dele?

A PALAVRA DE DEUS PARA VOCÊ HOJE: ajude tantas pessoas quanto possível e com a maior frequência possível.

29 de Dezembro

Caiam as Muralhas de Separação

... Cristo é tudo e está em todos. (Colossenses 3:11)

Em Cristo, Deus gerou uma nova criação na qual todas as distinções desaparecem e todos nós nos tornamos um nele. Em termos práticos, isso significa que devemos confiar em Deus para cuidar de tudo que não podemos fazer e receber como um presente Dele todo bem que há em nós ou qualquer coisa que possamos fazer bem. Tudo está nele! Fomos justificados diante de Deus nele, a nossa vida está nele, nossa alegria e paz estão nele. Todas as coisas são para Ele, por Ele, nele e através Dele (ver Romanos 11:36).

Não precisamos mais nos comparar com ninguém. Não importa o que as pessoas possam fazer que nós não conseguimos porque o nosso único valor encontra-se nele. Estamos livres de comparações e da competição, e isso nos capacita a sermos totalmente nós mesmos. Apenas seja o melhor que você pode ser. Quando você puder fazer algo bem, agradeça a Deus; e quando não puder, agradeça-lhe porque Ele o ama assim mesmo e vai cuidar do que precisa ser feito.

Esta confiança permite-lhe entrar no descanso de Deus e evitar a agonia da autorrejeição ou de passar a vida tentando ser alguma coisa que você nunca será. Se você está ouvindo a voz de Deus, então o ouça dizer para você agora mesmo que você é especial; não precisa se comparar com ninguém. Todas as muralhas de separação foram derrubadas em Cristo e nele todos nós somos um.

A PALAVRA DE DEUS PARA VOCÊ HOJE: Deus nunca o ajudará a ser outra pessoa, mas Ele o ajudará a ser tudo que você pode ser.

30 de Dezembro

Deus Sabe o Que Você Precisa

Voltem à sua fortaleza, ó prisioneiros da esperança; pois hoje mesmo anuncio que restaurarei tudo em dobro para vocês. (Zacarias 9:12)

Certo dia, eu estava emocionalmente magoada por algo que havia acontecido. Dave e eu havíamos sido tratados injustamente em uma situação e eu estava me sentindo deprimida por causa disso. Eu estava em um avião, então decidi ler a Bíblia. Quando a abri em Zacarias 9:12, o versículo de hoje, as palavras pareciam saltar da página em minha direção.

Quando vi este versículo, a minha fé subiu para um novo nível. Eu soube sem dúvida que Deus estava falando comigo sobre a minha situação. Eu soube que se eu não desistisse da esperança, teria a atitude correta, e veria o dia em que Deus me restituiria em dobro o que havia sido tirado de mim naquela situação.

Quase um ano depois, Deus fez uma obra fora de série e provou ser fiel à Sua promessa restituindo em dobro o que nos havia sido tomado injustamente e Ele restituiu por meio das mesmas pessoas que tinham nos maltratado.

O Espírito Santo sabe exatamente o que você precisa. Abri a minha Bíblia naquele dia esperando que Ele falasse comigo e me ajudasse na minha situação, mas Ele superou a minha maior esperança não apenas me consolando, mas prometendo restituir a minha perda. Esta passagem bíblica— e todas as outras — são as suas promessas também, e Deus está transmitindo-as para você.

A qualquer momento em que você precisar de consolo ou direção na vida, eu o encorajo a ir à Palavra de Deus. Ela realmente contém todas as respostas que precisamos para cada situação.

A PALAVRA DE DEUS PARA VOCÊ HOJE: Deus lhe dará o dobro em troca de seus problemas! (Ele lhe dará dupla bênção por seu problema passado).

31 de Dezembro

O Que Cabe a Nós é Andar

O Senhor firma os passos de um homem, quando a conduta deste o agrada; ainda que tropece, não cairá, pois o Senhor o toma pela mão. (Salmos 37:23-24)

Deus está atento a cada passo que damos! Isso significa que nunca estamos sós. Quando caímos Ele nos ajuda a nos levantar e nos encoraja a seguir em frente outra vez. Nenhuma pessoa aprenderá a ser guiada por Deus sem cometer alguns erros, mas lembre-se de que Deus sabia deles antes que ocorressem. Deus não se surpreende com os nossos deslizes e falhas. Na verdade, Deus tem todos os dias da nossa vida escritos no Seu livro antes que cada um deles existisse (ver Salmos 139:16). Lembre-se de que Deus tem prazer em você e está atento a cada passo que você dá. Se você cair, Ele o levantará.

Todos os grandes homens e mulheres sobre os quais lemos e admiramos na Bíblia e ao longo da história cometeram erros. Deus não nos escolhe porque somos perfeitos, mas para que Ele possa se mostrar forte por nosso intermédio. Ele na verdade escolhe deliberadamente as coisas fracas e loucas do mundo para impressionar a todos e mostrar a Sua grandeza (ver 1 Coríntios 1:28-29). Não aceite a pressão do inimigo para ser perfeito e nunca cometer erros. Todos os dias, faça o seu melhor e confie em Deus para fazer o resto! Nunca tenha medo dos seus erros, mas em vez disso tenha uma atitude de aprender com eles. Deixe que todos os seus erros sejam um curso universitário sobre o que nunca mais você deve fazer!

A PALAVRA DE DEUS PARA VOCÊ HOJE: não tenha medo; Deus está com você.

Sobre a Autora

Joyce Meyer é uma das líderes no ensino prático da Bíblia no mundo. Renomada autora de *best-sellers* pelo *New York Times*, seus livros ajudaram milhões de pessoas a encontrarem esperança e restauração através de Jesus Cristo.

Através dos *Ministérios Joyce Meyer*, ela ensina sobre centenas de assuntos, é autora de mais de 80 livros e realiza aproximadamente quinze conferências por ano. Até hoje, mais de doze milhões de seus livros foram distribuídos mundialmente, e em 2007 mais de três milhões de cópias foram vendidas. Joyce também tem um programa de TV e de rádio, *Desfrutando a Vida Diária*®, o qual é transmitido mundialmente para uma audiência potencial de três bilhões de pessoas. Acesse seus programas a qualquer hora no site www.joycemeyer.com.br

Após ter sofrido abuso sexual quando criança e a dor de um primeiro casamento emocionalmente abusivo, Joyce descobriu a liberdade de viver vitoriosamente aplicando a Palavra de Deus à sua vida, e deseja ajudar outras pessoas a fazerem o mesmo. Desde sua batalha contra um câncer no seio até as lutas da vida diária, Joyce Meyer fala de forma aberta e prática sobre sua experiência, para que outros possam aplicar o que ela aprendeu às suas vidas.

Ao longo dos anos, Deus tem dado a Joyce muitas oportunidades de compartilhar seu testemunho e a mensagem de mudança de vida do Evangelho. De fato, a revista *Time* a selecionou como uma das mais influentes líderes evangélicas dos Estados Unidos. Sua vida é um incrível testemunho do dinâmico e restaurador trabalho de Jesus Cristo. Ela crê e ensina que, independentemente do passado da pessoa ou dos erros cometidos, Deus tem um lugar para ela, e pode ajudá-la em seus caminhos para desfrutar a vida diária.

Joyce tem um merecido PhD em teologia pela Universidade Life Christian em Tampa, Flórida; um honorário doutorado em divindade pela Universidade Oral Roberts em Tulsa, Oklahoma; e um honorário doutorado em teologia sacra pela Universidade Grand Canyon em Phoenix, Arizona. Joyce e seu marido, Dave, são casados há mais de quarenta anos e são pais de quatro filhos adultos. Dave e Joyce Meyer vivem atualmente em St. Louis, Missouri.